e-fellows.net
wissen

Perspektive Investment Banking & Asset Management

Das Expertenbuch zum Einstieg

Branchenüberblick
Berufsbilder
Bewerbung
Karrierewege

e-fellows.net
wissen

Stand: August 2009

Redaktion und Koordination: Christian Lippl, christian.lippl@e-fellows.net

Layout: factor product münchen GmbH, www.factor-product.com

Satz und Illustration: Lesotre/Conceptual Brand Creation, www.lesotre.de

Druck und Bindung: epubli GmbH, Berlin, www.epubli.de

Printed in Germany

Bildnachweis: Titelbild: Flaivoloka – Shx.hu; S. 9: Tina Rieger – Photogenika; S. 14: Sebastian Kaulitzki – Fotolia.com, S. 84: Jason Smith – Fotolia.com; S. 117: Nedeljko Stojakovic – Fotolia. com (oben), Konferenzzentrum München (Mitte), Frankfurt Marriott Hotel (unten); S. 118: Jeannette Sallmann – Fotolia.com; S. 176: Andy Dean – Fotolia.com; S. 196: Sebastian Kaulitzki – Fotolia.com; Fotos auf den Seiten 10–12 sowie 178–195 stammen von den jeweiligen Autoren; Fotos und Anzeigen ab S. 198 stammen von den entsprechenden Unternehmen; sämtliche Grafiken und Illustrationen wurden umgesetzt von Yvonne Hagenbach [Visuelle Konzepte].

ISBN-13: 978-3-941144-20-0

Sattlerstraße 1, 80331 München
Telefon: (089) 23232-300, Fax: (089) 23232-222
www.e-fellows.net

Inhaltsverzeichnis

Vorwort ... 9
Die Autoren ... 10

1. Branchenüberblick Investment Banking & Asset Management ... 14–83

Investment Banking – ein Auf und Ab am Puls des Kapitalmarktes ... 15
Investment Banking – was ist das eigentlich? ... 15
Was machen Investmentbanken? ... 16
Derzeitige Kapitalmarktentwicklungen ... 20
Ausblick: Wie wird die Krise das Investment Banking verändern? ... 23
Erste Erholungstendenzen? ... 27
Berufsbilder im Investment Banking ... 28
Investment Banking Division – M&A ... 28
Investment Banking Division – Equity Capital Markets (ECM) ... 31
Investment Banking Division – Debt Capital Markets (DCM)/Leveraged Finance ... 34
Sales & Trading – Equity Sales ... 37
Sales & Trading – Equity Research (Sell-Side) ... 40
Principal Investment oder Merchant Banking – Private Equity ... 43
Asset Management – eine Wachstumsbranche mit vielfältigen Jobchancen ... 46
Die Asset-Management-Industrie ... 46
Die Standardproduktpalette der Asset Manager ... 49
Berufliche Herausforderungen im Asset Management ... 51
Die Folgen der Finanzkrise für das Asset Management ... 56
Berufsbilder im Asset Management ... 60
Produktion – Research ... 60
Produktion – Portfoliomanagement ... 63
Produktion – Asset Allocation und Financial Consulting ... 66
Produktion – Risikomanagement ... 69
Distribution – Marketing & Vertrieb ... 72
Profile wichtiger Player im Investment Banking (M&A) & Asset Management ... 75

2. Karriere im Investment Banking & Asset Management ... 84–117

Karriere im Investment Banking: So meistern Sie Bewerbung und Einstieg ... 85
Zufriedene Kunden – Schlüssel zum Erfolg im Investment Banking ... 93
Einstieg und Weiterbildung im Asset Management ... 99
Tipps zum Einstieg ins Asset Management ... 99
Weiterbildung im Asset Management ... 105
Einstiegschancen in Zeiten der Finanzkrise ... 107
Grundlegende Neugestaltung der Vergütungssysteme ... 110
Das Online-Stipendium und Karrierenetzwerk e-fellows.net ... 116

3. Theorieteil Investment Banking & Asset Management ... 118–175

Verfahren zur Unternehmensbewertung im Rahmen von M&A-Transaktionen ... 120
Die Bedeutung der Unternehmensbewertung bei M&A-Transaktionen ... 120
Multiplikatorverfahren zum Ersten: Comparable-Trading-Multiples-Verfahren ... 122
Multiplikatorverfahren zum Zweiten: Comparable-Transaction-Multiples-Verfahren ... 128
Beurteilung der Multiplikatorverfahren ... 129
Discounted-Cashflow-Verfahren (DCF-Verfahren) ... 130
Spezifische Analysen – der Leveraged Buy-Out ... 132
Theoretische Grundlagen des Kapitalmarktes ... 135
Aktien und Anleihen ... 135
Investmentfonds ... 143
Derivative Finanzprodukte ... 145
Fallstudie zur Strukturierung eines Garantiezertifikates ... 155
Konzepte, Kennzahlen und Methoden im Asset Management ... 158
Verschiedene Investmentkonzepte ... 158
Kennzahlen und Methoden ... 167
Investment Performance Attribution ... 172

4. Erfahrungsberichte ... 176–195

Carsten Bachmann: Portfoliomanagement und Immobilienfonds ... 178
Sascha Berger: Praktika als wichtige Entscheidungshilfe ... 180
Sascha Daab: Emission verbriefter Derivate – mein Einblick ins Investment Banking ... 182
Hans Ulrich Elsner: Dienstleistungsunternehmen als Alternative ... 184
Stefan Elste: Das Arbeitsfeld der geschlossenen Fonds ... 186
Julia Fasching: Vom Capital-Markets-Trainee zur Fondsmanagerin ... 188
Markus König: Ein Praktikum als Sprungbrett ins Investment Banking ... 190
Klaus Maurer: Private Equity – Trotz Finanzkrise ein höchst interessanter Job ... 192
Daniel Meffert: Ein Tag im Oil Trading – kein Gewinn ohne Risiko ... 194

5. Unternehmensporträts ... 196–213

Allianz Global Investors AG ... 198
J.P. Morgan ... 202
KPMG AG Wirtschaftsprüfungsgesellschaft ... 206
Union Investment ... 210

Glossar ... 214
Alle Titel der Reihe e-fellows.net wissen ... 218

Hinweis: Um die Lesbarkeit zu verbessern, wird in diesem Buch meist auf geschlechtsspezifische Personenbezeichnungen verzichtet. Alle Angaben beziehen sich jedoch immer auf Frauen und Männer gleichermaßen.

e-fellows.net wissen – die Buchreihe von **e-fellows.net**

Mit dieser Buchreihe informiert e-fellows.net Studierende über attraktive Berufsbilder und interessante Weiterbildungsmöglichkeiten, darunter das LL.M.-Studium, die Ausbildung zum Patentanwalt sowie die Tätigkeit in einer Unternehmensberatung, im Investment Banking und im Asset Management. Die Bücher bieten wertvolle Expertentipps und einen fundierten Überblick über die jeweilige Branche. Persönliche Erfahrungsberichte von Studierenden und ausführliche Unternehmensporträts potenzieller Arbeitgeber helfen bei der eigenen Entscheidungsfindung. Weitere Informationen zu den einzelnen Titeln der Reihe **e-fellows.net** wissen finden Sie auf S. 218–219.

e-fellows.net – das Online-Stipendium & Karrierenetzwerk

e-fellows.net schafft Verbindungen zwischen leistungsstarken Studierenden und renommierten Unternehmen. Mit einem eigenen Stipendienprogramm fördert e-fellows.net Studierende und Doktorand/innen der Ingenieur-, Natur-, Rechts- und Wirtschaftswissenschaften. Stipendiat/innen profitieren von Kontakten in die Wirtschaft durch Praktikumsangebote, Einstiegsjobs und ein Mentorenprogramm sowie vom exklusiven Zugang zur e-fellows.net community. Zudem erhalten sie Recherchemöglichkeiten in fachspezifischen Datenbanken, kostenlose Zeitungsabos und einen Zuschuss zu Telekom-Tarifen. Partnerunternehmen sind Accenture, Allianz, Bertelsmann, Bosch, Clifford Chance, Deutsche Bank, Freshfields Bruckhaus Deringer, Hengeler Mueller, KPMG, Oliver Wyman, Roche und Unister. Gegründet wurde e-fellows.net von der Deutschen Telekom, der Verlagsgruppe Georg von Holtzbrinck und McKinsey & Company. **www.e-fellows.net**

Vorwort

Sowohl das Investment Banking als auch das Asset Management waren in den vergangenen Monaten in aller Munde. Beide Branchen wurden durch die internationale Finanzkrise erschüttert – und teilweise dafür mitverantwortlich gemacht. Der Reiz der Berufsbilder im Investment Banking und Asset Management bleibt jedoch weiterhin bestehen, zumal sich manche Investmentbanken scheinbar schnell von der Krise erholen. Auch wenn die Einstellungszahlen zurückgehen und die Boni teilweise nicht mehr ganz so üppig ausfallen – für finanzaffine Studierende und Absolventen stellen beide Branchen attraktive Möglichkeiten für den Berufseinstieg dar.

Wie dieser gelingen kann, zeigt das Buch **Perspektive Investment Banking & Asset Management**. Im ersten Kapitel wird ein aktueller Branchenüberblick gegeben. Zudem stellen Experten aus der Praxis einzelne Berufsbilder exemplarisch vor. Im zweiten Kapitel stehen Fragen zum Einstieg und zur Karriere im Vordergrund: Was kommt beim Bewerbungsprozess auf einen zu? Welche Voraussetzungen sollte man mitbringen? Und wie haben sich Einstiegschancen und Vergütung durch die Finanzkrise verändert?

Um im Bewerbungsprozess und im Beruf erfolgreich zu sein, ist ein breites theoretisches Wissen nötig. Das dritte Kapitel beschreibt daher exemplarisch Themenfelder, die dem besseren Verständnis beider Branchen dienen. Theoretisches Wissen ist gut, doch sind Erfahrungen von Personen aus der Praxis meist noch wertvoller. Daher werden im vierten Kapitel Erfahrungsberichte aufgeführt, die zahlreiche Tipps und Anregungen enthalten. Im fünften Kapitel stellen sich potenzielle Arbeitgeber vor.

Wir freuen uns, wenn dieses Buch Sie (noch mehr) für die beiden Branchen begeistern kann und Ihnen auf Ihrem Weg ins Investment Banking und/oder Asset Management behilflich ist.

Viel Spaß bei der Lektüre und viel Erfolg für Ihre Karriere!

Christian Lippl
e-fellows.net

Die Autoren

Markus Achatz, Jahrgang 1972, Personalmanager in der MEAG MUNICH ERGO AssetManagement GmbH (MEAG). Nach seinem BWL-Studium war er bei der MEAG zunächst als Personalreferent tätig. Seit Anfang 2009 hat er in der Funktion des HR-Managers Compensation & Controlling überwiegend Aufgaben mit quantitativem Bezug übernommen.

Stefan Bartschat, Jahrgang 1976, Director bei der UBS Investment Bank. Dort ist er seit 2002 tätig und ist Spezialist für M&A- und Kapitalmarkttransaktionen im Medien- und Technologiebereich sowie im Immobiliensektor. Zu seinen größten Transaktionen gehörte die Beratung der Lufthansa beim Verkauf des Buchungssystems Amadeus (Volumen: 4,6 Milliarden Euro).

Martin Bayerl, Jahrgang 1975, MEAG MUNICH ERGO AssetManagement GmbH. Als Diplomand im Rahmen seines BWL-Studiums an der LMU München und der KU Leuven (Belgien) entstand im Jahr 2000 der erste Kontakt zur MEAG. Nach 5,5 Jahren im Risikocontrolling der MEAG wechselte er Mitte 2006 ins Mandatemanagement ERGO Segment Komposit.

Kay Benk, Dipl.-Kfm., Jahrgang 1982, WHU – Otto Beisheim School of Management. Nach seinem BWL-Studium in Oestrich-Winkel, Neuseeland und Frankreich war er bis 2007 wissenschaftlicher Mitarbeiter und Doktorand an der EBS. Seit 2008 setzt er seine Promotion an der WHU fort. Seine Schwerpunkte liegen im Asset Management und in Emotional Finance.

Michael Diedrich, Jahrgang 1980, Personalreferent beim Bankhaus Metzler (B. Metzler seel. Sohn & Co. KGaA). Nach seinem Studium an der LMU München und der University of Bradford ist er seit 2007 im Bankhaus Metzler tätig und verantwortet unter anderem die Auswahl und die Betreuung der Investment-Trainees und das Hochschulmarketing des Bankhauses.

Patrick Figge, Jahrgang 1986, Rotterdam School of Management. Nach dem Bachelor-Abschluss in Supply Chain Management arbeitete er für ein Jahr bei einer strategischen Unternehmensberatung. Seit September 2009 studiert er in Rotterdam im Master-Studiengang Strategic Management. Weitere Praxiserfahrung sammelte er bei vier Praktika (u. a. in China).

Bastienne Föller, Dipl.-Kff., Jahrgang 1984, The Carlyle Group. Nach ihrem Studium der BWL an der WHU – Otto Beisheim School of Management ist sie seit 2007 im europäischen Buy-Out-Fonds von Carlyle tätig.

Kolja Gauer, Jahrgang 1983, HFU Schwenningen. In seinem Studium der Wirtschaftswissenschaften an der Hochschule Furtwangen University und der Pôle Universitaire Léonard de Vinci fokussierte er sich auf Finance und Economics. Erfahrungen im Investment Banking sammelte er bei der UBS in Zürich sowie der Société Générale in Paris und Frankfurt a. M.

Oz Güven, Jahrgang 1978, VZ VermögensZentrum GmbH. Nach seinem Studium der Wirtschaftswissenschaften in Marburg und Köln ist er seit 2005 als Financial Consultant beim VZ VermögensZentrum in München tätig. Das VZ ist ein unabhängiger Honorarberater und Verwalter von Wertpapierportfolios.

Tobias A. Habbig, Dipl.-Kfm., Jahrgang 1978, European Resolution Capital Partners Ltd. Er hat als Private-Equity-Investor bei Apollo Management, als Unternehmensvorstand in einem Portfoliounternehmen und als Underwriter bei Lehman Brothers in London im Bereich Leveraged Loans und Debt-Capital-Markets-Finanzierungen gearbeitet.

Bettina Hüfner, Jahrgang 1969, Executive Director Nomura Bank und selbstständiger Business Coach. Nach Stationen bei diversen Investmentbanken arbeitete sie zuletzt für die japanische Investmentbank Nomura. Parallel absolvierte sie eine Ausbildung zum Business Coach und ist seit März 2008 auch selbstständige Unternehmerin (www.proaching.de).

Lutz Johanning, Prof. Dr., Jahrgang 1967, Inhaber des Lehrstuhls „Empirische Kapitalmarktforschung“ an der WHU - Otto Beisheim School of Management. Zu seinen Forschungsschwerpunkten zählen Empirische Kapitalmarktforschung, Market Microstructure & Best Execution, Financial Risk Management, Asset Pricing und Behavioural Finance.

Werner Klein, Jahrgang 1962, Towers Perrin Human Capital Group. Er ist Manager im Bereich Financial Services bei der auf Personalmanagement-Themen spezialisierten Unternehmensberatung in Frankfurt. Seit über 20 Jahren ist er im Bankensektor tätig, davon 15 Jahre lang in Leitungsfunktionen im Personalmanagement eines führenden deutschen Bankkonzerns.

Stephan Milde, Dipl.-Kfm., Jahrgang 1976, Corporate Development Solar Millennium AG. Nach seinem Studium der BWL an der EBS, Singapur und in den USA war er sechs Jahre im Investment Banking in London (Citigroup und Deutsche Bank) mit einem Fokus auf internationale Kapitalmarkttransaktionen tätig.

Thorsten Richter, Jahrgang 1978, Towers Perrin Human Capital Group. Er ist Associate bei der auf Personalmanagement-Themen spezialisierten Unternehmensberatung in Frankfurt a. M. Seine Beratungsschwerpunkte liegen in den Bereichen Corporate Communications sowie Change Management.

Miriam Schmidt, Dipl.-Volksw., Jahrgang 1982, Deka Investment GmbH. Nach dem VWL-Studium an den Universitäten Freiburg und Karlstad (Schweden) ist sie seit 2008 im Aktienresearch und Fondsmanagement der Deka Investment tätig. Dort analysiert sie europäische Small und Mid Caps.

Marion Schulz, Prof. Dr., Jahrgang 1975, Hochschule München. Sie lehrt im Fachgebiet „Finanzierung und Investition". Davor war sie mehrere Jahre im Corporate Finance tätig, unter anderem bei PricewaterhouseCoopers und der UniCredit Markets & Investment Banking mit den Spezialgebieten Unternehmensbewertung und M&A-Beratung.

Philipp Schuster, Jahrgang 1981, HSBC Trinkaus & Burkhardt AG. Nach seinem BWL-Studium an der University of Auckland absolvierte er Praktika bei HSBC Trinkaus & Burkhardt AG, Merrill Lynch und der BMW Group. Seit seinem Master-Abschluss in International Business an der Universität Maastricht ist er im Equity Sales bei HSBC Trinkaus in Düsseldorf tätig.

Marcus Steudner, Jahrgang 1985, Assenagon. Nach seinem Studium in Finance & Information Management an der TU München, der Universität Augsburg und der LSE arbeitet er seit 2008 im Bereich Kundenbetreuung. Zu seinen Aufgaben gehören der Vertrieb von Fonds mit verstärktem Derivateeinsatz und der Assenagon Services für Asset Manager.

Volker Wende, Jahrgang 1978, Vice President im Bereich Corporate Finance Advisory bei der UniCredit Markets & Investment Banking. Nach seinem Studium an der Universität Regensburg ist er seit mehreren Jahren im M&A-Bereich tätig. Sein Spezialgebiet ist die Transaktionsberatung in den Sektoren Telekommunikation, Medien und Technologie.

Marc Wiesner, Jahrgang 1983, Gruppe Deutsche Börse. Marc Wiesner hat BWL an der Universität Mannheim studiert und war anschließend als Analyst im Bereich M&A bei Dresdner Kleinwort beschäftigt. Hier sammelte er Erfahrungen bei Kauf- und Verkaufsmandaten u. a. im Technologie- und Infrastrukturbereich.

Sebastian Zank, Dipl.-Kfm., CFA, Jahrgang 1978, WestLB Equity Markets. Seit 2006 ist er dort als Sell-Side-Equity-Research-Analyst für europäische Energieversorger und erneuerbare Energien tätig. Zuvor war er Junior Consultant für Energieversorger bei PricewaterhouseCoopers.

Branchenüberblick Investment Banking & Asset Management

15 Investment Banking – ein Auf und Ab am Puls des Kapitalmarktes
28 Berufsbilder im Investment Banking
28 Investment Banking Division – M&A
31 Investment Banking Division – Equity Capital Markets (ECM)
34 Investment Banking Division – Debt Capital Markets (DCM)/Leveraged Finance
37 Sales & Trading – Equity Sales
40 Sales & Trading – Equity Research (Sell-Side)
43 Principal Investment oder Merchant Banking – Private Equity
46 Asset Management – eine Wachstumsbranche mit vielfältigen Jobchancen
60 Berufsbilder im Asset Management
60 Produktion – Research
63 Produktion – Portfoliomanagement
66 Produktion – Asset Allocation und Financial Consulting
69 Produktion – Risikomanagement
72 Distribution – Marketing & Vertrieb
75 Profile wichtiger Player im Investment Banking (M&A) & Asset Management

1. Branchenüberblick Investment Banking & Asset Management

Investment Banking – ein Auf und Ab am Puls des Kapitalmarktes

von Volker Wende

Spätestens seit dem Zusammenbruch der US-Investmentbank Lehman Brothers und den daraus folgenden Liquiditätsschwierigkeiten hiesiger Banken ist das Thema Investment Banking in aller Munde. Was aber ist eigentlich eine Investmentbank? Wieso gibt es Investmentbanken? Und wie werden sich Investment-Banking-Dienstleistungen aufgrund der aktuellen Finanzkrise verändern?

Investment Banking – was ist das eigentlich?

Grob gesagt ist eine Investmentbank, wie auch eine Geschäftsbank im Allgemeinen, ein Finanzintermediär. Eine Bank kümmert sich auf der einen Seite um die Beschaffung von Einlagen (Funding) und auf der anderen Seite um die adäquate Reinvestition selbiger Einlagen. Dabei übernimmt eine Bank vier entscheidende Aufgaben:

- **Größentransformation**: Volumenmäßige Verteilung der überwiegend kleineren Anlagen mehrerer Finanziers auf die größeren Kapitalbedürfnisse nachfragender Kunden
- **Fristentransformation**: Abgleich und Revolvierung langfristiger Kapitalbedürfnisse mit Titeln kürzerer Fristigkeit oder analog Wiederanlage langfristiger Einlagen bei kürzer laufenden Krediten
- **Risikotransformation**: Verteilung der Einzelanlage in mehrere verschieden riskante Tranchen, etwa in unterschiedliche Industrien, Regionen, Besicherungsstufen etc.
- **Transformation des Informationsbedarfs**: Bündelung und Verarbeitung der Kreditinformationen, Übernahme der Kreditüberwachung bis hin zur Fälligstellung und Verwertung

Investmentbanken entwickelten dieses System weiter, um größere Volumina verarbeiten zu können. Goldman Sachs machte den Börsengang und damit die Aufnahme von Eigenkapital zu einem Standardprodukt, Merrill Lynch etablierte den Handel von Wertpapieren und J.P. Morgan begann damit, Großunternehmen bei Fusionen und Übernahmen zu beraten.

So ist es auch folgerichtig, dass Investment-Banking-Dienstleistungen fast ausschließlich institutionellen Kunden angeboten werden. Diese sind zumeist strategische Geschäftskunden und Finanzinvestoren, aber auch staatliche Einrichtungen und Family Offices wohlhabender Privatkunden.

Nach dem 1930er Börsencrash trat der Glass-Steagall Act (oder offiziell *Banking Act of 1933*) in Kraft, der eine Trennung des Einlagen- und Kreditgeschäfts vom Wertpapiergeschäft vorschrieb. Durch diese Trennung entwickelte sich unter den Investmentbanken eine ganz eigenständige Dynamik. Das fehlende Einlagengeschäft dieser Bankenklasse förderte konsequenterweise die Ausplatzierung von Fremd- und Eigenkapitalprodukten (Syndizierung) und führte zu einer systematischen Weiterentwicklung der handelbaren Bankprodukte. Seit den 1990er-Jahren ist diese Trennung faktisch obsolet und seit 1999 auch gesetzlich abgeschafft. Vollständig beendet wurde sie jedoch erst im Sommer 2008, als die Subprime-Krise an den Kapitalmärkten in vollem Gange war. In Kontinentaleuropa, insbesondere in Deutschland, hat es eine derartige Trennung wie in den USA nie gegeben. Folglich hat das hier praktizierte Universalbankensystem die Entwicklung spezialisierter Investmentbanken nicht möglich gemacht.

Heute gibt es de facto zwei Typen von Investmentbanken: spezialisierte Berater oder Boutiquen (wie etwa Greenhill, Lazard oder Rothschild) und Geschäftsbanken (wie etwa Credit Suisse, Deutsche Bank oder UBS). Die klassischen US-Investmentbanken haben sich im Rahmen der Finanzkrise überwiegend zu Geschäftsbanken gewandelt (z. B. Goldman Sachs und Morgan Stanley); oder aber sie wurden von anderen Banken übernommen (z. B. Bear Sterns durch J.P. Morgan oder Merrill Lynch durch die Bank of America). Die bekannteste Ausnahme hiervon ist das eingangs erwähnte Bankhaus Lehman Brothers, das sich derzeit im Gläubigerschutz und in der operativen Auflösung befindet.

Was machen Investmentbanken?

Dienstleistungen integrierter Investmentbanken lassen sich thematisch in zwei Bereiche gliedern:

- Investment Banking im engeren Sinn und
- Sales & Trading, auch oft als Handel oder Markets bezeichnet

Am öffentlichkeitswirksamsten ist sicherlich das Transaktionsgeschäft (Investment Banking Division), welches die Bereiche Mergers & Acquisitions (M&A), Equity Capital Markets (ECM) und Debt Capital Markets (DCM) beinhaltet. Trotz seiner hohen Außenwirkung hat dieses Primärgeschäft mit etwa 28 Prozent nur einen überschaubaren Anteil an den gesamten Nettoerlösen der Investmentbanken. Am Umsatz gemessen deutlich wichtiger hingegen ist der Bereich Sales & Trading (etwa 72 Prozent Anteil an den Nettoerlösen 2007), der den Handel mit Wertpapieren umfasst oder, allgemeiner gesagt, den Handel von Wertpapieren aller Art überhaupt erst ermöglicht. Zusätzlich wird teilweise auch das originäre Investmentgeschäft der Banken, der Bereich der sogenannten Principal Investments, zum Investment Banking gezählt.

Neben der gerade dargestellten Aufgabenstellung in der Wertschöpfungskette von Bankprodukten unterscheiden sich die Bereiche im Wesentlichen in ihrem zunehmenden Risikoprofil. So werden im Segment M&A ausschließlich Beratungsdienstleistungen erbracht, die keiner weiteren Risikoallokation der Bank bedürfen. Beim Underwriting von Eigen- oder Fremdkapitalprodukten geht die Investmentbank zumindest kurzzeitig ins Risiko, d. h. es wird kurzfristig ein Mittelausfluss mit ungewissem Rückfluss finanziert. Im Principal Investment oder auch im Bereich des Eigenhandels (Teil des Bereichs Sales & Trading) werden die meisten risikogewichteten Aktiva (Risk Weighted Assets, RWA) gebunden, da hier Gelder mittel- bis langfristig gebunden sind.

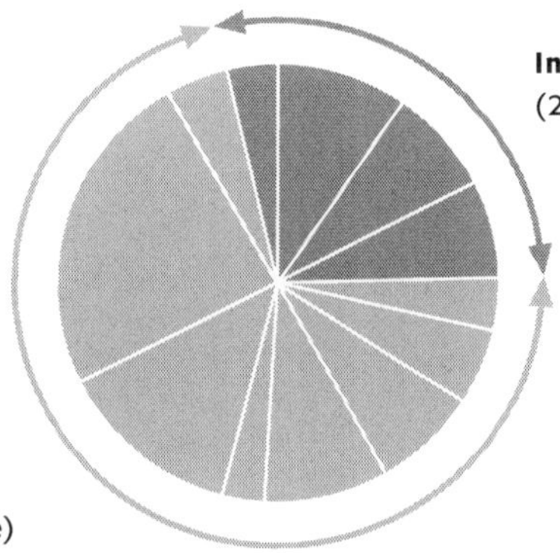

Verteilung der Nettoerlöse[1] (vor der Subprime-Krise 2007: 335 Milliarden US-Dollar[2])

Investment Banking Division

Die Investment Banking Division fasst das transaktionsbasierte Primärgeschäft mit Eigen- und/oder Fremdkapitalprodukten zusammen:

Mergers & Acquisitions (M&A)

Rein wörtlich übersetzt ist M&A die Beratung im Rahmen von Fusionen und Übernahmen, was jedoch nur einen Teil der Aufgabenstellung wiedergibt. M&A beinhaltet vielmehr die Beratung von kaufenden, verkaufenden oder auch zu verkaufenden Parteien bei jeglichen Fragen der Prozesssteuerung, Prozesstaktik sowie der Bewertung und Strukturierung von Transaktionen. Typischerweise sind M&A-Teams in Sektoren unterteilt, da neben der Prozesstechnik auch eine gewisse industrielle Intelligenz abverlangt wird. „Wer passt zu wem?", „Wie kann auf Industrietrends reagiert werden?", oder „Wo sind Synergien realisierbar?" –

1 Quelle: Boston Consulting Group (2009), Unternehmensangaben.

2 Nettoerlöse der 16 größten Investmentbanken: Morgan Stanley, Goldman Sachs, J.P. Morgan, Société Générale, Barclays Capital, BNP Paribas, Deutsche Bank, Credit Suisse, Nomura, Bank of America, Citigroup, UBS, Merrill Lynch, UniCredit, Lazard und Greenhill.

diese typischen Aufgabenstellungen stehen neben dem Prozesshandling und der Bewertung auf der Tagesordnung. Zusätzlich gilt es, Fragen nach der optimalen Transaktionsstrukturierung zu beantworten, die meist gemeinsam mit Steuer-, Rechts- und Kapitalmarktexperten angegangen werden. Eine Beschreibung des Berufsbilds zum M&A-Banker folgt auf den Seiten 28 bis 30.

Equity Capital Markets (ECM)

Typische Dienstleistungen von ECM-Abteilungen umfassen die Beratung im Rahmen von Börsengängen, Kapitalerhöhungen oder Aktienplatzierungen beispielsweise durch einen Großaktionär. Aber auch die Kapitalherabsetzung oder die Abspaltung sind Themen, mit denen sich ECM-Banker beschäftigen. Der Kundenkreis setzt sich überwiegend aus notierten Unternehmen oder Unternehmen mit einer Notierungsabsicht zusammen. Auch wenn dies grundsätzlich einem Verkauf oder Kauf entspricht, sind die Unterschiede zum M&A mannigfaltig. So wird in der Regel nicht für einen Kunden *ein* möglicher Partner analysiert, sondern die Kapitalmarktfähigkeit von Unternehmen wird untersucht und die Investorensuche (also die Koordination der Ansprache mehrerer Aktionäre) betrieben. Da die institutionellen Investoren kapitalmarktgetrieben sind, wird bei ECM-Teams stärker auf die regulatorischen Komponenten und die Kapitalmarktaspekte abgestellt. Teams sind daher meist regional gegliedert. Neben den reinen Eigenkapitalprodukten gehören auch sogenannte Equity-Linked-Produkte wie etwa Wandelanleihen, Zwangswandelanleihen, Hybridanleihen oder Umtauschanleihen zum Repertoire der ECM-Banker. Das Berufsbild des ECM-Bankers wird auf den Seiten 31 bis 33 noch näher beschrieben.

Debt Capital Markets (DCM)

Parallel zum ECM gibt es auch die DCM-Abteilungen, die sich im engeren Sinne um handelbare Fremdkapitalprodukte kümmern, wie z. B. Anleihen (Corporate Bonds, MTN-Programme etc.). Im weiteren Sinne zählen dazu teilweise auch syndizierte Kredite, die in transaktionsbasierten Finanzierungsabteilungen bearbeitet werden, also beispielsweise Leveraged Finance und Corporate Solutions. Beide unterscheiden sich lediglich im Kundenfokus: Während es bei ersteren um Finanzinvestoren geht, sind letztere auf operative Kunden fokussiert. Nähere Informationen zum Berufsbild des DCM-Bankers folgen auf den Seiten 34 bis 36.

Wichtiger als die Gliederung nach Produkten und Industrien ist bei den Debt-Capital-Markets-Abteilungen die volle Abdeckung der Wertschöpfungskette. Hier differenziert man zwischen der Origination (also der Akquise von Projekten), der Execution (der Ausführung) und der Syndication (dem Verkauf). Es ist wichtig, die Aufgabenteilung zu verstehen, denn nicht der gesamte Kredit bleibt in den Büchern der Investmentbanken. Ein substanzieller Teil der Produkte wird aufgrund von Risikostreuung weiterverkauft. In den Bereichen Origination und Execution werden Kunden betreut und Transaktionen strukturiert. Typische Tätigkeiten umfassen die Analyse von Kunden und deren Transaktionsabsichten, die Strukturierung möglicher Transaktionen einschließlich eventueller Zeitpläne, sowie der Durchführung und Nachbereitung der Transaktion mit dem Kunden. Aufgabe der Syndication ist dann die Ausplatzierung der Produkte. Diese Teams betrachten primär die Angebot/Nachfrage-Matrix auf den Kapitalmärkten und wirken so an der Strukturierung (etwa im Sinne der Preisgestaltung) von Transaktionen mit. Besonders die Aufnahmebereitschaft potenzieller Investoren gilt es einzuschätzen.

Theoretisch ist diese Aufgabenteilung in den ECM-Abteilungen gleich. Allerdings agiert die Syndication stärker abgestimmt mit den Sales & Trading-Bereichen, die im täglichen Kontakt zu den institutionellen Anlegern, etwa Aktienfonds, stehen.

Sales & Trading

Während im Investment Banking eher die Beratungsdienstleistungen bei Unternehmenstransaktionen und die Schaffung von handelbaren Produkten im Vordergrund stehen, bündelt das Sales & Trading eher Transaktionen an einzelnen Wertpapieren oder Produkten. Man unterscheidet also zwischen den sogenannten Primärmärkten, etwa dem Underwriting oder der Erstnotiz bei Aktien, und den sogenannten Sekundärmärkten. Letztere schaffen erst die Handelbarkeit, also die Fähigkeit, Wertpapiere im Eigentum wieder zu liquidieren.

Nicht hundertprozentig trennscharf abzugrenzen ist davon der Handel von Derivaten (etwa Futures und Optionen). Er wird aber regelmäßig zum Sekundärmarkt gezählt. Heutzutage hat dieser Handel mit Derivaten ein vielfach größeres Volumen als der Handel mit tatsächlichen, physischen Produkten (Basiswert bzw. Underlying) oder direkten Anteilsrechten. Beim Kauf einer Option etwa erhält man das Recht, ein Wertpapier oder ein anderes Underlying in einer gewissen Zeitspanne und zu einem vorher vereinbarten Preis zu kaufen oder zu verkaufen (Long-Position). Eine Short-Position verpflichtet andersherum dazu, ein Wertpapier oder ein Underlying zu kaufen bzw. zu verkaufen. Der Vollständigkeit halber sei erwähnt, dass nicht notwendigerweise gekauft oder verkauft werden muss, sondern man die Option auch verfallen lassen kann.

Die gehandelten Produkte werden dabei regelmäßig in drei Kategorien eingeteilt:

- **Equities** umfasst den Bereich der Aktien und anderer Eigenkapitaltitel sowie alle damit verbundenen Derivate. Meist unterscheidet man noch zwischen Produkten, die börslich oder außerbörslich (Over-The-Counter, OTC) gehandelt werden. Ein ausführliches Jobprofil zum Bereich Equity Sales folgt auf den Seiten 37 bis 39.
- **Fixed-income** beinhaltet Wertpapiere und Derivate im allgemeinen Umfeld von Fremdkapital.
- **Devisen und Commodities**: Diese letzte Kategorie konzentriert sich auf den Handel mit Währungen oder Derivaten auf klassische Nutz- und Wertgüter, etwa die vielleicht bekannten Schweinehälften, Orangenkonzentrate oder auch Öl (Commodities).

Erlöse werden im Bereich des Sales & Trading in dreierlei Hinsicht erzielt. Zum einen treten Banken als Vermittler zwischen Käufern und Verkäufern auf und verlangen für diese Vermittlung eine Gebühr. Zum anderen handeln Banken in eigenem Namen (**Proprietary Trading** oder kurz **Prop Trading** genannt). Dieser letztgenannte Bereich ist derzeit Segen und Fluch zugleich. Über Jahre hinweg haben Banken hervorragend am Prop Trading verdient, bis sich in 2007/2008 die Märkte drehten. Die fallenden Märkte konnten in der Regel auch nicht mehr von intelligenten Strukturierungen aufgefangen werden und führten in der Konsequenz zu immensen Verlusten bei den Investmentbanken. Als nicht zu unterschätzender dritter Punkt ist ferner die indirekte Auswirkung des Bereichs Sales & Trading auf das Primärgeschäft der Banken zu sehen. Informationen über Preise, Marktakteure und Volumina haben meist einen entscheidenden Einfluss auf die Platzierbarkeit und Strukturierung von Primärprodukten. Praktisch angewandt heißt dies: „Welche Art von Käufer ist derzeit an Aktien im Industrieumfeld interessiert?", „Ab welchem Preis werden Produkte nachgefragt?", oder „Können bestimmte Volumina vom Markt überhaupt aufgenommen werden?" Abschließend sei noch gesagt, dass sich der Bereich Sales auf der Kundenseite positioniert, wohingegen Trading die produkttechnische Definition darstellt.

Eng mit den Produkten verwoben, aber regulatorisch getrennt davon zu sehen sind die **Research**-Abteilungen. Research ist die Bereitstellung von fundierten Analysen zu gehandelten Produkten. Differenziert wird auch hier zwischen dem Equity und dem Credit Research. Aber auch Research zu makroökonomischen Themen wird erstellt, wie etwa zu Wirtschafts- oder Währungskursentwicklungen. Research-Analysten „füttern" Händler mit Ideen zu Chancen und Risiken. Die Unabhängigkeit der Research-Abteilungen muss jedoch erneut betont werden. Eine entsprechende Regelung wurde im Jahr 2003 im Nachgang zum Platzen der Dot-Com-Blase der Jahre 2001/2002 eingeführt. Damals wurden mehrere Analysten und Investmentbanken abgestraft, da Aktienanalysen offensichtlich die wahren Werte beschönigten, um dem Beratungsgeschäft (M&A und ECM) lukrative Aufträge zu verschaffen. Dies führte dann auch zur Ausgründung zahlreicher unabhängiger Research-Häuser wie etwa dem US-Haus Sanford Bernstein. Auf den Seiten 40 bis 42 wird das Berufsbild des Equitiy-Research-Analysten im Detail beschrieben.

Principal Investment oder Merchant Banking

Der Bereich Principal Investment oder Merchant Banking investiert Kapital der Bank oder das Kapital von Investmentfonds, welche durch die Investment Bank gemanagt werden. Die Investmentbank handelt hierbei im Wesentlichen wie ein Finanzinvestor. Dieser Bereich begründet regelmäßig ein signifikantes Risikoprofil, da es sich um längerfristige Investitionen handelt. Investitionen werden dabei durch unterschiedliche Vehikel getätigt; so sind Banken regelmäßig Investoren in **Private-Equity-Fonds** oder koinvestieren mit selbigen. Daneben ist der Bereich der Bridge- oder Trust-Lösungen abgedeckt. Dabei werden Investmentbanken temporär Eigentümer von Unternehmen. Meist ist dies kartellrechtlich begründet und in jedem Fall zeitlich begrenzt. Was einen Job im Private Equity genau ausmacht, zeigt das Jobprofil auf den Seiten 43 bis 45.

Derzeitige Kapitalmarktentwicklungen

Wie bereits eingangs erwähnt, sind Investmentbanken derzeit in aller Munde, was in erster Linie an den staatlichen Garantien für das Bankwesen im Allgemeinen liegt. So haben sowohl die Eurozone als auch die USA bislang jeweils etwa 2.000 Milliarden Euro an staatlichen Bankhilfen gewährt.[3] Der überwiegende Teil bestand zwar aus Garantien, Bürgschaften und indirekten Hilfen, jedoch wurden auch direkte Kapitalspritzen verabreicht.

Diese staatlichen Hilfsmaßnahmen wurden notwendig, nachdem Zusammenbrüche mehrerer Banken (u. a. von Lehman Brothers) den Interbankenmarkt nahezu zum Erliegen gebracht hatten. Letzterer gibt den Banken die Möglichkeit, sich gegenseitig kurzfristig Gelder zu leihen. Kommt dieser Markt nicht zustande, kann dies zu Liquiditätsengpässen führen. Im Extremfall zieht die Anbahnung von Liquiditätsschwierigkeiten einen Bank Run nach sich. Staatliche Hilfspakete waren also in erster Linie darauf ausgerichtet, das Vertrauen auf eine Rückzahlung wiederherzustellen.

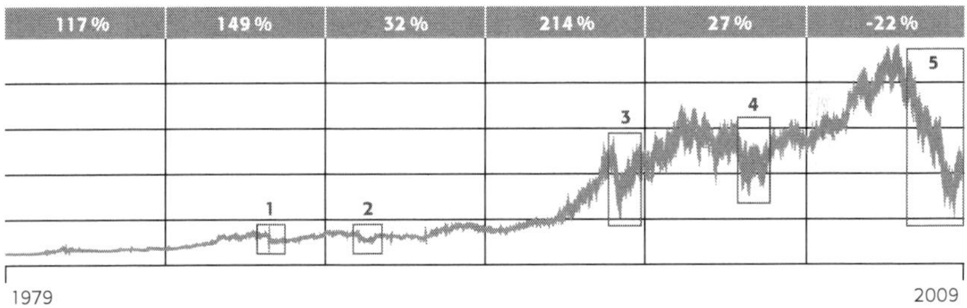

Wertentwicklung von führenden Investmentbanken (indexierte Aktienwertentwicklung für jeweils fünf Jahre)[4]

Obige Grafik zeigt eindrucksvoll den Vertrauensverlust und die direkte Aktienkursreaktion, die durch solche Hilfen bekämpft werden sollen. Dabei ist das Ausmaß des Einbruchs zwar optisch beängstigend, aber mit den Einschnitten vergangener Jahrzehnte durchaus vergleichbar.

	Zeitraum	Wertvernichtung[5]	Dauer der Krise[6]
1 Schwarzer Montag	1987	500 %	1
2 Junk Bond	1988–89	400 %	6
3 Asien- und Russland	1997–99	150 %	2
4 Dot-Com-Blase	2001–02	50 %	7
5 Subprime	2007–heute	bisher ~300 %	ungewiss

Quelle: Morgan Stanley, eigene Recherche

Wertvernichtung und Dauer historischer Krisen im Vergleich

3 Quelle: BNP Paribas, *Financial Times Deutschland* (FTD, 20. April 2009).

4 Quelle: Thomson One Banker, Analyse der UniCredit.

5 Addierte Branchenergebnisse des schlimmsten Quartals in Prozent der Vorkrisen-Ergebnisse.

6 Dauer in Quartalen, bis ein Vorkrisen-Niveau erreicht wurde.

Analog zu den Aktienkursen brachen auch die Nettoerlöse und Ergebnisse der großen Investmentbanken ein. Bis einschließlich des zweiten Quartals 2007 erfreuten sich Investmentbanken stetig steigender Nettoerlöse und Ergebnisse. Nachdem im Jahr 2006 bereits 296 Milliarden US-Dollar an Nettoerlösen erzielt wurden, steigerte sich diese Zahl im Jahr 2007 auf stolze 335 Milliarden (zum Vergleich: Im Jahr 2001 wurden lediglich 147 Milliarden US-Dollar erreicht).

Seitdem in den USA aber die ersten größeren Ausfälle von Immobilienkrediten gemeldet wurden und die ersten Banken Zahlungsunfähigkeit vermeldeten, ging es steil bergab. Für das Jahr 2008 konnten lediglich 215 Milliarden US-Dollar an Nettoerlösen erzielt werden - ein Rückgang von 36 Prozent!

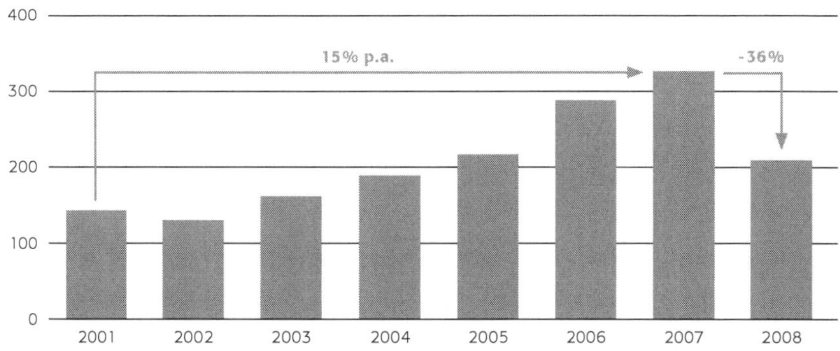

Nettoerlöse der Top-16-Investmentbanken (in Milliarden US-Dollar, vor Abschreibungen)[7]

Während sich die Investment Banking Division (hier im Wesentlichen die Beratung) noch vergleichsweise gut geschlagen hat, rutschten die Nettoerlöse der Sales & Trading-Einheiten ins Bodenlose. Die bereits erwähnten Eigenhandelsaktivitäten der Investmentbanken konnten sich nur selten der stark sinkenden Aktienkursen erwehren und erzeugten einen immensen Wertberichtigungsbedarf. Von diesen Geschehnissen waren übrigens ausnahmslos alle großen Institute betroffen. Eine Vielzahl der Häuser musste für das vierte Quartal 2008 sogar rote Zahlen auf Nettoerlösebene vermelden. Ergebnisseitig war 2008 sogar noch ernüchternder. Die durchschnittliche Vorsteuermarge auf die Nettoerlöse (vor Abschreibungen) der Top-16-Investmentbanken in 2008 lag bei -37 Prozent.

7 Quelle: Boston Consulting Group (2009), Unternehmensangaben.

Ausblick: Wie wird die Krise das Investment Banking verändern?

Wie und wo eine Veränderung in Bezug auf Struktur und Ausrichtung erfolgen wird, ist differenziert zu betrachten.

Regulatorisches Umfeld

Auf der einen Seite muss man das regulatorische Umfeld ansprechen. Gerade im Nachgang zur Krise wurde des Öfteren kritisiert, dass Banken zu lax mit den Risiken des Kapitalmarkts umgegangen sind. Fälle wie die des französischen Aktienhändlers Jérôme Kerviel, der 2008 etwa 4,9 Milliarden Euro Verlust erzielte, wurden als Paradebeispiel für die Verantwortungslosigkeit von Bankern hochgehalten. Aber auch die US-amerikanischen Subprime-Investitionen mehrerer staatlicher Banken in Deutschland dienten als medienwirksame Beispiele für die Profitgier der Banker. Politisch wurden schnell zwei denkbare Lösungswege präsentiert.

Eine stärkere **staatliche Kontrolle** ist angedacht, um risikoreiche Bankgeschäfte einzugrenzen bzw. mögliche Risiken besser offenzulegen. So waren es gerade die ausländischen SPVs (Special Purpose Vehicles), die teilweise ein überhöhtes Risikoprofil aufzeigten, aber aufgrund von Bilanzierungsrichtlinien nicht konsolidiert werden mussten. Die bereits diskutierten Staatshilfen boten für Regierungen eine gute Möglichkeit, eine direkte Kontrolle einzufordern. Gerade die USA obstruierten kurzfristig eine Art Eigenkapitalpflicht für die größten Banken und wurden so zum Eigentümer der US-amerikanischen Investment-Banking-Elite. Aber auch in Europa gab es erste Beispiele: Island verstaatlichte faktisch das gesamte nationale Bankennetzwerk. Auch die Royal Bank of Scotland, der ehemalige Marktführer für LBO-Finanzierungen in Europa, ist heute zu mehr als 70 Prozent in staatlicher Hand. Und selbst Deutschland hat mit der Hypo Real Estate (HRE) sein erstes Verstaatlichungsbeispiel. Abzuwarten bleibt nur, ob die Regierungen ein glückliches Händchen in Sachen Bankenführung beweisen – waren es doch mit der IKB und der Sachsen LB in Deutschland u. a. staatliche Institute, die als erste von der Krise betroffen waren.

Ein zweites regulatorisches Allheilmittel wird in der **Risikoadjustierung der Bonizahlungen** gesehen. So besteht seit April 2009 eine Empfehlung der EU-Kommission zur „Vergütungspolitik im Finanzdienstleistungssektor", die auf Länderebene geprüft wird. Darin wird proklamiert, dass die gängige Bonuspraxis Mitarbeiter dazu verleite, die mit ungebührlich hohen Risiken verbundenen Tätigkeiten fortzusetzen, mit denen kurzfristig höhere Gewinne erzielt werden. Langfristig würden die Finanzinstitute aber höheren potenziellen Verlusten ausgesetzt. Die Empfehlung der EU sieht daher vor, Boni erst nach einer Mindestfrist auszahlbar zu machen, um so das Interesse auf die langfristige Wertschaffung zu fokussieren. Rein oberflächlich betrachtet ist dies sicherlich eine gute Maßnahme, suggerieren doch Medien nahezu täglich die immensen Bonizahlungen zahlreicher gebeutelter Banken und Versicherungen an ihre Spitzenkräfte. Wie immer steckt der Teufel aber auch hier im Detail: Provisionsabhängige Abteilungen, wie etwa M&A und ECM, benötigen beispielsweise keine Risikoaktiva der Bank. Weshalb sollte also hier das Gehalt der Banker verteilt oder gar versetzt gezahlt werden? So ist es dann auch nicht weiter überraschend, dass sich

Investmentboutiquen in den letzten Tagen und Wochen eines ungewohnt großen Zustroms an Talenten erfreuen. Die Banker wandern in der Regel von den Großbanken zu kleineren Häusern ab, da letztere nicht den Vergütungsstruktur-Vorschlägen unterliegen. Es bleibt also abzuwarten, wie und in welcher Konsequenz die EU-Empfehlung national adaptiert wird.

Veränderung der Geschäftsfelder

Die wesentlichste Veränderung für das operative Wirken der Banken ist aber bereits heute offensichtlich: Aufgrund des Liquiditätsengpasses wurde die Kapitalbeschaffung zur Refinanzierung von Krediten deutlich erschwert. Wie bereits erwähnt, wurden bislang große Anteile von Krediten ausplatziert und an dritte Investoren, wie etwa an Fonds oder ausländische Banken, weiterverkauft. Dieser Syndizierungsmarkt ist faktisch zusammengebrochen. Auch einheimische Banken achten vermehrt auf ihre Risikoallokation. Folglich nahmen Finanzierungsvolumina aufgrund der Verfügbarkeit freier Mittel ab. Das abnehmende Angebot führte zu höheren Zinsmargen, was verfügbare Kredite schlichtweg verteuerte. Die parallel dazu stattfindende Einbremsung des globalen Wirtschaftswachstums führte dazu, dass auch ausstehende Kredite unter Druck kamen. Dies verzögert die Rückführung ausgegebener Kredite und führt zu neuen Risiken bei den Banken.

Alles in allem dreht sich bei Banken derzeit wieder alles um das Thema Fremdkapital. Das beeinflusst gerade bei den Investmentbanken indirekt auch die damit verbundenen Dienstleistungen - allen voran bei den Beratungsdienstleistungen im Bereich M&A und ECM. Nahezu alle Banken versuchen im Moment, Neuengagements von Krediten hinauszuzögern oder - falls dies nicht möglich ist - zumindest mit risikounabhängigem Beratungsgeschäft zu verquicken. Diese Verzahnung beschert den M&A- und ECM-Abteilungen der Großbanken vergleichsweise viel Arbeit, was die Transaktions- und Strukturierungsberatung betrifft. Akquisitionen etwa werden regelmäßig nur fremdfinanziert, wenn auch die Investmentbank mit der M&A-Beratung betraut wird.

Auch die unabhängigen, nicht finanzierenden Häuser profitieren von diesem „Boom" und fokussieren sich zunehmend auf die Beratung in Restrukturierungsfällen. Das Beratungsgeschäft könnte daher von der Finanzkrise sogar indirekt profitieren. Leider fällt auf der anderen Seite das Private-Equity-Geschäft nahezu komplett aus. Diese überwiegend fremdfinanzierenden Investoren waren für **M&A**-Berater zu wichtigen Kunden aufgestiegen und machten in den vergangenen Jahren einen Großteil der Unternehmenstransaktionen und somit des Fee-Geschäfts im M&A aus. Durch die Kapitalknappheit wurden fremdfinanzierte Transaktionen ausgebremst und die Umsatzquellen der M&A-Häuser signifikant reduziert. Insofern sind lediglich die Aufgaben neu verteilt. Zusätzliche Volumina gibt es hingegen bislang nur selten, was sich auch in den veröffentlichten M&A-Volumina darstellt. Wurden im Jahr 2007 Transaktionen mit einem Gesamtwert von 1.094 Milliarden Euro durchgeführt, waren es 2008 nur noch 729 Milliarden Euro. Dieser Trend zeichnete sich auch in den ersten Monaten des Jahres 2009 ab.

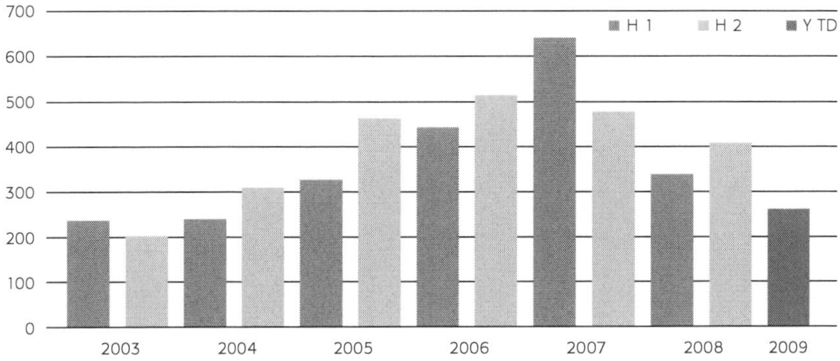

M&A-Transaktionen in Europa (aggregierte Volumina der Unternehmenstransaktionen, in Milliarden Euro); Stand: 31. Mai 2009.[8]

Bei den **ECM**-Abteilungen ist dies ähnlich. Die ehemals so wichtigen und lukrativen Börsengänge verschwanden nahezu komplett aus dem Alltagsgeschäft. Waren es in 2007 noch 21 Unternehmen, die den Schritt aufs Parkett der Deutschen Börse wagten, so waren es 2008 nur noch zwei. Im laufenden Jahr gab es noch keinen einzigen Neuzugang.[9] Und so konzentrieren sich die ECM-Abteilungen zwar nach wie vor auf die mit Spannung erwarteten Börsengänge von Großkonzernen (wie dem der Deutschen Bahn), unterstützen aber vermehrt bereits notierte Unternehmen bei ihren Kapitalmaßnahmen. So sind Kapitalerhöhungen aufgrund der Fremdkapitalknappheit wieder en vogue. Da aber auch der Eigenkapitalmarkt restriktiver wurde, werden diese Maßnahmen meist bereits im Vorfeld gestützt. Das heißt ein Großaktionär erklärt sich bereit, die neuen Aktien zu zeichnen, wenn der freie Markt nicht das notwendige Interesse zeigt.

DCM-Produkten erging es bis Jahresanfang ähnlich. Platzierungen von Schuldscheinanleihen waren nur noch für bestens bekannte Unternehmen möglich und selbst dies bedurfte noch signifikanter Risikoaufschläge. Hochverzinsliche High-Yield-Anleihen waren für sechs Quartale komplett von der Bildfläche verschwunden. War es für Strategen nur schwer (und teuer), an frisches Kapital zu gelangen, war es für Finanzinvestoren nahezu unmöglich. Leveraged-Finance-Häuser, die noch 2007 Übernahmefinanzierungen im Wert von nahezu 275 Milliarden Euro gestemmt hatten, konnten im ersten Quartal 2009 noch nicht einmal eine Milliarde Euro aufbringen.

Für den Sekundärmarkt galt dabei Ähnliches. Die Nachfrageseite des Handels brach spürbar ein; die Bärenrallye ließ gerade den erlösstärksten Investment-Banking-Bereich unter der Finanzkrise leiden.

8 Quelle: Mergermarket (2009).

9 Neuemissionen in den Prime Standard der Deutschen Börse AG; Quelle: Deutsche Börse AG (Stand: 31. Mai 2009).

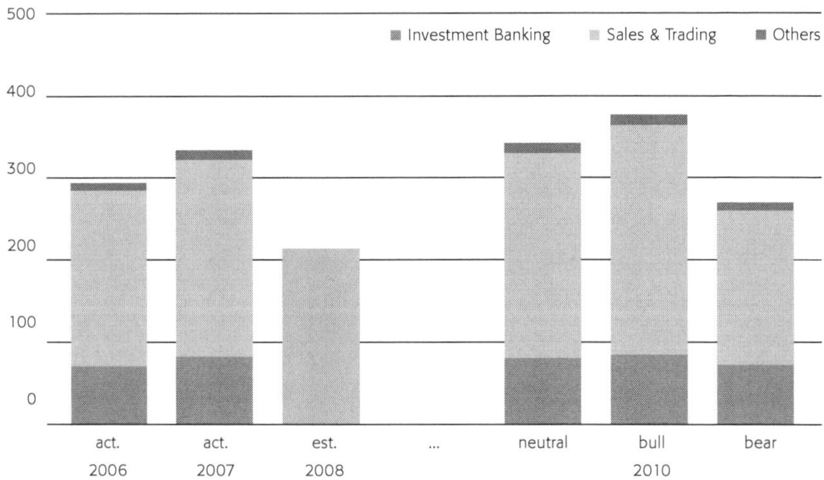

Nettoerlöse der Top-16-Investmentbanken (in Milliarden US-Dollar, vor Abschreibungen)[10]

Obwohl eine Erholung aber allgemein erwartet wird, werden einige der aus 2007 und 2008 gezogenen Lehren wohl zumindest kurzfristig Bestand haben:

- Primär- und Sekundärmärkte für Fremdkapitalprodukte bedürfen noch einiger Erholungszeit.
- Zusatzdienstleistungen (wie M&A oder ECM) werden verstärkt vermarktet und nicht selten als Bedingung für eine Kreditvergabe gesehen.
- Strukturierte Produkte werden tendenziell einfacher konzipiert.
- Risikominimierung und Planbarkeit sind nicht nur bei Banken relevant, sondern auch bei den Kunden, weshalb sich etwa Zins- oder Währungskursderivate steigender Beliebtheit erfreuen.

Trotz der schlechten Vorgaben aus 2008 geht es bergauf. So sollen bereits 2010 wieder bekannte Erlösniveaus erreicht werden. Auch am bekannten Erlösmix aus Investment Banking und Sales & Trading wird sich mittelfristig nichts ändern. Glaubt man den Experten, dann wird es hingegen Veränderungen bei der Ertragssituation der Banken geben. Konnten die großen Investmentbanken 2006 und 2007 noch Nachsteuermargen von 20 Prozent und mehr erzielen, erwarten Experten für die Zukunft „nur" noch moderate zehn bis 15 Prozent.

10 Quelle: Boston Consulting Group (2009), Unternehmensangaben.

Erste Erholungstendenzen?

Obwohl 2009 sicherlich nicht das beste Jahr der Investment-Banking-Geschichte sein wird, ist zumindest das Licht am Ende des Tunnels zu sehen. Es geht fast in allen Bereichen wieder aufwärts:

- **M&A**: Erste Großtransaktionen sind wieder im Gespräch. Ein deutliches Anzeichen dafür, dass es eine Bodenbildung hinsichtlich der Preise gibt und strategische Investoren wieder bereit sind, in externes Wachstum zu investieren
- **ECM**: Erfolgreich abgeschlossene Kapitalerhöhungen mehren sich und erfreuen sich einer steigenden Beliebtheit unter den freien Investoren (Free Float). Auch hier kann man also erste Preisakzeptanzen erkennen.
- **DCM**: High-Yield-Anleihen werden am Markt wieder aufgenommen, was durch die Platzierungen der Fresenius und der Voestalpine Bonds unterstrichen wird. Margenaufschläge bei Corporate Bonds waren tendenziell rückläufig und auch „kleinere" Unternehmen konnten wieder Anleihen platzieren.
- **Sales & Trading**: Alle namhaften Indizes konnten sich im zweiten Quartal 2009 positiv entwickeln. Die Nachfrage nach Eigenkapitalprodukten steigt wieder, auch Rohstoffprodukte und vor allem Derivate ziehen an.

Diese ersten positiven Ergebnisse spiegeln sich auch in den Ergebnissen der Investmentbanken wider. Nachdem Ende 2008 der Tiefpunkt erreicht war und selbst die aggregierten Nettoerlöse der Investment Banken negativ wurden, konnten im ersten Quartal 2009 wieder sehr ordentliche Ergebnisse erzielt werden. So veröffentlichten die Top-16-Häuser für das erste Quartal 2009 Nettoerlöse in Höhe von 34 Milliarden US-Dollar bei einer deutlich zweistelligen Vorsteuergewinn-Marge.

Sollte also dieses Mal der berühmt-berüchtigte Double-Dip ausbleiben und auch die Realwirtschaft diese ersten Wachstumsanzeichen mittragen, könnte auch das Vertrauen mittelfristig wieder steigen. Allen voran die Investoren scheinen daran zu glauben, denn seit Anfang des Jahres konnten Aktien der großen Investmentbanken erneute Zuwächse verzeichnen.

Berufsbilder im Investment Banking

Investment Banking Division – M&A

von Marc Wiesner

Hauptaufgaben eines M&A-Bankers

Den Bereich M&A kann man klar vom übrigen Investment Banking abgrenzen. Was hier verkauft wird, sind keine Wertpapiere oder sonstigen Finanzprodukte, sondern überwiegend Beratungstätigkeiten. Egal ob Kauf, Verkauf oder Börsengang – das Projektmanagement, die Koordination aller Beteiligten und die Bewertung des Targets oder Börsenaspiranten sind dabei die wesentlichen Aufgaben des M&A-Bankers.

Der Berufsalltag besteht somit hauptsächlich aus Projektarbeit. Bevor es jedoch dazu kommt, muss das Mandat zunächst durch einen sogenannten Pitch gewonnen werden. In diesem Verkaufsgespräch wird dem potenziellen Kunden erläutert, welche Vorteile er und seine Anteilseigner aus dem Kauf eines anderen Unternehmens oder dem Verkauf bzw. Börsengang seines eigenen Unternehmens ziehen würden und warum ausgerechnet die präsentierende Bank für dieses Vorhaben die beste Wahl darstellt. Bei jedem Projekt können mehrere Millionen Euro Fees generiert werden; vor allem bei besonders interessanten Deals werden daher sämtliche größeren Banken vorstellig. Deshalb bedarf die viele Seiten lange Präsentation einer umfangreichen Vorbereitung, die mehrere Wochen dauern kann.

Ist das Projekt gewonnen, wird ein Team zusammengestellt, dessen Aufgabe es ist, das Projektmanagement zu übernehmen, alle Berater des Kunden zu koordinieren und ein Modell für die Bewertung zu entwickeln. Zudem steht es dem Kunden mit Rat und Tat, der Erfahrung aus zahlreichen Deals und den Kontakten zu vielen wichtigen Stellen der Finanzbranche zur Seite.

Die täglichen Aufgaben hängen dabei sehr stark von der Position in der fast militärisch anmutenden Rangfolge des Investment Bankings ab. Mitarbeiter in den Junior-Positionen des Analysts und des Associates übernehmen die Arbeiten an Präsentationen und Modellen, führen das Research durch und werten entsprechende Daten aus. Als Ausführende sind sie das Herzstück des Systems und sorgen dafür, dass dem Projektleiter und dem Kunden jederzeit alle notwendigen Informationen und Dokumente zur Verfügung stehen. Zudem übernehmen sie einen großen Anteil des Projektmanagements, koordinieren Calls oder Meetings und verschicken tägliche Updates. Die Vice Presidents, auch Associate Directors genannt, sind zusammen mit den Directors die Projektleiter, führen als solche die Präsentationen von Pitches durch und treffen die Entscheidungen im täglichen Projektgeschäft. Die Senior-Position des Managing Directors ist das Licht am Ende des Tunnels, worauf jeder Investmentbanker hinarbeitet. Hier werden die wichtigen strategischen Entscheidungen getroffen, wobei die Einbindung in das tägliche Projektgeschäft nur gering ist.

Man weiß nie, was einen erwartet

Den typischen Tagesablauf eines M&A-Bankers gibt es nicht. Aufgrund des Projektgeschäfts sind die Tätigkeiten von Tag zu Tag sehr unterschiedlich. Häufig weiß man morgens noch nicht, was einen erwartet. Üblicherweise beginnt der Tag um 9 Uhr, kann jedoch je nach Projekten, an denen man arbeitet, auch früher beginnen - oder am Tag zuvor um 9 Uhr begonnen haben. Für Analysten, die Position der Berufseinsteiger, gibt es je nach Bank und Sektorteam, in dem sie arbeiten, einen Senior Banker als Staffer. Dieser kennt die Auslastung des Einzelnen und soll so die anfallende Arbeit gleichmäßig verteilen, was meist mehr oder minder gut funktioniert.

Die Tätigkeit des Analysten beinhaltet üblicherweise umfangreiche Arbeiten an PowerPoint-Präsentationen und Excel-Modellen. Dabei muss eine Aufgabe häufig unter großem Zeitdruck bis zu einer Deadline erledigt werden, was nicht selten dazu führt, dass das Mittagessen am Platz eingenommen oder der eigentlich dringende Gang zum stillen Örtchen auf unbestimmte Zeit verschoben wird. In den meisten Investmentbanken können die Banker zudem auf eine Grafikabteilung (zur Unterstützung bei der Erstellung und Bearbeitung von Präsentationen) sowie auf eine Research-Abteilung (bei der Suche nach Daten zu Märkten oder Unternehmen) zurückgreifen, was eine große Entlastung bedeutet.

Natürlich gehören auch zahlreiche Meetings mit dem Team oder anderen Abteilungen der Bank sowie Calls mit Kunden und anderen Beratern zum Tagesgeschäft. Gelegentlich gibt es Termine vor Ort, zu denen der Analyst mitkommt. Hierzu zählen Pitches und andere Meetings mit dem Kunden, die Analyse von Datenräumen, in denen ordnerweise Informationen zum Target zusammengetragen werden, und Site visits, bei denen die Standorte des Targets besichtigt werden. Nach diesen Terminen führt der Weg allerdings - egal zu welcher Uhrzeit - zurück ins Büro.

Zu den kleinen Annehmlichkeiten des Analystenlebens gehört das von der Bank bezahlte Abendessen ebenso wie die kostenlose Taxifahrt nach Hause. Wann diese Fahrt jedoch stattfindet, ist vollkommen offen. Wochenend- und Feiertagsarbeit sind ebenfalls üblich.

Viele gute Gründe, aber auch einige offene Fragen

Als Zentralstelle im Projektmanagement des Kauf- oder Verkaufsprozesses von Unternehmen ist das Investment Banking der ideale Ort, um schnell viele Kontakte in alle Bereiche zu knüpfen. Die Zusammenarbeit mit Unternehmensberatern, Wirtschaftsprüfern, Anwälten, anderen Bankern und dem Topmanagement zahlreicher mittelständischer und großer Unternehmen bietet Möglichkeiten, die sich in vielen anderen Jobs nicht ergeben.

Die Arbeit mit Unternehmen aus unterschiedlichen Branchen hat auch zur Folge, dass man sehr schnell viel über die Marktgegebenheiten, Branchendynamiken und andere wichtige Größen in diesen Sektoren lernt. Hierzu muss man sich zügig in neue Zusammenhänge einarbeiten und aus den gewonnenen Erkenntnissen Schlussfolgerungen ziehen. Nicht zuletzt durch die hohe Zahl an Projekten ist die Lernkurve auch in Bezug auf technische Fragen der Bewertung und allgemeinere Fragen der Verhandlungsführung sehr steil.

Ein weiterer wesentlicher Vorteil eines Karrierebeginns im M&A ist die überdurchschnittlich hohe Bezahlung, wenn der Bonus entsprechend hoch ausfällt. Hinzu kommen zahlreiche andere Möglichkeiten, die sich durch Trainings u. a. in London oder New York oder durch den Reputationsfaktor für die persönliche Entwicklung ergeben.

Wie alles im Leben hat auch der Job als M&A-Banker seine Schattenseiten. Gerade als Analyst findet der Großteil des Tages ausschließlich im Büro statt. Da man nicht nach Stunden bezahlt wird, hat der Projektleiter bzw. die Bank keinen Anreiz, die Junior Banker früh nach Hause zu schicken, selbst wenn sie nicht mehr gebraucht werden. Durch die extrem langen Arbeitszeiten ist ein soziales Leben kaum möglich.

Zudem ist insbesondere der Analyst nur Ausführender. Es wird wenig konzeptionelle Arbeit verlangt, weshalb der Grad an Verantwortung, den man übernehmen kann, im Gegensatz zu Jobs in vielen anderen Branchen gering ist. Dies resultiert letztlich auch aus der Tatsache, dass der M&A-Banker als Berater auftritt und demzufolge selbst in hohen Positionen in Bezug auf Projekte nur wenige Entscheidungen alleine treffen kann. Diese werden üblicherweise vom Kunden gefällt.

Was man mitbringen muss

Eine Tätigkeit im M&A setzt selbstverständlich ein gewisses Interesse an Finanzen, dem Kapitalmarkt und strategischen Fragen der Unternehmensführung voraus. Gleichzeitig sollte man auch ein hohes Maß an Frustrationstoleranz mitbringen, da insbesondere Marketingarbeit oft keinen direkten Mehrwert für Bank oder Kunden schafft. So ist die Wahrscheinlichkeit gering, dass aus einem Pitch ein Projekt resultiert, obwohl viel Zeit und Mühe investiert wurden.

Wenn man sich an der Universität auf die Tätigkeit als M&A-Banker vorbereiten möchte, sollte man sich mit Techniken der Unternehmensbewertung wie dem DCF- oder dem Multiplikatorverfahren beschäftigen. Business Cases, die auch die Erstellung eines Excel-Modells beinhalten, sind dafür besonders gut geeignet. Hier erwirbt man genau die Fähigkeiten und trifft auf die Fragen und Probleme, die im Berufsalltag eines Analysten auftreten. Letztlich sind die angewandten Techniken bei einem allgemeinen Verständnis von Bilanzierungsregeln und Unternehmensbewertungsfragen schnell zu verstehen, und so wird man vieles on-the-Job erlernen können. Wichtiger sind folglich Einsatzbereitschaft (wie in den meisten Berufen) und ein gutes analytisches Verständnis.

Wenn man als Berufseinsteiger im M&A-Investment-Banking tätig werden möchte, ist ein vorheriges Praktikum in diesem Bereich auf jeden Fall empfehlenswert. Hier sieht man genau, was einen im späteren Berufsalltag erwartet und ob man Spaß an der Tätigkeit hat. Zudem besteht die Möglichkeit, Kontakte zu knüpfen, sich so für eine Bewerbung zu positionieren und die potenziellen zukünftigen Kollegen kennenzulernen.

Investment Banking Division – Equity Capital Markets (ECM)

von Stephan Milde

Das Tätigkeitsfeld des ECM-Bankers

Grundsätzlich ist ein Banker im Equity Capital Markets (ECM) in alle Facetten der drei wesentlichen Corporate-Finance-Bereiche großer Investmentbanken eingebunden, d. h. Equity, Debt (DCM) und M&A.[1] Dies ist notwendig, um den Kunden einen ganzheitlichen Beratungs- und Lösungsansatz für deren Corporate-Finance-Fragestellungen bieten zu können. Schwerpunktmäßig liegt der Aufgabenbereich jedoch in der Eigenkapitalfinanzierung. Üblicherweise ist das ECM-Team somit eine „Produktabteilung" innerhalb der Investmentbank, mit Experten für alle Fragen im Zusammenhang mit Eigenkapitalfinanzierungen.

Kunden sind in der Regel börsengelistete Unternehmen aller Größenklassen, d. h. kleinere und mittlere Unternehmen (sogenannte Small und Mid Caps) sowie Large Caps (z. B. die im deutschen Leitindex DAX enthaltenen Aktiengesellschaften). Daneben gibt es allerdings auch Produkte im Rahmen des ECM-Geschäfts, die für nicht gelistete Unternehmen geeignet sind (z. B. der Börsengang/IPO oder bestimmte Derivate). Darüber hinaus zählen Finanzinvestoren (Financial Sponsors bzw. Private-Equity-Gesellschaften) sowie Regierungen (z. B. im Rahmen von Privatisierungen) regelmäßig zu den Kunden, die Lösungen der ECM-Abteilung in Anspruch nehmen.

Produkte im ECM

Die Produkte bzw. Transaktionen, die im Hauptaufgabenbereich des ECM-Teams liegen, umfassen u. a.

- Börsengänge bzw. IPOs (z. B. der 1,55 Milliarden Euro IPO der Deutschen Postbank im Jahre 2004),
- Kapitalerhöhungen (z. B. die Kapitalerhöhung von 1,2 Milliarden Euro der Continental zur VDO-Akquisition 2007),
- Platzierungen größerer Aktienpakete (u. a. im Rahmen sogenannter Block Trades, z. B. durch die Kreditanstalt für Wiederaufbau (KfW) in Aktien der Deutschen Telekom),
- Wandel- und Umtauschanleihen (Equity-linked Produkte wie z. B. die 2,3 Milliarden Euro Pflichtwandelanleihe von Bayer zur Finanzierung der Schering Akquisition im Jahr 2006)
- sowie private Aktienderivate-Transaktionen, Aktienrückkäufe etc.

Die oben genannten Produkte bzw. Transaktionsarten sind in verschiedenen Variationen bzw. Strukturen denkbar und teilweise miteinander kombinierbar, je nach Bedarf des Kunden und abhängig vom vorherrschenden Marktumfeld.

1 Eine Reihe von Investmentbanken hat die ECM- und DCM-Abteilungen in sogenannte Financing Groups zusammengefasst, um der Notwendigkeit einer ganzheitlichen Beratung bei Kapitalbedarf von Unternehmen über die gesamte Kapitalstruktur Rechnung zu tragen.

Tagesablauf und Hauptaufgaben im Rahmen von Transaktionen

Grundsätzlich ist die Arbeit im Bereich Equity Capital Markets vergleichbar mit der Tätigkeit in reinen M&A-Abteilungen, obwohl sie üblicherweise etwas marktbezogener ist. Dies drückt sich u. a. dadurch aus, dass der Arbeitstag in der ECM-Abteilung in der Regel relativ früh beginnt, damit man vor den Öffnungszeiten der großen europäischen Börsen bereits über die wichtigsten Ereignisse informiert ist (z. B. in sogenannten Morning oder Update Calls).

Darüber hinaus steht man in regelmäßiger Interaktion mit Aktienhändlern und Equity-Sales-Mitarbeitern des Handelsraums (Trading Floor) sowie in eingeschränktem Maße auch mit Aktienanalysten aus dem Research. Dadurch erhält man beispielsweise Feedback über Investorenmeinungen und den Handel in bestimmten Aktien. Bei der Zusammenarbeit mit Sales, Trading und Research sind grundsätzlich gewisse regulatorische und gesetzliche Rahmenbedingungen (Chinese Walls) zu beachten. Der Grund dafür liegt darin, dass es sich hier um Abteilungen der öffentlichen Seite (Public Side) handelt, während sich ECM (wie auch M&A und ausgewählte Bereiche von DCM) auf der privaten Seite (Private Side) befinden. Somit gelten hier strengere Vertraulichkeitsanforderungen.

Die Arbeit kann prinzipiell in zwei Phasen getrennt betrachtet werden: Einmal das Marketing (Pitching), bei dem man sich für den Kunden und zusammen mit dem Kunden über bestimmte Fragestellungen berät (z. B. die Strukturierung der Einbringung einer nicht gelisteten Gesellschaft in ein gelistetes Unternehmen verbunden mit einer Kapitalerhöhung). Zudem arbeitet man darauf hin, das offizielle Mandat für diese Transaktion zu erhalten. Daneben kümmert man sich um die Durchführung von Transaktionen (Execution), nachdem man vom Kunden beauftragt wurde (in Abhängigkeit von der Transaktionsart und -größe werden oft auch mehrere Banken mit der Execution beauftragt).

Bei der Durchführung von Transaktionen kann man zwischen solchen unterscheiden, die „dokumentationsarm" durchgeführt und üblicherweise innerhalb eines Tages am Markt platziert werden. Bei derartigen Transaktionen spricht man von sogenannten Accelerated Offerings. Ein Beispiel ist die im Mai 2009 erfolgte Platzierung einer 250-Millionen-Euro-Wandelanleihe des Solarzellenherstellers Q-Cells, die innerhalb weniger Stunden an institutionelle Investoren und Hedge-Fonds verkauft wurde. Die gesamte Execution bei diesen Transaktionen, vom Kick-off bis zur Abwicklung (Settlement), dauert oft nicht länger als zwei bis vier Wochen. Darüber hinaus gibt es Transaktionen wie z. B. Börsengänge und Bezugsrechtsemissionen, die über mehrere Monate vorbereitet und an Investoren vermarktet werden. Die längere Dauer der Execution von drei bis sechs Monaten ergibt sich u. a. aufgrund der erhöhten regulatorischen und vermarktungstechnisch notwendigen Dokumentationsanforderungen.

Die Execution von vermarkteten Transaktionen (wie z. B. IPOs) startet üblicherweise mit einem Kick-off-Meeting aller wesentlichen beteiligten Parteien (Kunde, Bank(en), Anwälte, Wirtschaftsprüfer etc.). Im Anschluss daran werden im Rahmen der Durchführung der Transaktion verschiedene Arbeitsschritte (Workstreams) bearbeitet, die u. a. im Verantwortungsbereich der ECM-Abteilung liegen. Das umfasst z. B. eine Prüfung des Unternehmens (Due Diligence), die von der Bank (und den Anwälten) vorgenommen werden muss. In diesem Schritt lernt man sowohl das Unternehmen als auch den Sektor detailliert kennen, in dem das Unternehmen tätig ist. Die gewonnenen Kenntnisse nutzt man zur Entwicklung einer Equity Story, die später zur Vermarktung des Unternehmens verwendet wird. Weiterhin muss ein Angebotsprospekt verfasst und eine Bewertung des Unternehmens vorgenommen werden.

Am Ende des Prozesses stehen in der Regel eine Roadshow des Managements bei institutionellen Investoren sowie ein sogenanntes Bookbuilding, in dem die Nachfrage nach Aktien des Unternehmens gesammelt wird. All diese Tätigkeiten werden von der ECM-Abteilung maßgeblich unterstützt bzw. durchgeführt. Aufgrund der bereits beschriebenen Marktnähe und dem notwendigen Kontakt zu institutionellen Investoren, die Nachfrager nach Aktien eines Unternehmens darstellen, sitzen ECM-Abteilungen in Europa üblicherweise in London.

Aktuelle Entwicklungen

Die aktuelle Finanz- und Wirtschaftskrise hat sich seit Anfang 2008 auf die globalen Aktienmärkte, Investoren und Unternehmen ausgewirkt. Sie beeinflusste auch die Notwendigkeit und Möglichkeit, neues Eigenkapital aufzunehmen oder Beteiligungen zu veräußern. Generell sind globale ECM-Volumina zurückgegangen, wobei innerhalb der durchgeführten Transaktionen eine relative Verschiebung zum Bank- und Finanzsektor als größtem Emittentenkreis stattgefunden hat. Weiterhin ist z. B. die Anzahl der Börsengänge stark zurückgegangen, während Kapitalerhöhungen (und hier insbesondere sogenannte Bezugsrechtsemissionen) stark zugelegt haben. Während der Einfluss und das Ausmaß der Krise fraglos signifikant war und aktuell noch ist, werden sich keine grundsätzlichen oder fundamentalen strukturellen Veränderungen im klassischen ECM-Geschäft ergeben. Produktinnovationen und relative Verschiebungen bzw. Trends innerhalb des ECM-Geschäfts hat es auch in früheren Wirtschafts- und Aktienmarktzyklen gegeben. Die Möglichkeit zur flexiblen Aufnahme neuen Eigenkapitals wird auch in Zukunft ein wichtiger Bestandteil der Kapitalplanung und -ausstattung von Unternehmen bleiben.

Was sollten potenzielle ECM-Interessenten mitbringen?

Für die Arbeit in einer ECM-Abteilung sollte man sich für die Funktionsweise der Aktienmärkte und für makroökonomische Zusammenhänge interessieren, wobei eine spezifische Vorbildung nicht unbedingt notwendig ist. Idealerweise sollte man ein Grundverständnis wichtiger Corporate-Finance-Themenbereiche (z. B. Discounted Cashflow, Muliplikatorenbewertung, Rechnungslegung/Financial Accounting, Derivate) mitbringen. Dies hat man im Idealfall durch ein BWL-/VWL-Studium oder einen MBA erworben. Jedoch ist dies, wie auch in anderen Bereichen des Investment Bankings, keine notwendige Voraussetzung. Wichtiger sind eine schnelle Auffassungsgabe, gute analytische Fähigkeiten, Interesse an den schon angesprochenen Themen und eine gewisse Offenheit gegenüber neuen Fragestellungen.

Man kann sowohl als Hochschulabsolvent direkt oder nach vorheriger beruflicher Tätigkeit ins ECM einsteigen. Für berufserfahrene Quereinsteiger wäre eine vorherige Tätigkeit im Investment Banking oder eine aktienmarktbezogene Tätigkeit (z. B. als Research-Analyst oder bei einem institutionellen Investor) von Vorteil.

Investment Banking Division – Debt Capital Markets (DCM)/Leveraged Finance

von Tobias A. Habbig

Der Bereich Investment Banking Division - Debt Capital Markets/Leveraged Finance stellt eine interessante Schnittstelle zwischen Unternehmen und Kapitalmärkten dar. Während in Deutschland und Europa die Finanzierung über Bankkredite eine sehr viel längere Tradition hat, ist der Anteil an Finanzierungen, im Rahmen derer Unternehmen direkt an den Kapitalmarkt herantreten, in den vergangenen Jahren stark gestiegen. Dies ist insbesondere für Darlehen von Unternehmen geringerer Bonität, sogenannter Leveraged Loans, der Fall. Zwar ist die Issuance in diesem Bereich im Rahmen der aktuellen Finanzkrise stark zurückgegangen, doch ist hier mittel- und langfristig von weiterem Wachstum auszugehen.

Unterscheidung von Debt Capital Markets und Leveraged Finance

In beiden Bereichen handelt es sich um Finanzierungstransaktionen, bei denen Unternehmen direkt an den Finanzmarkt herantreten, also an institutionelle Investoren wie z. B. Versicherungen und Pensionsfonds. Das Hauptunterscheidungsmerkmal ist die Bonität bzw. das Kreditrating des ausgebenden Unternehmens (Rating-Verfahren, -codes und -agenturen werden im Kapitel „Theoretische Grundlagen des Kapitalmarktes" ab Seite 135 noch eingehender erläutert). Handelt es sich um ein Unternehmen mit einem Rating zwischen AAA und BBB, was allgemein eine gute bis sehr gute Kreditwürdigkeit beschreibt, spricht man von High-Grade-Anleihen, die das Unternehmen ausgibt. Ein solcher Fall wird typischerweise im Bereich Debt Capital Markets (DCM) bearbeitet. Wenn das Unternehmen ein Kreditrating von BB oder schlechter hat, spricht man von sogenannten Leveraged Loans oder High Yield Bonds, je nachdem, ob es sich um eine verbriefte Transaktion handelt oder nicht. Diese werden von der Leveraged-Finance-Abteilung betreut. Die Übergänge sind aber mitunter auch fließend.

In beiden Fällen arbeiten Unternehmen typischerweise mit einer oder mehreren Investmentbanken zusammen, die als Intermediäre zwischen Investoren und Unternehmen auftreten. In manchen Fällen garantiert die Investmentbank eine Finanzierungstransaktion, in anderen tritt sie als reiner Vermittler auf. In allen Fällen verdient die Bank einen bestimmten Prozentsatz an den Transaktionen.

Art und Charakteristika der Tätigkeit

Eine Tätigkeit im Bereich DCM bzw. Leveraged Finance bietet die Möglichkeit, an einer sehr interessanten Schnittstelle zwischen Unternehmen und Kapitalmarkt zu arbeiten. Hier ist es wichtig, beide Seiten - sowohl das Unternehmen als auch den Markt - zu verstehen, um in seiner Arbeit erfolgreich zu sein.

Im High-Grade-Bereich des DCM liegt der primäre Fokus der Tätigkeit auf dem Finanzmarkt. Eine neue Finanzierungstransaktion wird daran gemessen, wie ähnliche Transaktionen vom Finanzmarkt bewertet werden; sie muss sich preislich hier entsprechend einreihen. Zwar werden Unternehmenskennzahlen veröffentlicht und den Investoren zur Verfügung gestellt, jedoch wird keine umfangreiche und detaillierte Unternehmensbeschreibung und -analyse geliefert. In vielen Fällen handelt es sich hierbei auch um Unternehmen, die an der Börse gelistet sind und daher vielfältige Unternehmensinformationen veröffentlichen. Da man marktnah arbeitet und den Handel mit Unternehmensanleihen anderer Unternehmen genau verfolgt, beginnt ein Arbeitstag üblicherweise mit der Öffnung der Finanzmärkte, also morgens gegen 7 oder 8 Uhr. Wenn eine neue Emission „gepriced" wird, ist es nötig, sich an anderen Transaktionen mit ähnlichem Rating zu orientieren und zu sehen, wie diese zu dem entsprechenden Zeitpunkt bewertet werden. Über den Tag verteilt ergeben sich eine Vielzahl von Besprechungen mit Kollegen und Kunden, um das jeweilige Projekt voranzutreiben. Abstimmung und Projektarbeit nehmen also eine wichtige Rolle ein.

Im Bereich Leveraged Finance ist es auch sehr wichtig, über ein genaues Verständnis des Marktes zu verfügen, aber die Unternehmensanalyse nimmt einen deutlich größeren Teil der Arbeit ein. In vielen Fällen handelt es sich um Unternehmen, die nicht gelistet bzw. noch nie an den Kapitalmarkt herangetreten sind. Um Investoren zu einem Investment zu bewegen, ist es in diesem Rahmen notwendig, deutlich mehr unternehmensbezogene Informationen zur Verfügung zu stellen. Dafür bedarf es einer genauen Analyse des jeweiligen Unternehmens, seiner Tätigkeit, der historischen Entwicklung, der Märkte etc. Zur Präsentation der Informationen werden umfangreiche Marketingmaterialien wie Prospekte oder ein Informationsmemorandum erstellt.

In beiden Fällen wird mit finanzmathematischen Modellen, Marketingpräsentationen und -büchern gearbeitet. Dies erfordert ein hohes Maß an Koordination im Team sowie das Zusammenführen von Informationen aus verschiedenen Teilen des Finanzierungsprojekts. Eine schnelle sprachliche wie numerische Auffassungsgabe ist daher essenziell.

Anforderungsprofil an Kandidaten

Die erwähnte Schnittstellenfunktion zwischen Unternehmen und Finanzmarkt macht die Arbeit in diesem Bereich sehr spannend, stellt aber auch hohe Anforderungen an Kandidaten, die in diesem Bereich tätig werden möchten. Es geht darum, rechtliche, wirtschaftliche und auch personenbezogene Aspekte zu berücksichtigen und in seine Arbeit mit einzubeziehen. Kandidaten aus Deutschland haben in der Regel einen wirtschafts- oder rechtswissenschaftlichen Hintergrund; in einigen Fällen kommen sie auch aus den Naturwissenschaften. Ein souveräner Umgang mit Zahlen ist von besonderer Bedeutung, aber genauso wichtig ist das rechtliche Verständnis von Finanzierungsstrukturen, Unternehmenscharakteristika und Finanzkennzahlen. Gute Kenntnisse im Englischen und in anderen Fremdsprachen runden das Bild ab, ebenso wie gute Kommunikationsfähigkeiten.

Häufig wird eine Transaktion unter hohem Zeitdruck bewerkstelligt, da der Zeitraum zwischen Ankündigung und Durchführung einer Transaktion üblicherweise sehr kurz ist. In diesem Fall ist dann das ganze Team gefordert, einen eng getakteten Zeitplan zu bewerkstelligen. Ein Team umfasst üblicherweise einen Senior Banker, der die Kommunikation mit dem Kundenunternehmen koordiniert. Daneben koordiniert ein Team mit Mitgliedern auf unterschiedlichen Erfahrungsleveln die verschiedenen Workstreams: Ein Teil fokussiert sich auf die Arbeit mit dem Unternehmen und recherchiert die nötigen Informationen zur Erstellung entsprechender Marketingmaterialien. Ein anderer Teil des Teams fokussiert sich auf die Finanzanalyse und unter Umständen auch auf die Entwicklung eines Finanzmodells, welches die Finanzkennzahlen des Unternehmens für die Zukunft abbildet. Häufig geht es im Leveraged Finance auch um Akquisitionsfinanzierung. Dies bedeutet, dass in einem sehr engen Zeitrahmen gearbeitet werden muss, der üblicherweise von der Verkäuferseite vorgegeben wird. Das ist häufig mit langen Arbeitstagen während der Projektphase verbunden.

Ausblick und Perspektive

Seit Beginn der sogenannten Finanzkrise hat die Risikoaversion bei Investoren deutlich zugenommen. Das hat ursprünglich dazu geführt, dass fast sämtliche Finanzierungsaktivitäten temporär nicht möglich waren. Im Laufe der Zeit hat sich der Markt langsam wieder geöffnet - insbesondere in Hinblick auf Transaktionen besserer Bonität (High-Grade-Transaktion). Da in jüngster Vergangenheit aufgrund von hohem Cashbedarf viele Unternehmen zeitgleich einen hohen Finanzierungsbedarf aufweisen, hat der High-Grade-Bereich im Jahr 2009 ein hohes Maß an Aktivität verzeichnen können.

Das Leveraged Finance ist nach einem dramatischen Aktivitätsabfall nach wie vor auf einem niedrigen Niveau. Mittel- und langfristig wird aber auch hier der Finanzierungsbedarf wieder zunehmen. Der Risikoappetit von Investoren wird sich allerdings nur mittelfristig steigern und eine angemessene risikoadjustierte Vergütung für das zur Verfügung gestellte Kapital einfordern. Von daher sollten sich die Jobperspektiven in diesem Bereich mittelfristig wieder deutlich verbessern. Für einen Berufseinsteiger bleibt Leveraged Finance und Debt Capital Markets auch zukünftig ein sehr interessanter Bereich, der die Unternehmens- und Marktsicht auf eine einmalige Art und Weise zusammenbringt.

Sales & Trading – Equity Sales

von Philipp Schuster

Ziele und Kunden im Equity Sales

In erster Linie sind Mitarbeiter im Equity-Sales-Team eine Art Anlageberater. Die Kunden sind institutionelle Anleger, hauptsächlich Fondsmanager bei großen Fondsgesellschaften, Pensionskassen, Versorgungswerken, Versicherungen oder auch Manager von Hedge-Fonds. Ziel ist es, den Kunden Möglichkeiten aufzuzeigen, ihr verwaltetes Vermögen zu vermehren. Das kann eine konkrete Empfehlung zu einer bestimmten Aktie sein, die Empfehlung zur Über- oder Untergewichtung eines bestimmten Sektors oder einfach nur eine allgemeine Diskussion über volkswirtschaftliche Daten und Marktbewegungen und die damit verbundene Gesamtentwicklung der Märkte. Eine solche Anlageberatung findet meistens am Telefon statt und dauert in der Regel nur wenige Minuten. Dabei ist es wichtig, dem Kunden die Anlageidee mit klaren, für ihn verständlichen und in sich schlüssigen Argumenten zu erklären.

Meinungsbildung

Jedes Teammitglied bildet sich seine eigene Meinung über den Markt. Dabei helfen Nachrichtendienste wie Bloomberg oder Reuters, die auf Knopfdruck vielfältige Informationen zu weltweiten Aktienindizes, Daten zu Einzelunternehmen wie Bilanz- und Bewertungskennzahlen, aber auch Nachrichten liefern. Auf diese Weise kann man Marktbewegungen verfolgen und beispielsweise bereits ableiten, dass eine Aktie im Vergleich zu einer anderen günstiger bewertet ist oder in den vergangenen zwölf Monaten bereits deutlich mehr Rendite erzielt hat als eine andere.

Eine zweite wichtige Quelle zur Meinungsbildung stellt die sogenannte Aktienanalyse dar. Für diese Analyse ist das Equity-Research-Team zuständig. Die Kollegen dieses Bereichs fällen ein Anlageurteil – die klassische Kauf- oder Verkaufsempfehlung. Die Analystenkollegen veröffentlichen ihre Ergebnisse und ihre Meinung in Form von Studien. Diese bilden schließlich die sogenannte Hausmeinung, die oft in der Presse zitiert wird.

Hauptaufgaben im Equity Sales

Die Herausforderung im Equity Sales ist es, den Kunden von der Abwicklung der Aktiengeschäfte über das eigene Haus zu überzeugen. Die daraus resultierende Kommission bildet den Umsatz.

Die zweite wichtige Aufgabe im Equity Sales ist die eines Account und Relationship Managers. Jedes Teammitglied verantwortet die Beziehung zu einem oder mehreren Kundenunternehmen. Das bedeutet nicht nur die Verantwortung für die Erträge dieses Kunden, sondern auch ein detailliertes Verständnis des Kunden. Es ist wichtig zu wissen, welche einzelnen Teams es bei dem Kundenunternehmen gibt und was deren jeweilige Zuständigkeit ist. So gibt es Teams, die sich nur mit Telekom-Aktien befassen, andere Teams sind generalistischer und befassen sich mit allen europäischen Aktien, wieder andere befassen sich nur mit Länderstrategien.

Ein typischer Tagesablauf im Equity Sales
In der Regel beginnt der Tag mit der Lektüre der Wirtschaftspresse. Zudem informiert man sich über die Geschehnisse seit dem europäischen Börsenschluss am Vortag. Diese Aufarbeitung ist wichtig, da sie meist ein Stimmungsbild für den bevorstehenden Börsentag vorgibt. Um kurz vor acht Uhr beginnen die ersten Morning Calls, die zum Gedankenaustausch zwischen dem Hauptsitz und den Niederlassungen dienen und ein einheitliches Bild in den Köpfen der regionalen Teams schaffen sollen.

Kurz vor Börseneröffnung um 9 Uhr tauscht sich das Team aus, worüber jeder einzelne Kollege mit seinen Kunden an diesem Tag sprechen wird. Mit anderen Worten findet hier ein Gedankenaustausch zu den Anlageideen, die jeder einzelne Kollege hat, statt. Die Zeit zwischen Börseneröffnung und der späten Mittagszeit verbringt man mit Kundengesprächen am Telefon und versucht immer wieder auf ein Neues, den Kunden von seinen Anlageideen des Tages zu überzeugen.

Am frühen Nachmittag steht in der Regel das Account Management im Vordergrund. Als Kundenverantwortlicher muss man ständig auf dem Laufenden sein, welche Neuigkeiten es beim Kunden gibt, ob neue Fonds aufgelegt, interne Zuständigkeiten neu vergeben werden oder ob Trends beim Kunden im Hinblick auf laufende Produkte zu erkennen sind. Im Normalfall erhält man solche Informationen aus den Kundengesprächen am Telefon, die dabei helfen, die Betreuung zu verbessern und ständig anzupassen. Ein wichtiger Teil des Account Managements besteht auch in der Neukundengewinnung. Dies können neue Mitarbeiter bei einem Bestandskunden sein oder auch ganz neue Kunden. In Verkaufsgesprächen gilt es, Überschneidungen zwischen dem Serviceangebot des eigenen Hauses und den Bedürfnissen des Kunden zu identifizieren und, noch wichtiger, dem Kunden den Mehrwert in seiner Zusammenarbeit mit dem eigenen Haus aktiv aufzuzeigen.

Die restliche Zeit des Nachmittags dient häufig der eigenen Weiterbildung. Hat beispielsweise gerade ein Kollege eine ausführliche Studie zu den europäischen Nahrungsmittelherstellern geschrieben, so versucht man, seine Argumentation nachzuvollziehen. Welche Kauf- bzw. Verkaufsempfehlungen hat er ausgesprochen, wie lauten seine Kursziele für die einzelnen Aktien und wie positioniert er sich grundsätzlich im Vergleich zu den Empfehlungen unserer Mitbewerber? Diese Informationen können bei konkreten Projektanfragen von Kunden sehr nützlich sein.

Anforderungen im Equity Sales
Durch elektronische Medien, Kundengespräche und Analystenstudien ist man ständig einer Flut an Informationen ausgesetzt, die man rasch aufnehmen und verarbeiten muss. Das bedeutet, Wichtiges von Unwichtigem zu trennen und aus einer Fülle von Informationen schnell die wichtigsten Aspekte herauszuarbeiten. Schließlich handelt es sich um einen Vertriebsjob - es geht also darum, mit analytischem Wissen und seiner eigenen Meinung Geld zu verdienen und Kunden zu überzeugen. Ein persönliches Interesse für die Finanzmärkte ist daher unerlässlich. Man muss Freude daran haben, aus einer Fülle von Informationen eine Equity Story zu stricken. Das bedeutet auch, sich von dem „Herdendenken" des Marktes ein Stück weit abkoppeln zu können und durch kritisches Hinterfragen von Sachverhalten seine eigene Meinung zu bilden. Man sollte in Stresssituationen

entspannt bleiben können, denn die Märkte stehen nie still und mit neuen Informationen ändern sich Meinungen, Anlageempfehlungen und daher auch die Argumentation gegenüber dem Kunden oft innerhalb weniger Minuten.

Ein großer Teil des Equity Sales spielt sich am Telefon ab. Die viel zitierten Soft Skills kommen auch hier zur Anwendung. Man möchte zwar beispielsweise den Kunden mit einer tollen Anlageidee anrufen, das bedeutet aber nicht, dass er diese Idee hören möchte. Vielleicht erreicht ihn der Anruf zu einem falschen Zeitpunkt oder er ist gerade nicht in der Stimmung, mit einem zu sprechen. Am anderen Ende der Telefonleitung gibt es die unterschiedlichsten Charaktere. Man muss in der Lage sein, sich innerhalb kürzester Zeit auf sein Gegenüber einzustellen, die Stimmung des Gesprächspartners einzufangen und seine eigene Botschaft so zu kommunizieren, dass der Gesprächspartner interessiert zuhört. Das kann auch bedeuten, dass es zunächst gar nicht um das eigentliche Anliegen – die Anlageidee – geht, sondern um den stressigen Vormittag des Kunden, die Kritik, die er gestern von seinem Chef erhalten hat, über ein undichtes Kellerfenster in seinem Neubau, den kranken Dackel oder die Kinder mit Zahnschmerzen. Soziale Kompetenz und die Fähigkeit, sich in die andere Person hineinzudenken, sind daher essenziell.

Das sollten Interessenten am Equity Sales mitbringen

Relative Bewertung, absolute Rendite, EV/EBITDA, Sell-Side Konsens, Top-Line CAGR – im Tagesgeschäft werden sehr viele Fachbegriffe verwendet. Daher ist ein Grundverständnis für Rechnungslegung (z. B. zu Bilanzen) elementar, um im Team und vor allem natürlich im Gespräch mit den Kunden auf Augenhöhe mitreden zu können. Finanzmathematische Kenntnisse sind ebenfalls von Bedeutung.

Während die Analystenkollegen noch über spezielleres Wissen zur Analyse der Unternehmen innerhalb ihres Sektors verfügen müssen, zählt im Equity Sales dagegen die persönliche Beziehung zum Kunden viel mehr. Einsteiger in diesen Vertriebsjob sollten also nachweislich im Kontakt mit Kunden gearbeitet haben und aufzeigen können, dass sie es verstehen, mit jedem Kunden problemlos, wenn auch über mehrere Anläufe, ins Gespräch zu kommen. Klassischerweise arbeiten im Equity Sales Absolventen mit betriebswirtschaftlichem, volkswirtschaftlichem oder finanzwissenschaftlichem Hintergrund. Aber auch wer Psychologie, Philosophie, Kunstgeschichte, ein Ingenieurfach oder Ähnliches studiert hat, kann im Equity Sales landen – sofern er ein Interesse für die Zusammenhänge an den Finanzmärkten zeigt und die beschriebenen Anforderungen im Umgang mit den Kunden mitbringt.

Auswirkungen der Finanzkrise auf die Tätigkeit im Equity Sales

Die Finanzkrise hat alle Märkte risikobehafteter Wertpapiere betroffen und die Aktienmärkte in Mitleidenschaft gezogen. Aufseiten der Kunden führte die Finanzkrise zu Verschlankungen (wie etwa der Schließung oder Zusammenlegung von Fonds) und zu Anpassungen der internen personellen Zuständigkeiten. Die Tätigkeit im Equity Sales wurde durch die Finanzkrise nicht einfacher; mit qualitativ guter Aktienanalyse und guten Anlageideen kann man die Kunden allerdings nach wie vor überzeugen.

Sales & Trading – Equity Research (Sell-Side)

von Sebastian Zank

Generelles Tätigkeitsprofil

Das Tätigkeitsprofil des Sell-Side-Equity-Research-Analysten erstreckt sich im Wesentlichen auf die als Research bezeichnete sektorspezifische Analyse von Aktien bzw. den entsprechenden börsennotierten Unternehmen. Hinzu kommt die Ableitung von Investmentempfehlungen. Dies beinhaltet die finanzmarktbezogene Einschätzung eines Unternehmens im Sektorkontext, d. h. die Analyse des Marktes, der Positionierung eines Unternehmens, der Implikationen auf Geschäftsaussichten und deren finanzwirtschaftlicher Auswirkungen sowie der daraus abgeleiteten Bewertung eines Unternehmens. Als Quintessenz folgt ein absolutes oder relatives Rating, worin der Sell-Side-Analyst seine Beurteilung zur Über- oder Unterbewertung einer Aktie ausdrückt. Dabei ist es essenziell, zu verstehen, dass der Sell-Side-Analyst für seine fundierte Meinung bezahlt wird und nicht für das Repetieren der Investment Cases von Investor Relators.

Hintergrund dieser Empfehlungen ist die Annahme, dass der Kapitalmarkt nur teilweise effizient ist und bevorstehende Entwicklungen nur verzögert in die Bewertung einer Aktie einpreist. Die finanzwirtschaftliche Analyse wird dabei aus der sogenannten Fundamentalanalyse über ein mathematisches Bewertungsmodell und/oder aus marktbasierten Vergleichsmodellen abgeleitet. Darüber hinaus sollte der Analyst die Chart-Technik sowie das sogenannte Sentiment, d. h. die Stimmung für oder wider eine Aktie oder einen Sektor, im Hinterkopf behalten. Beide Faktoren überschatten nämlich häufig die eigentliche Fundamentalanalyse. Die Schwierigkeit dabei ist, einzuschätzen, wie der Markt auf einen bestimmten Nachrichtenfluss reagieren wird und ob sich bestimmte Stärken und Schwächen sowie Chancen und Risiken eines Unternehmens bzw. Sektors schon hinreichend in der Aktienbewertung widerspiegeln. Der Knackpunkt ist natürlich der, dass der Sell-Side-Analyst die entsprechenden Ideen und Meinungen möglichst frühzeitig erkennen und vermarkten muss, bevor der Markt auf bestimmte Trends aufspringt und der Herdentrieb des Markets einsetzt.

Das Kürzel „Sell-Side" adressiert den Kundenkreis des Analysten bzw. die Vermarktung seiner Investmentideen. Sell-Sider wenden sich mit ihren Ideen an institutionelle Investoren, d. h. Buy-Side-Analysten und Portfoliomanager anderer Investmentgesellschaften bzw. Vermögensverwalter. Im Gegensatz dazu beschränken sich Buy-Side-Analysten auf hausinterne Investmentempfehlungen an ihre Portfoliomanager.

Als Instrumente der Vermarktung der Ideen dienen dem Sell-Side-Analysten tagesaktuelle Kurzkommentare zu maßgeblichen Ereignissen, die die Entwicklung einer Aktie treiben können. Hinzu kommen ausführliche Sektor- oder Unternehmensstudien und der regelmäßige direkte Austausch über Sektortrends mit den Kunden. Um einen Multiplikatoreffekt zu erhalten, werden die Kommentierungen und Ideen brokerintern im Morning Meeting an die Sales- und Tradingforce kommuniziert.

Zusätzlich vermarktet der Sell-Side-Analyst seine Ideen auf sogenannten Analysten-Roadshows, auf denen man mit Buy-Side-Analysten und Portfoliomanagern über zukünftige Entwicklungen des Sektors, von Unternehmen sowie deren finanzwirtschaftlichen Implikationen diskutiert. Darüber hinaus versucht der Sell-Side-Analyst, Unternehmen über sogenannte Corporate Roadshows, zu denen man eine besonders ausgeprägte Meinung hat, direkt bei Investoren zu vermarkten. So kann er den Kontakt zwischen Unternehmen und Investor herstellen. Letztlich sind Sell-Side-Analysten auch beliebte Ansprechpartner für Presseinterviews.

Zu den Nebenaufgaben eines Sell-Side-Analysten gehören die enge Zusammenarbeit mit der Primärmarktseite des Investment Bankings in Bezug auf die Einschätzung von möglichen Equity Stories zukünftiger Börsenkandidaten sowie die Mithilfe bei IPO-Pitches. Darüber hinaus ist der Sell-Side-Analyst hausintern in seiner Meinung bei Unternehmens- oder Projektfinanzierungen sowie möglichen M&A-Deals gefragt.

Typischer Tagesablauf im Büro

Der Tag beginnt in der Regel zwei bis eineinhalb Stunden vor der Markteröffnung, um kapitalmarktrelevante Informationen aus Tagespresse und den Finanzinformationensystemen rechtzeitig auszuwerten und gegebenenfalls kommentieren zu können. Gegen 8 Uhr findet das Morning Meeting statt, in dem Analysten unterschiedlicher Sektoren ihre Kommentierungen zum tagesaktuellen Nachrichtenfluss abgeben oder davon losgelöste Investmentideen an die hausinterne Salesforce vermarkten. Im Nachgang erfolgt das schnelle Verfassen von schriftlichen Kommentaren (Morning Notes) für die Kunden, die im Laufe des Tages auch direkt vom Analysten per Telefon an mehr oder weniger spezialisierte Buy-Side-Analysten und Portfoliomanager vermarktet werden. An Tagen ohne nennenswerten Nachrichtenfluss widmet sich der Analyst der Pflege seiner Finanzmodelle sowie dem Verfassen von Sektor- und Unternehmensstudien.

Akademische Anforderungen

Obwohl der Berufsstand von Wirtschaftswissenschaftlern dominiert wird, gibt es grundsätzlich kein Referenzstudium, welches den Absolventen für den Beruf des Sell-Side-Analysten prädestiniert. Generell sollte ein zukünftiger Analyst über fundierte Kenntnisse finanzwirtschaftlicher Bewertungsmethoden und volkswirtschaftlicher Zusammenhänge verfügen sowie ein ausgeprägtes Interesse für den abzudeckenden Sektor mitbringen. Darüber hinaus hängen die erforderlichen Hintergrundkenntnisse vom zu bearbeitenden Sektor ab.

Während im Pharma-/Life-Sciences-Sektor ein medizinischer bzw. biologischer Fachhintergrund nahezu unabdingbar ist, ist für etliche andere Sektoren (Tech, Telco, Engineering, Utilities, Energy) ein technischer Hintergrund oder zumindest eine technische Affinität wünschenswert. Für andere Sektoren (Autos, Transport, Rohstoffe, Lifestyle, Construction, Financials) wäre wiederum eine eher volkswirtschaftliche Ausrichtung von Vorteil. Somit gestalten sich Analystenteams interdisziplinär. Häufig finden sich unter den Sell-Sidern aber auch Quereinsteiger aus der Beratung oder der Wirtschaftsprüfung mit dem entsprechenden sektorspezifischen Hintergrundwissen.

Soft Skills

Da das Berufsbild des Sell-Side-Analysten äußerst vielschichtig ist, sind ebenso vielschichtige Fähigkeiten gefragt. Zum einen verlangt der Beruf ausgeprägte analytische Fähigkeiten, insbesondere im Hinblick auf die finanzmathematische Modellierung von Unternehmenswerten. Hier ist zudem eine gewisse Querdenkerfähigkeit gefragt, um Trends aus anderen Sektoren und Unternehmen zu erkennen und zu übertragen. Zum anderen sind aufgrund des fast täglichen Kontakts mit einer Vielzahl an unterschiedlichen Kunden (hausinterne Vermarktung, Analysten-Calls, Analysten-Roadshows) starke Vermarktungsfähigkeiten und eine gehörige Portion Selbstdarstellung notwendig. Letztlich sollte sich der Analyst kritikfähig zeigen können, sich aber auch schnell ein dickes Fell zulegen, da er häufig konträre Meinungen vertreten muss und schnell angreifbar werden kann, wenn Investmentideen nicht aufgehen.

Für das regelmäßige Verfassen von morgendlichen Kurzkommentaren sowie von längeren Studien sollte es dem Sell-Side-Analysten nicht schwerfallen, Fakten und Meinungen schnell, konkret und leicht verständlich zu Papier zu bringen. Dabei ist korrektes Englisch in Wort und Schrift unabdingbar. Weitere Fremdsprachenkenntnisse sind für bestimmte Kunden sicher hilfreich, aber nicht zwingend erforderlich.

Berufsexamen

Früher oder später muss sich der Research-Analyst mit dem Ablegen eines Berufsexamens für Finanzanalysten auseinandersetzen. Zur Auswahl stehen das global ausgerichtete Examen zum CFA (Chartered Financial Analyst) des CFA Institute (Virginia), das über drei Jahre im Selbststudium zu absolvieren ist oder der im deutsch- und französischsprachigen Raum verbreitete Abschluss zum CEFA (Certified European Financial Analyst) der DVFA (Deutsche Vereinigung für Finanzanalyse & Asset Management), auf dessen Prüfung innerhalb eines Jahres durch Präsenzveranstaltungen vorbereitet wird. Die Entscheidung für die eine oder andere Variante hängt von zeitlichen und Marktpräferenzen sowie der Art des Lernverhaltens ab.

Die Wahl des Brokers

Während man bei deutschen Brokern sehr schnell in die Verantwortung genommen wird und den Job des Research-Analysten mit allen seinen Facetten ausfüllt, muss man beim Einstieg bei angelsächsisch geprägten Brokern häufig eine kleinere „Ochsentour" durchlaufen. Hier arbeitet man vorerst einige Jahre einem Senior-Analysten zu, indem man sich vornehmlich mit Modellpflege und intensivem Sektor-Research befasst, während der entsprechende Senior die Kapitalmarktarbeit und Roadshows bestreitet.

Principal Investment oder Merchant Banking – Private Equity

von Bastienne Föller

Private Equity, zu deutsch privates Beteiligungskapital, umfasst ein breites Spektrum von Investitionsformen in typischerweise nicht börslich notierten Unternehmen: Venture Capital (Finanzierung von Neugründungen), Wachstumskapital (Finanzierung junger Unternehmen) und Buy-Outs (kreditfinanzierte Mehrheitsbeteiligungen an etablierten Unternehmen). Dieser Artikel stellt das Berufsbild für den Bereich Buy-Out vor, der im geläufigen Sprachgebrauch hauptsächlich mit Private Equity verbunden wird.

Hauptaufgaben und Ziele

Die Zielsetzung eines Private-Equity-Fonds ist es, nachhaltige Unternehmenswerte und damit attraktive Renditen für seine Investoren zu schaffen. Der Investor erwirbt ein Unternehmen, verschafft diesem Zugang zu Investitionsmitteln, optimiert Prozesse sowie die Cashflow-Orientierung und steigert damit dessen Wert. Ziel ist, das Unternehmen nach mehreren Jahren mit Gewinn zu veräußern. Hieraus ergeben sich die Aufgabenfelder eines Private Equity Investment Professionals. Vor dem Erwerb eines Unternehmens filtert er eine Vielzahl von Investitionsmöglichkeiten und identifiziert die attraktiven Fälle. In der Phase der Due Diligence, der Unternehmensprüfung, untersucht man ein Unternehmen auf Herz und Nieren: Wie sind die Geschäftsaussichten und die Wettbewerbssituation? Welchen Wert hat das Unternehmen und wie lässt sich eine Akquisition finanzieren? Mit welcher Strategie bzw. welchen Maßnahmen lässt sich die Geschäftsentwicklung fördern? Nach dem Erwerb unterstützt der Investor das Management dabei, operative, strategische und organisatorische Maßnahmen einzuleiten, um die Strategie umzusetzen. Die tägliche Managementaufgabe übernimmt nicht der Investor; vielmehr ist er Sparringspartner für das Management im Beirat oder ähnlichen Organen.

Zu den konkreten Aufgaben eines Berufseinsteigers zählt die Bewertung von Investitionsmöglichkeiten und die anschliessende Identifikation verfolgenswerter Projekte. Dabei schätzt er die Risiken und Vorzüge einer Transaktion ein und entwickelt eine erste Investitionsstrategie. Er beantwortet also die Frage, wie sich bei dem Unternehmen Wert schaffen lässt. Im Rahmen der Due Diligence ist der Berufseinsteiger für inhaltliche Teilbereiche verant-wortlich und koordiniert die Zusammenarbeit mit externen Beratern: Er modelliert die Akquisition am Computer und bewertet das Unternehmen. Zusammen mit Industrieexperten und in Gesprächen mit dem Management erarbeitet er im Projektteam eine Einschätzung für die Zukunftsaussichten des Unternehmens. Für das interne Investmentkommittee erstellt er Entscheidungsunterlagen, die die Investitionsmöglichkeit vollumfänglich darlegen. Nach erfolgreicher Due Diligence und interner Zustimmung unterstützt er die kaufvertraglichen Verhandlungen und den Transaktionsabschluss, z. B. den Prozess der Kaufpreiszahlung.

Bei einer Portfoliogesellschaft überblickt er im Projektteam die Geschäftsentwicklung. Das Team analysiert zusammen mit dem Management und berichtet an die eigenen Investoren, in welche Richtung und aus welchen Gründen sich das Geschäft bewegt hat. In der Regel nehmen auch Einsteiger aktiv an Beiratssitzungen teil.

Ein unternehmerisch orientierter Beruf, der hohe Leistungsbereitschaft erfordert

Routine kommt bei einem Einstieg im Private Equity nicht auf, da man ein breites Spektrum an anspruchsvollen Aufgaben hat. Ein Berufseinsteiger entwickelt sich als Generalist und arbeitet an Projekten mit strategischer, operativer, rechtlicher, steuerlicher sowie bewertungs- und rechnungslegungsbezogener Dimension. Dank der guten Kenntnis verschiedener Industrien und Geschäftsmodelle erwirbt er einen umfassenden wirtschaftlichen Sachverstand. Gleichzeitig bekommt er ein gutes Verständnis für rechtliche Themen und Finanzierungsfragen: Wie setzt man einen Kaufvertrag auf und was sind die entscheidenden Klauseln? Mit welchen Instrumenten lässt sich ein Unternehmenserwerb finanzieren? Weiterhin arbeitet ein Investment Professional unternehmerisch, schließlich tritt er stellvertretend für die Fondsinvestoren in die Rolle des Eigentümers. Zusammen mit dem Management der Portfoliogesellschaft trifft der Investor unternehmerische Entscheidungen, deren Konsequenzen er – wie ein Unternehmer – mitträgt.

Bereits als Absolvent hat man die Möglichkeit, auf Augenhöhe mit erfahrenen Managern zusammenzuarbeiten, von ihnen zu lernen und direkte Einsicht in die Arbeit eines Vorstands zu gewinnen. Die Private-Equity-Teams haben in der Regel eine überschaubare Größe, sodass man auch als Einsteiger früh Verantwortung übernehmen kann. Der eigene Arbeitsbeitrag ist erkennbar und wichtig. Wer das nicht scheut, der wird damit belohnt, von erfahrenen Kollegen zu lernen und in den Aufgaben fachlich wie persönlich zu wachsen.

Auf der anderen Seite erfordert dieser Beruf eine hohe Leistungsbereitschaft, denn in einem kleinen Team zählt der Beitrag des Einzelnen umso mehr. Zumal es sich z. B. bei Due Diligences um zeitkritische Prozesse handelt und jeder Mitarbeiter auch in Stresssituationen sehr gute Arbeitsergebnisse erbringen muss. Ein hoher Grad an Motivation ist ebenso wichtig, da die Mehrheit der Projekte üblicherweise nicht mit dem erfolgreichen Unternehmenserwerb abgeschlossen werden kann. Unterschiedliche Faktoren können eine Rolle spielen: Beispielsweise erweist sich das Unternehmen doch als weniger attraktiv als gedacht. Oder ein konkurrierender Bieter ist bereit, einen höheren Preis zu zahlen. Davon sollte man sich jedoch nicht entmutigen lassen. Besonders zu Beginn der Berufslaufbahn kann man auch bei nicht vollendeten Projekten wichtige Erfahrungen sammeln. Da dieser Beruf sehr abwechslungsreich ist, muss man flexibel sein; einen fest getakteten Arbeitsalltag gibt es nicht. Es kann sein, dass man am Nachmittag auf Hochtouren an einem neuen spannenden Projekt arbeitet, von dem man am Morgen noch nichts wusste.

Fokus im Wirtschaftsabschwung: Management der Portfoliounternehmen

Durch die laufende Wirtschaftskrise ist das Augenmerk von Private-Equity-Fonds vermehrt auf die Arbeit mit den Portfoliounternehmen gerichtet. Konkret bedeutet das, dass man zusammen mit dem Management alle Hebel in Bewegung setzt, um die Ertragskraft zu sichern. Das Unternehmen soll einen Abschwung sicher durchfahren und idealerweise aus dem nächsten Aufschwung gestärkt hervorgehen. Hierbei kann es auch vorkommen, dass der Investor in Verhandlungen mit Kreditgebern tritt, um die Finanzierungsstruktur und die Kreditklauseln den neuen wirtschaftlichen Gegebenheiten anzupassen.

Als Folge der Finanzkrise haben sich zudem die Finanzierungsbedingungen eingetrübt; Fremdkapital ist nur noch in geringerem Umfang verfügbar. Gleichzeitig haben Unternehmen an Wert eingebüßt, sodass viele Eigentümer momentan nicht bereit sind, zu verkaufen. Aus diesen Gründen hat die Zahl der Transaktionen und Investitionsmöglichkeiten vorübergehend abgenommen. Auch die Art der Investitionsmöglichkeiten hat sich verändert: Es gibt vermehrt Restrukturierungsfälle, in denen Unternehmen frisches Eigenkapital benötigen. Einige Unternehmen veräußern jetzt vermehrt Randbereiche, um liquide Mittel zu erlösen und sich in der Krise auf das Kerngeschäft zu konzentrieren. Auch Private-Equity-Fonds haben ihr Spektrum erweitert und gehen neben Mehrheits- auch Minderheitsbeteiligungen oder rein eigenkapitalfinanzierte Investitionen ein.

Starke analytische Denkweise und Team Fit als wichtige Eigenschaften

Unabdingbar für einen Einstieg ins Private Equity sind ausgezeichnete analytische und quantitative Fähigkeiten sowie eine ausgeprägte strategische Denkweise. Man sollte sich zügig und selbstständig in neue Themengebiete einarbeiten und komplexe wirtschaftliche Fragestellungen durchdringen können. Die Tätigkeit eines Absolventen ist nicht auf die Analyse beschränkt. Im Gegenteil - der entscheidende Beitrag ist es, aus Analysen die richtigen Implikationen abzuleiten, sich eine eigene Perspektive zu bilden und sich aktiv in Diskussionen (auch mit erfahreneren Personen) zu engagieren.

Erste Erfahrungen im Financial Modelling erleichtern den Einstieg. Als Teil eines eng zusammen arbeitenden Teams ist es wichtig, sich wohl dabei zu fühlen, zwar selbstständig und eigenverantwortlich, aber stets auch als Teil einer Gruppe zu agieren. Ein nicht zu unterschätzendes „weiches" Einstellungskriterium ist die im Einzelfall zum Team passende Persönlichkeit. Nicht ohne Grund spricht man in Bewerbungsinterviews oftmals mit dem kompletten Team eines Fonds, um sich gegenseitig ein gutes Bild voneinander machen zu können.

Berufsrelevante Praktika als ideale Voraussetzung für den Einstieg

Für den Einstieg ins Private Equity ist ein sehr guter Hochschulabschluss aus den Wirtschaftswissenschaften erforderlich. Einsteiger aus den Rechts- oder Ingenieurwissenschaften sind zwar seltener, es gibt sie aber dennoch. Ein weiterführender Abschluss wie ein MBA oder eine Promotion/ein PhD kann von Vorteil sein. Man sollte relevante Praktika bzw. erste Jahre an Berufserfahrung in einer Unternehmensberatung, im Investment Banking, der Finanzabteilung eines Unternehmens und/oder in der Wirtschaftsprüfung vorweisen können. Sofern ein Fonds bestimmte Industrieschwerpunkte hat, ist es vorteilhaft, gute Kenntnisse über einzelne dieser Industrien zu haben.

Auch wenn die Anzahl der Einstiegspositionen im Private Equity geringer ist als in anderen Bereichen der Finanzbranche, lohnt sich der Versuch für Absolventen, die ein unternehmerisches Umfeld und anspruchsvolle, breit gefächerte Aufgaben suchen.

Asset Management – eine Wachstumsbranche mit vielfältigen Jobchancen[1]

von Prof. Dr. Lutz Johanning und Kay Benk

Die Asset-Management-Industrie hat sich von einer Nischenbranche Anfang der 50er-Jahre des letzten Jahrhunderts zu einer modernen Wachstumsbranche entwickelt. Die deutsche Fondsindustrie beschäftigt heute unmittelbar etwa 12.000 Mitarbeiter. Zudem sind zwischen 300.000 und 400.000 Personen im Fondsvertrieb tätig, die neben Fonds auch andere Finanzprodukte vertreiben. Dazu kommen freie Vermögensverwalter und Beschäftigte in Unternehmen mit verwandten Tätigkeiten wie beispielsweise das Anlagegeschäft bei Versicherungen oder Hedge-Fonds.

Ende Februar 2009 verwalteten deutsche Kapitalanlagegesellschaften 10.099 Fonds mit einem Gesamtvolumen von 1.225 Milliarden Euro. Davon entfallen 583 Milliarden Euro auf 6.128 Publikumsfonds und 642 Milliarden Euro auf 3.971 Spezialfonds.[2] Von den 34 Millionen deutschen Haushalten besaßen Ende 2008 10,2 Millionen (29,9%) Fondsanteile. Der Asset-Management-Markt in den angelsächsischen Ländern hat eine längere Tradition und ist im Hinblick auf die Assets under Management (AuM) und die Beschäftigten deutlich größer. Auch das zukünftige Wachstumspotenzial dieser Branche wird von Experten als hoch eingeschätzt. Ein Berufseinstieg im Asset Management schafft deshalb gute persönliche Zukunftsaussichten und bietet spannende und abwechslungsreiche Tätigkeiten.

Die Asset-Management-Industrie

Definition Asset Management

Der Begriff Asset-Management-Industrie im weiteren Sinn umfasst Unternehmen, die sich auf die Anlage des Finanzvermögens Dritter spezialisiert haben. Die Mittel eines Vermögensverwalters werden von Privatpersonen, von Unternehmen oder von sonstigen Körperschaften zur Verfügung gestellt.

Unter dem Begriff Asset-Management-Industrie im engeren Sinn werden nachfolgend Fondsgesellschaften verstanden, die die Vermögensverwaltung im Fondsmantel anbieten und entweder institutionellen Kunden Spezialfonds oder Privatinvestoren Publikumsfonds zum Verkauf anbieten. Fondsgesellschaften werden häufig auch Kapitalanlagegesellschaften (KAG), Investmentgesellschaften oder Asset Manager genannt. Der Begriff Asset-Management-Industrie im weiteren Sinn umfasst nachfolgend neben den Kapitalanlagegesellschaften auch Vermögensverwalter und Versicherungen, die fremdes Kapitel anlegen und verwalten.

1 Stand aller Informationen im Text: 1. April 2009.

2 Vgl. BVI (2009).

Ziele und Aufgaben von Asset Managern

Das Ziel von Asset Managern ist es, das ihnen anvertraute Vermögen optimal, d. h. risikorenditeeffizient, unter Berücksichtigung des Anlagehorizontes, der Risiko- und Liquiditätspräferenzen sowie weiterer Restriktionen der Anleger zu managen.

Asset Manager nehmen somit Transformationsfunktionen zwischen Kapitalgebern und Kapitalnehmern wahr. Das Anlagevehikel, mit dem diese Transformation erfolgt, ist der Investmentfonds. Andere Anlagevehikel von Asset Managern im weiteren Sinn sind beispielsweise Lebensversicherungen oder die freie Vermögensverwaltung. Investmentfonds bieten den Investoren unabhängig vom Investitionsvolumen Zugang zu nationalen und internationalen Aktien-, Immobilien-, Renten- und Rohstoffmärkten. Die Wirtschaft und öffentliche Hand werden mit Kapital versorgt (Kapitalallokationsfunktion). Durch seine Finanzstärke ist ein Fonds in der Lage, eine Risikostreuung mit modernen Portfoliotechniken zu erzielen (Risikotransformation). Das Fondsmanagement verfügt aufgrund seiner Professionalisierung über ein besseres Marktwissen als einzelne Anleger (Informationstransformation). Auch wenn ein Investmentfonds in langfristige und möglicherweise illiquide Anlagen investiert, sind die Anteilsscheine für einen Investor liquide. Sie können in der Regel jederzeit an die Fondsgesellschaft zurückgegeben oder an einer Börse gehandelt werden (Fristentransformation).

Kundengruppen: Unterteilung in institutionelle und private Kunden

Im Fondsuniversum wird zwischen Spezial- und Publikumsfonds unterschieden:

- Bei **Spezialfonds** handelt es sich um eine besondere Fondskonstruktion, die nur institutionellen Investoren zugänglich ist. Diese Fonds haben ein Volumen von mindestens zehn Millionen Euro, üblicherweise aber deutlich mehr. Da institutionelle Investoren schon gesetzlichen Anlagerestriktionen wie Anlagegrenzen unterliegen, sind Spezialfonds weniger vom Gesetzgeber reguliert als Publikumsfonds. Institutionelle Investoren sind Banken, Versicherungen, Pensions- und Unterstützungskassen, Kirchen, Unternehmen (meist im Rahmen der betrieblichen Altersvorsorge), Stiftungen, Vereine, Verbände und die öffentliche Hand. Die meisten Institutionen müssen Gelder anlegen, um zukünftige Verpflichtungen gegenüber ihren Leistungsempfängern (beispielsweise Pensionsverpflichtungen) begleichen zu können. Ein institutioneller Anleger profitiert bei einem Spezialfonds nicht nur von den besonderen Fähigkeiten eines Fondsanbieters, sondern zum Teil auch von bilanziellen und steuerlichen Vorteilen gegenüber der Direktanlage.
- **Publikumsfonds** legen den Großteil des gesammelten Kapitals in den ihnen namensgebenden Vermögenswerten bestimmter Länder, Regionen, Industrien oder Themen an. Traditionell richteten sich Publikumsfonds an Kleinanleger. Durch die zunehmende Anwendung internationaler Bilanzierungsvorschriften sind Publikumsfonds in den letzten Jahren aber auch für institutionelle Anleger attraktiv geworden.

Diese Unterteilung macht deutlich, dass im Asset Management zwei Kundengruppen zu unterscheiden sind, die institutionellen und die privaten Kunden.

Bei Spezialfonds sind zusätzliche Anlagerestriktionen zu berücksichtigen. Asset Manager, die Publikums- und Spezialfonds anbieten, haben in den letzten Jahren dennoch das Portfoliomanagement dieser Bereiche zusammengelegt und daraus Synergien geschöpft. Der wesentlichste Unterschied zwischen Publikums- und Spezialfonds entsteht beim Vertrieb. Der Vertrieb von Spezialfonds setzt nicht nur detaillierte Kenntnisse der Anlagerestriktionen, sondern auch der Geschäftsmodelle der Anleger voraus. Publikumsfonds werden von den Asset Managern nur selten direkt an den Endkunden verkauft. Der Vertrieb richtet sich in der Regel an existierende Vertriebskanäle, beispielsweise Primär- oder Direktbanken, die dann eine direkte Beziehung zum Endkunden unterhalten.

Position in der Finanzbranche

Zu Beginn ihrer Tätigkeiten boten deutsche Fondsgesellschaften ausschließlich Publikumsfonds an, die über das Vertriebsnetz der Mutterbanken verkauft wurden. So ist es nicht erstaunlich, dass die Mehrzahl der großen deutschen Asset Manager auch heute noch Tochterunternehmen der großen Banken sind. Die DWS Investment GmbH befindet sich beispielsweise im Konzernverbund der Deutschen Bank AG, die Union Asset Management Holding AG im genossenschaftlichen Konzernverbund, und Pioneer Investments Kapitalanlagegesellschaft mbH ist die Asset Management-Gesellschaft der UniCredit Group. Die DekaBank Deutsche Girozentrale ist die zentrale Investmentgesellschaft der deutschen Sparkassen. Andere Asset Manager sind Tochterunternehmen von Versicherungen, beispielsweise die MUNICH ERGO Asset Management GmbH (MEAG) als Tochter der Münchener Rückversicherungs-Gesellschaft und ERGO Versicherungsgruppen oder die Allianz Global Investors Kapitalanlagegesellschaft mbH als Tochter der Allianz AG. Diese Fondsgesellschaften verwalten zum Teil das Anlagevermögen der Versicherungen, aber auch Vermögen Dritter wie Publikumsfonds, die über den Versicherungsvertriebskanal verkauft werden. Unabhängige Asset Manager sind eher kleine Gesellschaften wie die First Private Investment Management KAG mbh oder Dr. Jens Erhardt (DJE Kapital AG).

Vergütung von Asset Managern

Die Haupteinnahmen erzielen Asset Manager aus den jährlichen Managementgebühren, die prozentual von der Höhe der Assets under Management abhängen. Hinzu können performanceabhängige Gebühren kommen. Das Geschäft mit Publikumsfonds ist nicht nur einfacher, sondern auch lukrativer, da höhere Managementgebühren durchsetzbar sind. Der Asset Manager verfolgt neben seinem Primärziel der optimalen Vermögensanlage auch das Ziel der eigenen Ertragsoptimierung. Dies war nicht immer so, denn noch vor einigen Jahren wurden Asset-Management-Dienstleistungen häufig von ihren Bankmüttern quersubventioniert, was insbesondere im institutionellen Geschäft zu einem starken Preiswettbewerb geführt hat.

Die Standardproduktpalette der Asset Manager

Fondstypen

Asset Manager bieten verschiedene Fonds an. Eine kurze Vorstellung der verschiedenen Fondstypen lässt bereits auf erste Unterschiede in den Tätigkeiten schließen. Die folgende Tabelle stellt verschiedene Fondstypen, die geschätzten Anlagequoten der deutschen Haushalte sowie das Volumen der jeweiligen Fondstypen für den Januar 2009 vor.

Fondstyp	Erscheinungsjahr in Deutschland	Privathaushalte mit Fondsbeteiligung (Nov. 2008 in Mio.)*	Volumen (Jan. 2009 in Mrd. Euro)	Anzahl Fonds (Jan. 2009)
Aktienfonds	1950	6,25	138,30	2.393
Rentenfonds	1966	2,40	142,45	1.322
Geldmarktfonds	1994	3,57	81,84	264
offene Immobilienfonds	1959	1,40	85,23	45
Dachfonds	1999		46,57	717
wertgesicherte Fonds **	2003	0,93	30,05	258
Hedge-Fonds	2004		0,61	32
gemischte Fonds	1975	3,57	82,58	1.363

* Mehrfachnennung möglich.
** vor 2003 waren wertgesicherte Fonds als Aktien-, Renten- oder gemischte Fonds erfasst.
Quelle: BVI Statistikwelt.

Fondstypen und investiertes Volumen von Privathaushalten

- Private Haushalte hielten Ende Januar 2009 **Aktienfonds** mit einem Volumen von 138,30 Milliarden Euro. Diese Fonds investieren auf den nationalen und internationalen Aktienmärkten, verfügen über unterschiedliche Anlageschwerpunkte und verfolgen dabei unterschiedliche Strategien.
- Das Anlagevolumen von **Rentenfonds** betrug 142,45 Milliarden Euro. Diese Fonds investieren auf den nationalen und internationalen Märkten für fest- und variabel verzinste Wertpapiere mit einer Laufzeit von über einem Jahr.
- **Geldmarktfonds** mit einem Anlagevolumen von 101 Milliarden Euro investieren dagegen in Zinspapiere mit einer Laufzeit unter einem Jahr.
- **Offene Immobilienfonds** investieren in direkt oder indirekt gehaltenes Immobilienvermögen. Ende Januar 2009 betrug das investierte Volumen 85,23 Milliarden Euro. Offene Immobilienfonds erwirtschaften Erträge durch Mieteinkünfte und Veräußerungsgewinne.
- **Dachfonds** mit einem Anlagevolumen von 46,57 Milliarden Euro legen Gelder in verschiedene Investmentfonds an und ermöglichen Privatanlegern eine einfache Anlage in ein Portfolio von Investmentfonds.

- **Wertgesicherte Fonds** mit einem Volumen von 30,05 Milliarden Euro garantieren den vollständigen oder teilweisen Kapitalerhalt mit integrierten Kapitalschutzmechanismen.
- **Hedge-Fonds** wurden erst Anfang 2004 in Deutschland zum Vertrieb zugelassen und unterliegen der geringsten Regulierung. Sie können die investierten 0,61 Milliarden Euro ohne Restriktionen auf allen Märkten und auf steigende und fallende Märkte spekulieren und dabei Leerverkäufe nutzen sowie mit Fremdkapital ihre Anlagestrategien hebeln. Hedge-Fonds verfolgen sehr spezialisierte Strategien, die sich zum Teil erheblich voneinander unterscheiden.
- **Gemischte Fonds** mit einem Volumen von 82,58 Milliarden Euro investieren in Zinspapiere und Aktien.
- In der Tabelle sind **Altersvorsorgefonds** nicht erfasst, die das bei ihnen eingelegte Geld mit dem Ziel des langfristigen Vorsorgesparens in Vermögensgegenständen anlegen.

Weitere Informationen zu verschiedenen Fondstypen folgen im Kapitel „Konzepte, Kennzahlen und Methoden im Asset Management“ ab Seite 158.

Bei den bislang vorgestellten Fonds handelt es sich um offene Fonds. Die Anteile können börsentäglich zum Nettoanlagevermögen an die Fondsgesellschaft zurückgegeben werden. Anteile an geschlossenen Fonds (dazu zählen Medienfonds, Schiffs- und Flugzeugfonds, Private-Equity-Fonds sowie geschlossene Immobilienfonds) können dagegen während der Laufzeit nicht an den Fondsinitiator zurückgegeben werden. Der Erwerber eines Anteils an einem geschlossenen Fonds wird Unternehmer mit allen Chancen und Risiken eines solchen. Diese Fonds zählen somit nicht zur Produktpalette der Asset Manager im engeren Sinn.

Die meisten Fondsnamen zeigen bereits, welches spezifische Know-how für ein Management solcher Fonds notwendig ist. Private-Equity-Fonds spezialisieren sich auf den Kauf und Verkauf von nicht an Börsen gelisteten Unternehmen. Private-Equity-Manager verfügen über langjährige Berufserfahrung im Asset Management, in der Beratung oder im Investment Banking. Neben der Bewertung von Unternehmen liegt der Schwerpunkt der Tätigkeiten in der Entwicklung und im Ausbau der Geschäftsmodelle sowie in der optimalen Finanzierung und Führung dieser Unternehmen.

Berufliche Herausforderungen im Asset Management

In diesem Kapitel werden die Tätigkeitsfelder der Asset Manager im engeren Sinn näher betrachtet. Einen Überblick über die Wertschöpfungskette und die wichtigsten Tätigkeiten bietet die folgende Abbildung:

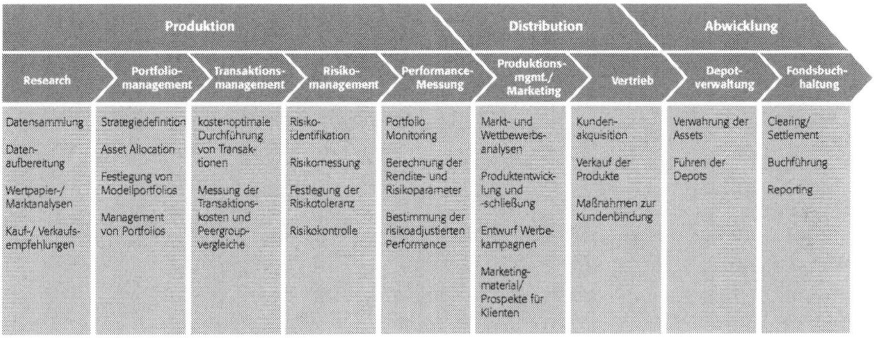

Wertschöpfungskette und Tätigkeitsfelder im Asset Management[3]

Die konkrete Ausgestaltung der Wertschöpfungskette des Asset Managements unterteilt sich typischerweise in die Bereiche Produktion, Distribution und Abwicklung. Daneben existieren weitere Bereiche wie die Personalabteilung und das Controlling, die an dieser Stelle nicht näher beleuchtet werden. Große Asset Manager decken als Vollsortimenter die ganze Wertschöpfungskette ab. Spezialanbieter haben sich auf einzelne Leistungen der Wertschöpfungskette spezialisiert. Ihre Dienstleistungen werden deshalb von anderen Spezialisten eingekauft bzw. sie kaufen selbst welche dazu.

Tätigkeiten in der Produktion

Die Produktion – Stufe 1 der Wertschöpfungskette

Die Produktion umfasst die Zusammenstellung und Aufrechterhaltung eines im Rahmen der Fondsvorgaben dauerhaft rentablen Portfolios. Sie wird dabei in die Bereiche Research, Portfoliomanagement, Transaktionsmanagement, Risikomanagement und Performance-Messung unterteilt.

Research

Das Research konzentriert sich auf das Sammeln und Aufbereiten von Wertpapier-, Branchen- und Marktdaten. Für die Analyse von unternehmensspezifischen Informationen auf der Basis von Bilanzdaten sind gute Kenntnisse im Fach Bilanzierung/externes Rechnungs-

3 Quelle: Eigene Darstellung in Anlehnung an Huber/Koch/Stark (2008), S. 43.

wesen notwendig. Branchen- und Marktanalysen setzen insbesondere volkswirtschaftliche Kenntnisse voraus. Das Research-Team spricht zum Teil auch Handlungsempfehlungen in Form von Kauf- und Verkaufsempfehlungen für das Portfoliomanagement aus. Teilweise sind Research und Portfoliomanagement nicht voneinander getrennt. Auf den Seiten 60 bis 62 folgt noch ein ausführliches Jobprofil zum Research im Asset Management.

Portfoliomanagement

Das Portfoliomanagement trifft auf der Basis der Research-Ergebnisse die Anlageentscheidung im Rahmen des vorgegebenen Anlageuniversums und berücksichtigt dabei gesetzliche, kundenspezifische und eigene Anlagerestriktionen (beispielsweise maximale Anlagequoten, Ausschluss von Wertpapieren bestimmter Branchen).

Grundsätzlich ist zwischen absoluten und benchmarkorientierten Renditezielen zu unterscheiden. Wertgesicherte Fonds und Hedge-Fonds zielen beispielsweise auf die Generierung absoluter Renditen, klassische Aktien- und Rentenfonds orientieren sich dagegen an einer Benchmark. Bei diesen Anlagestrategien muss der Fondsmanager Tracking-Error-Vorgaben, also maximale Benchmark-Abweichungen, als Restriktion berücksichtigen.

In der Anlagephilosophie kommt der Glaube an die Effizienz der Märkte zum Ausdruck. Die meisten Asset Manager sind aktive Fondsmanager und unterstellen, dass der Kapitalmarkt nicht effizient ist und dass sich folglich die Suche und Auswertung von Informationen erfolgreich umsetzen lassen. Passive Fonds unterstellen die Markteffizienz und bilden einen Index möglichst kostenminimal ab. Passive Investments wurden in den letzten Jahren zunehmend attraktiver, was durch das Wachstum der Anlagevolumina in Exchange Traded Funds (ETF) und in Indexzertifikaten untermauert wird. Bekannte ETF-Anbieter sind beispielsweise iShares und db x-trackers der Deutschen Bank.

Nach der Art der Informationsverarbeitung wird das Portfoliomanagement in „qualitativ" und „quantitativ" unterschieden. Beim **qualitativen Managementansatz** werden beispielsweise Unternehmensinformationen individuell ausgewertet und zu einem Firmenwert aggregiert. Aus dem Vergleich des so abgeleiteten inneren Wertes mit dem Börsenwert resultieren dann Kauf- und Verkaufsentscheidungen. Persönliche Ansichten des Fondsmanagers kommen zum Ausdruck. Das **quantitative Portfoliomanagement** bewertet mithilfe von Computern und statistischen Verfahren alle Wertpapiere eines großen Anlageuniversums nach einheitlichen Kriterien. Persönliche Ansichten des Fondsmanagements finden hier keinen Eingang in die Bewertung. Dieser Ansatz erfordert den Einsatz umfangreicher Datenbanken und einer effizienten Technologie zur Informationsverarbeitung. Auch einige Hedge-Fonds bedienen sich solcher quantitativer, forschungsnaher Strategien. Daran ist zu erkennen, dass sich die Stile dieser Asset Manager zum Teil sehr angenähert haben. Das Research und das Portfoliomanagement stellen traditionell die Kernkompetenz des Asset Managements dar. Auf das Berufsbild des Portfoliomanagers und speziell auf die Tätigkeit im Bereich Asset Allocation wird auf den Seiten 63 bis 68 noch genauer eingegangen.

Transaktionsmanagement

Nachdem die Anlageentscheidung gefallen ist, müssen die Wertpapiere ge- und verkauft werden. Ziel dieses Transaktionsmanagements ist es, die Anlageentscheidung kostengünstig umzusetzen. Beim An- und Verkauf von Wertpapieren fallen Depot- und Brokergebühren sowie teilweise Stempelsteuern an. Zudem beeinflussen große Orders von Fondsgesellschaften die Preise an den Märkten. Bei größeren Fondsgesellschaften wird das Transaktionsmanagement in Form eines Handelstisches (Trading Desk) zentralisiert und von erfahrenen Wertpapierhändlern gesteuert. Bestimmte Hedge-Fonds basieren ihre ganze Anlagestrategie auf das kurzfristige Handeln von Wertpapieren.

Risikomanagement

Das sich in der Wertschöpfungskette anschließende Risikomanagement hat in den letzten Jahren zunehmend an Bedeutung gewonnen. Früher wurde das Anlagemanagement durch die Wertpapieraufsicht stark von Anlagegrenzen restringiert. Mit der Entwicklung von Risikomanagementsystemen seit Anfang der 90er-Jahre des letzten Jahrhunderts hat die Finanzaufsicht jedoch zunehmend die internen Risikomanagement-Verfahren anerkannt. Der heutige Grundsatz lautet, dass diejenigen Wertpapiere zur Anlage offen stehen, die auch im Risikomanagement abgebildet werden können. Das Risikomanagement umfasst neben der Bewertung die Risikoidentifikation, die Berechnung von Risikokennzahlen (beispielsweise Value at Risk und Stressszenarien) sowie die Steuerung von Risikobudgets. Tätigkeiten in diesen Bereichen setzen Kenntnisse in der Optionsbewertung und somit in analytischen und numerischen Bewertungsverfahren, aber auch ein gutes Verständnis für die Produkte und Märkte voraus. Was die Tätigkeit des Risikomanagers und -controllers im Asset Management genau ausmacht, wird auf den Seiten 69 bis 71 im Detail erläutert.

Performance-Messung

Die Performance-Messung bildet mit dem Risikomanagement häufig eine Abteilung. Bei der Performance-Messung und deren Ausweis sind bestimmte Performance-Standards, beispielsweise des CFA Institutes (Chartered Financial Analyst), einzuhalten. Die Performance-Messung umfasst auch die Performance Attribution, bei der die Determinanten der Performance analysiert werden. Normalerweise wird in Asset Allocation, Market Timing und Wertpapierauswahl unterschieden. Bestimmte Unternehmen wie die Deutsche Performance-Messungs-Gesellschaft für Wertpapierportfolios mbH haben sich auf die Erstellung dieser Dienstleistungen fokussiert.

Tätigkeiten in der Distribution

Die Distribution – Stufe 2 der Wertschöpfungskette

Die Wertschöpfungsstufe Distribution umfasst die Tätigkeitsfelder Marktforschung/Marketing und Vertrieb. Bislang wurden diese Tätigkeiten häufig nicht als Kernkompetenz von Asset Managern angesehen. Zu Unrecht, sagen viele Experten, denn der Markt für

Asset-Management-Produkte ist ein „Käufermarkt“[4], der eine konsequent marktorientierte Unternehmensführung erfordert.

Marktforschung

Die Marktforschung leitet aus Markttrends, Kundenbedürfnissen und -präferenzen den Bedarf an neuen Produkten ab, der in neuen Produktentwicklungen mündet. Das Marketing befasst sich mit der Markenbildung und -entwicklung sowie der Positionierung des Unternehmens am Markt.

Vertrieb

Die Aufgaben des Vertriebs liegen in der Gewinnung und Bindung von Kunden. Im institutionellen Geschäft sind dies die Firmenkunden und im Retailgeschäft die Vertriebskanäle (beispielsweise Direkt- und Primärbanken). Der Vertrieb bietet häufig auch eine Art Key-Account-Management für den Kunden an. Institutionelle Mandate werden zunehmend häufiger über Asset Consultants vergeben. Dabei beauftragt der institutionelle Anleger, beispielsweise eine Versicherung, einen Asset Consultant wie die alpha portfolio advisors GmbH, die Feri Finance AG oder die Watson Wyatt Heissmann GmbH. Der Consultant analysiert zunächst die Verpflichtungen und ermittelt eine dazu passende Anlagestruktur (Asset-Liability-Analyse). Die Umsetzung der Asset Allocation erfolgt über die Mandatierung verschiedener Asset Manager. Der Consultant erstellt auf Basis seiner Datenbank zunächst eine Long List potenzieller Manager, verengt diese zu einer Short List und sucht schließlich gemeinsam mit dem Anleger die passenden Asset Manager aus. Eine ausführlichere Beschreibung des Berufsbilds zum Vertrieb und Marketing im Asset Management folgt auf den Seiten 72 bis 74.

Tätigkeiten in der Abwicklung – Stufe 3 der Wertschöpfungskette

Depotverwaltung und -buchhaltung

Die dritte Abwicklungsstufe fasst Depotverwaltung und -buchhaltung zusammen. Dazu gehören die Verwahrung der Assets sowie die Depotbetreuung. In der Fondsbuchhaltung werden Geschäftsvorgänge gebucht, Fondsabschlüsse auf Tagesbasis durchgeführt, Berichte für interne und externe Adressaten erstellt sowie Steuern und Anteilspreise berechnet. Sogenannte Master-Kapitalanlagegesellschaften (Master-KAGen; z. B. Helaba Invest Kapitalanlagegesellschaft mbH, Internationale Kapitalanlagegesellschaft mbH, Universal-Investment-Gesellschaft mbH) haben sich in Deutschland auf diese Stufe der Wertschöpfung spezialisiert. Institutionelle Investoren lassen ihren gesamten Kapitalbestand oder den größten Teil von einer Master-KAG verwalten und erhalten eine einheitliche Berichterstattung. Master-KAGen bieten zudem Asset-Management-Boutiquen, also jungen Asset Managern mit innovativen Anlageideen, den Fondsmantel an, verfügen aber häufig nicht über ein eigenes aktives Portfoliomanagement.

4 Als Käufermarkt wird eine Marktsituation bezeichnet, in der sich der Käufer beispielsweise durch einen Angebotsüberhang in einer verhandlungstechnisch günstigeren Position als der Verkäufer befindet.

Neben der Abwicklung umfasst das Dienstleistungsangebot auch das Transaktionsmanagement, das Risikomanagement und die Performance-Messung. Die Asset-Management-Boutiquen können sich somit rein auf das Portfoliomanagement (Research und Anlageentscheidung) konzentrieren. Das Produktangebot von Master-KAGen ist zum Teil mit dem der Depotbanken (BHF-BANK AG, State Street Bank GmbH) vergleichbar. Die Depotbank führt das Wertpapierkonto des Fonds und kontrolliert die Abrechnungen und Wertermittlungen der Fondsbuchhaltung.

Abgrenzung zu anderen Finanzberufen

Tätigkeiten, die mit dem Asset Management verwandt sind, gibt es in vielen Bereichen. Nachfolgend werden die verschiedenen Berufe aufgezählt, voneinander abgegrenzt und kurz beschrieben.

Asset-Management-Tätigkeiten üben alle Unternehmen und Organisationen aus, die Vermögen an den Märkten zur Deckung bestimmter Verpflichtungen investieren. Dazu zählen insbesondere Versicherungen, Pensionsfonds, Pensionskassen, Stiftungen, kirchliche Einrichtungen, Körperschaften, Banken und Industrieunternehmen. Diese Unternehmen legen ihre eigenen Vermögen direkt am Kapitalmarkt an oder beauftragen spezialisierte Asset Manager.

Private Banking

Im Private Banking und in der unabhängigen Vermögensverwaltung werden auch Vermögen Dritter verwaltet, allerdings muss diese Vermögensverwaltung nicht im Fondsmantel erfolgen. Das Private Banking bezeichnet das Geschäft der Vermögensanlageberatung und -verwaltung von vermögenden Privatpersonen. Die Beratung der Privatkunden ist intensiver, professioneller und persönlicher als im Massenkundengeschäft (Retail Banking). Bei der Anlageberatung gibt die Bank Anlageempfehlungen, die dann selbstständig vom Kunden ausgeführt werden. Bei der Vermögensverwaltung überlässt ein Kunde der Bank sein Vermögen, das nach vorab definierten Grundsätzen angelegt wird. Unabhängige Vermögensverwalter sind häufig ehemalige Asset Manager mit umfangreicher Berufserfahrung. Der Vermögensverwalter wird vom Gesetzgeber „Finanzportfolioverwalter" genannt. Der Finanzportfolioverwalter betreut in eigener Entscheidungs- und Dispositionsfreiheit fremdes Vermögen unter Beachtung vereinbarter Anlagerichtlinien. Finanzportfolioverwalter benötigen in Deutschland eine Genehmigung von der Aufsichtsbehörde, müssen über ein Mindestkapital und die fachliche Eignung in Form von Leitungserfahrung im Asset Management verfügen.

Investment Banking

Da das Asset Management das Geschäft der Kapitalanlage bezeichnet, also der Investition in Wertpapiere, stellt es einen Teil des Investment Bankings dar, das alle Bankdienstleistungen im Bereich der Wertpapiere umfasst. Dazu zählen zusätzlich das Handelsgeschäft, die Beratung von Unternehmen bei der Wertpapieremission und bei der Gestaltung der Kapitalstruktur sowie die Vermittlung von Unternehmenskäufen und -verkäufen (M&A-Transaktionen). Eine ausführliche Beschreibung der verschiedenen Tätigkeiten im Investment Banking liefern die vorangegangenen Kapitel.

Weitere dem Asset Management verwandte Tätigkeiten sind das Management von Hedge-Fonds, Private-Equity-Fonds und geschlossenen Fonds wie Schiffs- und Medienfonds. Manager dieser Fonds verfügen in der Regel über eine umfangreiche Berufserfahrung im Investment Banking oder in der Unternehmensberatung und sind für bestimmte Tätigkeiten hoch spezialisiert.

Die Folgen der Finanzkrise für das Asset Management

Wertentwicklung während der Krise

Das Investment Banking und auch das Asset Management sind Branchen, die stark von den Entwicklungen der Wertpapiermärkte abhängen. Bei fallenden Kursen sinken die Assets under Management und damit ein Großteil der Erträge. Häufig ziehen Anleger zudem in diesen Phasen Mittel ab, was die Ertragslage zusätzlich belastet. Diese schmerzhafte Erfahrung machte das Asset Management bereits nach dem Platzen der Dot-Com-Blase Anfang des Millenniums. Ein Blick auf die Entwicklung der Vermögenswerte deutscher Investmentfonds in der nachfolgenden Tabelle zeigt, dass Publikumsfonds 2008 im Schnitt 18 Prozent (128,5 Milliarden Euro) ihres Wertes einbüßten. Spezialfonds verloren mit sieben Prozent (50 Milliarden Euro) deutlich weniger. Der Gesamtwert aller Fonds sank im Schnitt um 14 Prozent, was einem Betrag von 178,4 Milliarden Euro entspricht. Trotz der Kapitalmarktkrise verzeichneten Spezialfonds 2008 einen Mittelzufluss von 19,93 Milliarden Euro, im Gegensatz zu einem Mittelabfluss von 28,68 Milliarden Euro bei den Publikumsfonds. Einzelne Fondstypen reagierten dabei unterschiedlich stark auf die Kapitalmarktkrise.

	Vermögenswert 31.12.2008 in Mrd. Euro	Wertentwicklung 2008 in Mrd. Euro	in Prozent	davon Mittelzu- und abflüsse in Mrd. Euro	davon Wertveränderungen des Anlagevermögens in Mrd. Euro
Aktienfonds	133,6	-96,9	-42%	-2,3	-94,6
Rentenfonds	143,4	-4,7	-3%	-24,4	19,7
Geldmarktfonds	78,8	-22,0	-22%	-19,9	-2,0
offene Immobilienfonds	84,3	0,8	1%	0,6	0,2
Dachfonds	45,5	-7,0	-13%	9,3	-16,3
wertgesicherte Fonds	28,9	6,6	30%	6,1	0,5
Hedge-Fonds	0,7	-0,7	-50%	-0,5	-0,2
Mischfonds	54,7	-4,6	-8%	2,4	-7,0
Summe Publikumsfonds	**569,9**	**-128,5**	**-18%**	**-28,7**	**-99,7**
Summe Spezialfonds	**641,7**	**-50,0**	**-7%**	**19,9**	**-69,9**
Insgesamt	**1.221,6**	**-178,5**	**-13%**	**-8,8**	**-169,6**

Quelle: BVI Statistikwelt

Entwicklung der Vermögenswerte deutscher Investmentfonds

Die größten Mittelabflüsse verzeichneten die Geldmarktfonds (19,9 Milliarden Euro) sowie die (geldmarktnahen) Rentenfonds (24,4 Milliarden Euro). Im Jahresmittel reduzierte sich das Vermögen von Geldmarktfonds um 22 Milliarden Euro (22%) auf 78,8 Milliarden Euro. Dachfonds verzeichneten trotz sieben Prozent Wertverlusts mit 9,26 Milliarden Euro den insgesamt größten Mittelzuwachs und hatten am Jahresende einen Gesamtwert von 45,5 Milliarden Euro. Die wachsende Unsicherheit an den Kapitalmärkten führte zu einem Mittelzufluss für wertgesicherte Fonds (vor allem Garantiefonds) von 6,12 Milliarden Euro. Darüber hinaus entwickelte sich dieser Fondstyp wertstabil, sodass die gesamten Vermögenswerte am Jahresende um 30 Prozent auf 28,9 Milliarden Euro anstiegen. Mischfonds mit einem Stichtagswert von 54,7 Milliarden Euro verzeichneten ebenfalls Zuflüsse von 2,44 Milliarden Euro, verloren über das Jahr aber insgesamt 4,6 Milliarden Euro (8%) an Wert. Als sehr wertstabil erwiesen sich die offenen Immobilienfonds, deren Wert über das Jahr um ein Prozent auf 84,3 Milliarden Euro zunahm. Hedge-Fonds verzeichneten mit 51 Prozent die prozentual größten Verluste aller Fondstypen. Allerdings sind deutsche Hedge-Fonds mit einem absoluten Wert von 0,7 Milliarden Euro Ende 2008 im Vergleich zu ausländischen Hege-Fonds vergleichsweise klein.

Status quo und Entwicklung des Asset Managements

Die Finanzkrise traf die Asset-Management-Industrie in einer Zeit, in der die Neuausrichtung anhand der bei der letzten Krise gewonnen Erfahrungen bereits weit fortgeschritten war.[5] Die Wertschöpfungskette wurde aufgebrochen, Risikomanagement-Systeme wurden aufgebaut, Kosteneinsparungen waren vorgenommen und das Produktangebot kundenorientierter gestaltet worden.[6] Mit dem Aufbrechen der Wertschöpfungskette der Asset Manager hatten sich viele Spezialisten auf Teildisziplinen des Asset Managements fokussiert. Anlageboutiquen konzentrieren sich beispielsweise auf das Portfoliomanagement in bestimmten Märkten beziehungsweise in bestimmten Anlagestilen. Master-KAGen fokussieren sich auf das Risikomanagement, das Reporting, die Verwaltung und Abwicklung von Fonds. Für die nächsten Jahre ist zu erwarten, dass sich die eingeleiteten Entwicklungen fortsetzen[7]:

- Die Finanzkrise hat die Bedeutung von Vertrauen und Sicherheit für das Handeln an den Kapitalmärkten noch einmal hervorgehoben. Insbesondere in dem eher intransparenten Asset Management wird es eine vornehmliche Aufgabe der handelnden Personen sein, die ihnen anvertrauten Mittel zielgerecht und nachhaltig zu managen und damit dem Vertrauen der Anleger gerecht zu werden. Die **Portfoliomanager** sollten sich auf ihre Kernkompetenzen konzentrieren. Ein serviceorientiertes After Sales Management und eine gute Kommunikation mit den Kunden werden weiter an Relevanz gewinnen.

---

5 Vgl. die Beiträge von Huber/Koch/Stark (2008) und Mössle (2008).

6 Vgl. Huber/Koch/Stark (2008), S. 17 f.

7 Für eine ausführliche Beschreibung der Entwicklungen siehe Huber/Koch/Stark (2008), S. 46–55, sowie das Interview mit dem McKinsey-Chef Frank Mattern im Manager Magazin vom 19. März 2009 (www.manager-magazin.de).

- **Investmentboutiquen** haben es in der aktuellen Krise schwer, ihre Fähigkeiten im Portfoliomanagement unter Beweis zu stellen und Mittel zu akquirieren. Trotzdem ist zu erwarten, dass neue Anlagestile gerade von den Investmentboutiquen entwickelt und erfolgreich am Markt platziert werden.
- Für das **Risikomanagement** wird es verfeinerte Anforderungen zur Abbildung komplexer Produkte wie Collaterized Debt Obligations (CDOs) und Asset Backed Securities (ABS) geben. Insbesondere wird das Liquiditätsrisikomanagement der Asset Manager weiterentwickelt werden.
- Mit der anhaltenden Öffnung der Vertriebskanäle wird die Bedeutung des **Vertriebs** weiter zunehmen. Die Wandlung von Produktions- zu Vertriebsunternehmen wird manchen Asset Manager noch einige Jahre beschäftigen. Dieser Trend bietet interessante Berufsmöglichkeiten an der Schnittstelle zwischen Portfoliomanagement und Vertrieb.
- Der Markt für private und betriebliche **Altersvorsorgeprodukte** verzeichnet ein großes Wachstum. 2006 wurden in Europa 201 Milliarden Euro (39 Prozent der Bruttozuflüsse) für die Altersvorsorge angespart. Den Höhepunkt werden die Zuflüsse 2015 mit 230 Milliarden Euro erreichen. Der Markt für die Altersvorsorge wird die Fondsindustrie nachhaltig beschäftigen.
- Das Asset Management ist bereits heute eine **globale Industrie**, was durch den vermehrten Eintritt ausländischer Asset Manager in den deutschen Markt dokumentiert wird. Deutsche Asset Manager haben dagegen bislang nur wenig ins Ausland expandiert. Alleine die Schaffung des EU-Binnenmarktes erfordert von deutschen Asset Managern ein paneuropäisches Denken und Handeln.
- Aufgrund einer zu erwartenden **strengeren Eigenkapitalregulierung** sowie der **Kapitalknappheit der Banken** ist zu erwarten, dass Banken auch zukünftig bestimmte Teile ihres Eigenhandels in Fonds oder andere Investmentvehikel auslagern.
- **Investmentbanken** beraten Unternehmen bei der Gestaltung der Kapitalstruktur und bei der Absicherung von Risiken, wodurch sich die Unternehmenswerte steigern lassen. Asset Manager können nicht nur durch eine erfolgreiche Kapitalanlage zur Steigerung der Unternehmenswerte ihrer Kunden beitragen, sondern auch durch eine strategische Anlagepolitik, indem sie ähnlich wie Investmentbanken gezielt die Risiken von Unternehmen managen. So stellt sich beispielsweise die Frage, ob ein Chemieunternehmen auf der Kapitalanlageseite weitere Chemierisiken aufbaut oder sogar reduziert. Für ein solches Management ist ein umfassendes Verständnis der Geschäftsstrategien der institutionellen Kunden vonnöten, das weit über die Kenntnisse von Verpflichtungen und Anlagerestriktionen hinausgeht.

Schlusswort

Das Asset Management wird trotz der aktuellen Finanzkrise eine Wachstumsbranche bleiben, die hochinteressante Tätigkeitsfelder mit guten beruflichen Perspektiven bietet. Die Branche wird sich auch zukünftig sehr dynamisch entwickeln. Die Asset-Management-Unternehmen werden Mitarbeiter benötigen, die diese Dynamik mitgestalten. Durch eine geeignete Qualifikation im Studium kann dafür ein erster Baustein gelegt werden.

LITERATUR-TIPPS:

- BVI Bundesverband Investment und Asset Management e. V. (BVI): www.bvi.de.
- Huber, Martin; Koch, Philipp; Stark, Robert (2008): „Asset Management – eine Boom-Branche im Wandel", in: Herzog, Marc; Johanning, Lutz; Rodewald, Maik (Hrsg.): *Handbuch Vertriebs-Exzellenz im Asset Management*, Bad Soden/Ts., S. 41–63.
- Mössle, Klaus (2008): „Der institutionelle Vertrieb: Rahmenbedingungen und Evolution", in: Herzog, Marc; Johanning, Lutz; Rodewald, Maik (Hrsg.): *Handbuch Vertriebs-Exzellenz im Asset Management*, Bad Soden/Ts., S. 3–15.

Berufsbilder im Asset Management

Produktion – Research

von Miriam Schmidt

Hauptaufgaben im Research

Zu den Hauptaufgaben des Researchs im Asset Management zählen die Analyse und die Bewertung von Unternehmen, auf deren Basis Anlageempfehlungen an das Fondsmanagement gegeben werden. Jeder Analyst hat - begründet auf seiner Zuständigkeit - ein Universum an Unternehmen, deren Bewertung er vornimmt. Häufig haben Analysten im Bereich der Large Caps (Unternehmen mit hoher Marktkapitalisierung) einen Sektorfokus. Sie spezialisieren sich also auf eine bestimmte Branche, wie zum Beispiel Medien, Konsum, Banken oder Rohstoffe. Im Gegensatz dazu haben Analysten im Bereich der Small und Mid Caps (Unternehmen mit niedriger und mittlerer Marktkapitalisierung) häufig einen regionalen Fokus. Sie analysieren Aktiengesellschaften eines oder mehrerer Länder bzw. Regionen. Dabei beschäftigen sie sich mit Unternehmen verschiedener Branchen. Sie sind Generalisten und können sich aufgrund der Vielzahl und Vielfalt an Unternehmen nicht so detailliert mit einer Branche auseinandersetzen wie die Sektorspezialisten.

Sektor- und regionale Spezialisten ergänzen sich gegenseitig

Die Analysten sind die Ansprechpartner für das gesamte Asset Management, also sowohl für die Fondsmanager als auch für andere Analysten. Für die Fondsmanager sind es oft konkrete Informationen und Einschätzungen zu Einzeltiteln oder dem Sektor, für andere Analysten meist Informationen, die für ihren Sektor von Bedeutung sind. Für einen Automobilanalysten ist beispielsweise die Entwicklung des Stahlpreises durchaus relevant. Durch den Austausch der Analysten untereinander profitieren beide Seiten. Der Sektoranalyst bringt sein tiefes Branchenverständnis ein und der Generalist kennt die Besonderheiten bestimmter Regionen und kleinerer Unternehmen.

Verschiedene Analysemodelle und Mittel zur Informationsbeschaffung

Zur Bewertung von Unternehmen stehen dem Analysten verschiedene Ansätze zur Verfügung. Gängig sind hier die Discounted-Cashflow (DCF)-Bewertung, die Multiples- und Sum-of-the-Parts Bewertung. Um eine Vergleichbarkeit der Ergebnisse der Unternehmensbewertungen zu ermöglichen, wird innerhalb eines Asset Managers meist eine Methode als Hauptmethode verfolgt. So gibt es beispielsweise ein DCF-Modell, auf dem die Bewertung basiert (dieses Modell wird im Theorieteil auf den Seiten 130 und 131 ausführlich erläutert). An diesem DCF-Modell werden unternehmensspezifische Anpassungen vorgenommen und Daten sowie Schätzungen eingetragen. Dem Analysten stehen dazu verschiedene Informationsquellen zur Verfügung. Neben der Informationsbeschaffung mittels der Lektüre von Geschäftsberichten und externem Research der Sell-Side spielen Management Meetings für die Vornahme von Prognosen eine zentrale Rolle. Das Management vieler Aktiengesellschaften kommt regelmäßig zu den Asset Managern nach Frankfurt am Main, um Fragen der Analysten zu beantworten und beispielsweise Änderungen in der Strategie vorzustellen. Die Unternehmen werden hierbei von CEO (Chief Executive Officer), CFO (Chief Financial Officer) oder anderen maßgeblichen Unternehmensvertretern, wie der Investor Relations, vertreten. In erster Linie werden diese Gespräche von Analysten geführt, aber auch Fondsmanager können an ihnen teilnehmen. Darüber hinaus finden Management Meetings auch auf eigens dafür von Brokern, also der Sell-Side, organisierten Konferenzen statt. Um einen noch besseren Einblick in ein Unternehmen zu erhalten, besichtigen Analysten zudem Unternehmen vor Ort, soweit dies sinnvoll erscheint.

Als Ergebnis einer Unternehmensanalyse wird eine Anlageempfehlung ausgesprochen. Diese gibt über die erwartete Wertentwicklung der Aktie und das für einen Fonds empfohlene Gewicht Auskunft. Die vorgenommene Bewertung eines Unternehmens kann durch verschiedenste bekannt werdende Informationen beeinflusst werden. Deswegen ist es essenziell, relevante Informationen zeitnah zu erhalten, zu interpretieren und gegebenenfalls in die Bewertung des Unternehmens einfließen zu lassen.

Typischer Tagesablauf

In der Regel gibt es ein internes Morning Meeting, bei dem einzelne Analysten kurz über die wichtigsten Nachrichten in ihrem Zuständigkeitsbereich berichten. Dadurch ist das gesamte Asset Management auf dem aktuellen Informationsstand. Dieses Meeting muss natürlich vorbereitet werden. Besonders in der Berichtsaison, wenn die Unternehmen ihre Quartals-, Halbjahres- oder Gesamtjahreszahlen bekannt geben, beginnt der Arbeitstag der Analysten früher, da die Zahlen vor dem Meeting aufbereitet und interpretiert werden müssen. Analysten gelangen beispielsweise über Informationsplattformen wie Bloomberg an aktuelle unternehmens- und branchenspezifische Nachrichten und führen darüber hinaus Gespräche mit Brokern und Sell-Side-Analysten.

Nach dem morgendlichen Meeting gibt es keinen festen Tagesablauf. Neben dem teamübergreifenden Meeting, an dem alle Fondsmanager sowie Analysten teilnehmen können, finden im Laufe der Woche häufig Teammeetings und wöchentliche Research-Meetings statt. Den Großteil des Arbeitstages über beschäftigt sich ein Analyst mit der Analyse von Geschäftsmodellen und der Bewertung von Unternehmen, dem Update bestehender Modelle sowie dem Vorbereiten und Führen von Management Meetings. Des Weiteren werden Screenings vorgenommen, um interessante Unternehmen zu finden, die Kurspotenzial bieten und bisher nicht im Fokus standen. Ist das Screening erfolgreich, werden die entsprechenden Unternehmen in das Research-Universum aufgenommen und bewertet.

Auswirkungen der Finanzkrise auf die Tätigkeit

Zum einen kam es durch die Finanzkrise zu einem starken Kurseinbruch an den Aktienmärkten, zum anderen kam es bei Asset Managern zu Kapitalabflüssen, da die Anleger aufgrund der sinkenden Kurse das Vertrauen in Aktien sowie Aktienfonds verloren. Die Fondsvolumina und damit die variablen Vergütungen der Analysten und Fondsmanager sanken in der Folge.

Durch die Finanzkrise traten aber auch bei der Bewertung der Aktien neue Aspekte in den Vordergrund. Wurde beispielsweise ein hoher Leverage bei Aktiengesellschaften häufig als erstrebenswert angesehen, lag der Fokus aufgrund der Kreditverknappung fortan eher auf Unternehmen mit geringer Verschuldung bzw. mit gesicherter Finanzierung, ohne anstehende Refinanzierungen im größeren Umfang. Darüber hinaus sind in einem Downturn defensive Werte gefragt. Hoch zyklische Unternehmen werden eher gemieden, da sie überdurchschnittlich stark fallen.

Besonderheiten dieser Tätigkeit

Die Tätigkeit ist sehr abwechslungsreich, zum einen durch die Schnelllebigkeit der Aktienmärkte und zum anderen durch die Vielzahl an unterschiedlichen Unternehmen, mit denen man sich beschäftigt. Der enge Kontakt zur Führungsebene der zu analysierenden Unternehmen ermöglicht dabei einen tiefen Einblick in verschiedene Geschäftsmodelle. Man übernimmt in kurzer Zeit sehr viel Verantwortung und arbeitet sehr selbstständig. Die Research-Tätigkeit bietet zudem eine gute Vorbereitung auf das Managen eines eigenen Fonds. So haben viele Fondsmanager ihre Karriere im Research begonnen.

Asset Manager legen viel Wert auf eine hohe Qualifizierung ihrer Research-Mitarbeiter. Die durchschnittlich dreijährige Weiterbildung zum CFA (Chartered Financial Analyst), einem renommierten amerikanischen Abschluss, wird von vielen Unternehmen gefördert und gefordert. Nebenberuflich und im Selbststudium muss hier viel Freizeit investiert werden. Nähere Informationen zum CFA gibt es im Kapitel „Einstieg und Weiterbildung im Asset Management“ ab Seite 99.

Ausbildungshintergrund, Fähigkeiten und persönliche Eigenschaften

Ein wirtschaftswissenschaftliches Studium ist bei Asset Managern in der Regel eine zentrale Voraussetzung für einen Berufsstart im Research. Hier werden die fachlichen Grundlagen in Bereichen wie Bilanzierung, Unternehmensbewertung und Aktienanalyse geschaffen.

Besonders wichtig sind ausgeprägte analytische Fähigkeiten und eine schnelle Auffassungsgabe, um die ständigen Änderungen zeitnah erfassen und interpretieren zu können. Kommunikative Fähigkeiten sind für eine gute Zusammenarbeit im Team sowie für das Führen der Management Meetings ebenfalls essenziell. Außerdem sollte man fließend Englisch sprechen und ein selbstsicheres Auftreten mitbringen.

TIPP Es ist sehr zu empfehlen, bereits während des Studiums einen Einblick in den Wunschberuf zu gewinnen, beispielsweise im Rahmen eines mehrmonatigen Praktikums. Die Erstellung eines Musterdepots ist darüber hinaus eine gute Übung und kann zum Verfolgen der Wirtschaftsnachrichten und der Aktienmärkte motivieren. Zum Ausbau und Festigen der englischen Sprachkenntnisse empfiehlt sich ein längerer Auslandsaufenthalt (z. B. ein Auslandssemester).

Produktion – Portfoliomanagement

von Markus Achatz

Portfoliomanagern wird ein sagenhaftes Leben angedichtet. Ständig auf der Suche nach den entscheidenden Informationen kaufen und verkaufen sie Aktien, jetten in der Welt umher, um sich von den Unternehmen, in die sie investiert haben, persönlich zu überzeugen, werden hofiert, lassen sich aushalten und schwimmen selbstverständlich im Geld. Denn ein erfolgreicher Portfoliomanager wird so gut bezahlt, dass er sich nach einigen Jahren zur Ruhe setzen kann, wenn er es denn will. Soweit der Traum. Die Wirklichkeit sieht weit profaner aus. Der Beruf ist reizvoll und herausfordernd. Wichtig ist eine gute und vor allem rechtzeitige Karriereplanung. Wie hat man sich allerdings die genauen Aufgaben eines Portfoliomanagers vorzustellen?

Aufgaben eines Portfoliomanagers

Ein Portfoliomanager stellt für seine Kunden bzw. Mandanten geeignete Anlagemöglichkeiten und -kombinationen (Portfolios) zusammen, um finanzielle Risiken durch Streuung zu senken. Die dafür nötigen Transaktionen führt er zum Beispiel an der Börse durch. Dabei analysiert er die Finanzmärkte, überwacht Anlagestrategien und pflegt auch Broker-Kontakte.

Zu den Portfoliomanagern gehört der **Fondsmanager**, der einen Sonderfall eines Portfolios, nämlich einen Fonds betreut. In Deutschland gibt es im Wesentlichen von institutionellen Anlegern nachgefragte Spezialfonds und Publikumsfonds, in die Privatanleger investieren. Einen erfolgreichen Fondsmanager im Privatkundenbereich zeichnet aus, dass er seinen Fonds in jeder Phase eines wirtschaftlichen Zyklus in nationalen wie internationalen Wettbewerbsvergleichen (Fondsranking) unter den Besten platzieren kann. Aber welche fachlichen und persönlichen Eigenschaften charakterisieren darüber hinaus einen erfolgreichen Fondsmanager und welche universitäre Ausbildung mit den entsprechenden Studienschwerpunkten fördert eine erfolgreiche Laufbahn als Portfoliomanager?

Der Erfolg beginnt an der Hochschule

Ein typisches Studium ist das der Wirtschaftswissenschaften, Betriebswirtschaft oder Volkswirtschaft. Finanzmathematiker, Wirtschaftsmathematiker oder generell mathematisch orientierte Fachrichtungen gehören jedoch ebenfalls dazu. Doch Portfoliomanagement ist vor allem Teamarbeit, und so können für die Analyse von Biotechnologieaktien auch Mediziner oder Biologen sehr nützlich sein. Bereits während des Studiums sollte der Kontakt zu späteren potenziellen Arbeitgebern aufgenommen werden. Befristete Tätigkeiten als Praktikant oder Werkstudent ebnen den Weg zur erfolgreichen Bewerbung um eine Festanstellung. Studenten sollten bei namhaften Kapitalanlagegesellschaften und Asset-Management-Unternehmen tätig gewesen sein. Täglich werden im Finanz- oder Wirtschaftsteil der großen deutschen Tageszeitungen die Anteilspreise für Publikumsfonds unter dem Namen der Kapitalanlagegesellschaften veröffentlicht – das sind die ersten Anlaufadressen für den Studenten.

Das Portfoliomanagement ist weit vielschichtiger, als es der erste Blick vermuten lässt. Für Mathematiker oder Finanzmathematiker, die sich für das Portfoliomanagement begeistern können, bieten sich Einsätze im Risikocontrolling, in der Performance-Messung oder im quantitativen Portfoliomanagement sowie im Research an. Die für den Auswahlprozess verantwortlichen Fachexperten und Personalmanager schätzen Zielstrebigkeit und Karriereorientierung in der universitären Ausbildung. Ein zügig absolviertes Studium ist Pflicht. Neben einschlägigen Praktika ist aufgrund der zunehmenden Internationalisierung von Unternehmen auch ein Praktikumseinsatz im Ausland ein zusätzlicher Vorteil. Englische Sprachkenntnisse sind unabdingbar, weitere Sprachen erhöhen die Einsatzmöglichkeiten. Fachlich überzeugen können Hochschulabsolventen, wenn sie praktisches Wissen zu Kapitalmärkten mitbringen und Ansätze der Kapitalmarkttheorie, wie beispielsweise das Capital Asset Pricing Model (CAPM), nicht nur abstrakt verstanden haben, sondern auch anschaulich darstellen können.

Erfolgsrelevante fachliche und persönliche Kompetenzen

Einen erfahrenen Portfoliomanager zeichnet nicht nur ein gutes Gespür für die Kapitalmärkte aus, sondern auch die Fähigkeit, wirtschaftliche Zusammenhänge zu verstehen. Daneben gilt es, politische Einflüsse auf das wirtschaftliche Geschehen zu erkennen und zu bewerten. Dazu zählt auch die Geschäftspolitik der Europäischen Zentralbank (EZB) und der US-Notenbank (kurz: Fed). Neben der einschlägigen Fachliteratur sowie primären und sekundären Forschungsarbeiten von Analysten ist auch die Lektüre von Börsen- und Finanzzeitungen wichtig, um Anlageentscheidungen vorzubereiten. Die Vertretung der Investitionsentscheidungen gegenüber den Anlegern in Anlageausschusssitzungen ist eine weitere Anforderung. Vorausgesetzt wird aktuelles Fachwissen, ein sicherer Umgang mit Zahlen und mathematischen Anwendungen sowie Erfahrung in gängigen Portfoliomanagement-Handelssystemen. Von großem Vorteil erweist sich zunehmend der sichere Umgang mit statistischen Programmen, ergänzt durch Programmierkenntnisse (VBA) in Excel.

Gute Portfoliomanager überzeugen mit einem selbstsicheren und souveränen Auftreten und wissen ihre Meinung selbstbewusst zu vertreten. Neben der Fähigkeit, auch komplexe Sachverhalte kundengerecht aufzubereiten und klar und argumentativ hochwertig zu kommunizieren, sind auch Überzeugungskraft und diplomatisches Geschick Voraussetzung für die erfolgreiche Arbeit. Wichtig ist auch der professionelle Umgang mit den Interessen der Anleger. Mit Beharrlichkeit, Ausdauer und geistiger Flexibilität gilt es, gute Lösungen im Sinne zufriedener Kunden zu finden.

Hoch im Kurs steht die fachliche wie persönliche Weiterbildung. Dabei treten neben das tägliche Training-on-the-Job extern erworbene fachliche Qualifikationen. So ist etwa die Fortbildung zum Chartered Financial Analyst (CFA) oder zum Chartered Alternative Investment Analyst (CAIA) Baustein einer erfolgreichen Laufbahn; auf beide Abschlüsse wird im Artikel „Einstieg und Weiterbildung im Asset Management“ ab Seite 99 noch näher eingegangen.

Mögliche Laufbahn eines Portfoliomanagers

Die folgende Grafik skizziert beispielhaft die Laufbahn eines Portfoliomanagers. Dabei konzentriert sich die Darstellung auf eine spezialisierte Fachkarriere und berücksichtigt Einsätze als Werkstudent oder Praktikant während des Studiums. Nach seinem Start ins Berufsleben übernimmt der Hochschulabsolvent erste Aufgaben als Trainee (Schwerpunktsetzung Portfoliomanagement) und setzt dann nach ca. zwei Jahren als Junior Portfoliomanager einen ersten Meilenstein in seiner noch jungen Karriere. Gute Leistungen vorausgesetzt, übernimmt er als Portfoliomanager performancerelevante Aufgaben und trägt Verantwortung für sein betreutes Portfolio. Frühestens nach weiteren drei Jahren erreicht er den Senior Level im Portfoliomanagement und kann sich durch die Übernahme einer Führungsaufgabe für eine höhere Hierarchieebene empfehlen.

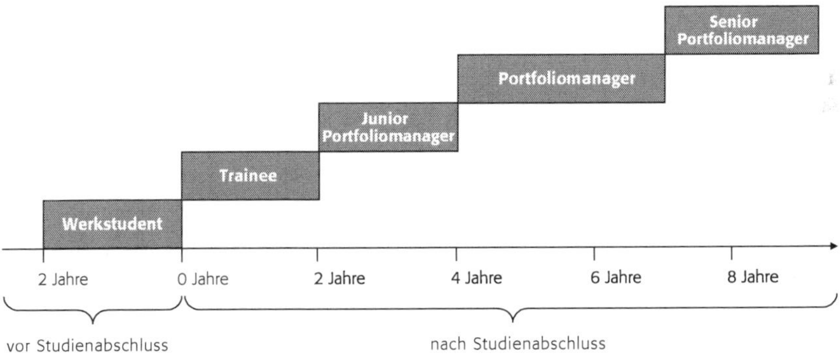

Karrierestufen im Asset Management

Erfolgsmessung in der Praxis

Zu Beginn eines Kalenderjahres verständigen sich der Portfoliomanager und dessen Vorgesetzter auf die Ziele, die zum Ende des Jahres zu erreichen sind. Die Beurteilung eines Portfoliomanagers richtet sich nach der Zufriedenheit mit seiner fachlichen und persönlichen Kompetenz sowie nach seinen qualitativen Leistungen, aber im Endeffekt und überwiegend nach seinen erzielten, quantitativ messbaren Performance-Ergebnissen.

Im Folgenden werden zwei Beispiele für eine Zielvereinbarung im Portfoliomanagement aufgeführt:

- **Ziel:** Übertreffen der jeweiligen Benchmarks bzw. überdurchschnittlicher Total Return bezogen auf das Kalenderjahr; **Beurteilungs- und Messkriterien:** Ergebnis/Benchmark, Total Return am Ende des Kalenderjahres.
- **Ziel:** Erstellung und Präsentation eines Modells bis 31. Dezember 2009, das den Zusammenhang von Geldmarktzinsen und Devisen aufzeigt; **Beurteilungs- und Messkriterien:** Modell-Präsentation zum definierten Termin, inhaltliche Gestaltung nach vorheriger Absprache.

Produktion – Asset Allocation und Financial Consulting

von Oz Güven

Hauptaufgaben und Ziele eines Financial Consultants

Financial Consultants sind kompetente Ansprechpartner für alle finanziellen Angelegenheiten. Sie vereinen das komplexe Wissen von Finanzplanern, Anlageberatern, Vermögensverwaltern sowie von Versicherungs- und Immobilienexperten. Financial Consultants analysieren die Gesamtvermögens- und Steuersituation ihrer Kunden. Auf dieser Basis erstellen sie detaillierte Finanzplanungen, Vermögensstrukturanalysen (**Asset Allocation**), bewerten bestehende Anlagen und entwickeln konkrete Anlage- und Umsetzungsvorschläge.

Im Vordergrund steht dabei die Optimierung der Gesamtvermögens-, Versorgungs- und gegebenenfalls Steuersituation ihrer Kunden. Der Kundennutzen steht allem voran. Letztlich geht es um die Ausarbeitung von maßgeschneiderten Lösungen und Konzepten, die für den Kunden passen. Financial Consultants beraten ihre Kunden am erfolgreichsten, wenn sie auf Honorarbasis arbeiten. Nur so ist eine unabhängige Beratung ohne Zielkonflikte im Sinne des Kunden möglich.

Was diesen Job so reizvoll macht

Der Reiz liegt darin, dass ein Financial Consultant mit jedem einzelnen Kunden vor einer neuen und individuell zu lösenden Aufgabenstellung steht. Der wichtigste Maßstab für den Erfolg ist die Zufriedenheit des Kunden. Die Arbeit und der geleistete Beitrag sind dann erfolgreich, wenn sie für den Kunden eine messbare Verbesserung bringen.

Ein Beispiel hierfür ist die sinnvolle Erarbeitung und passende Herleitung einer individuellen Asset Allocation für den jeweiligen Kunden. Bei der sogenannten **strategischen Asset Allocation** geht es um die Aufteilung des Gesamtvermögens in verschiedene Asset-Klassen wie Aktien, Anleihen, Rohstoffe, Immobilien, Beteiligungen oder Alternative Investments. Wissenschaftliche Untersuchungen zeigen, dass die strategische Asset Allocation für einen Großteil der langfristig zu erwartenden Gesamt-Performance und der Gesamtrisiken verantwortlich ist.

Zu individuell sind die Bedürfnisse und Ziele der einzelnen Anleger, als dass man bei solchen wichtigen Herausforderungen nach pauschalen „Börsenweisheiten“ vorgehen könnte. Ein 35-jähriger Erwerbstätiger könnte demnach 65 Prozent (100 minus Alter) seines Vermögens in Aktien organisieren. Wenn dieser allerdings plant, im nächsten Jahr eine Eigentumswohnung zu erwerben und sein bestehendes Vermögen als Eigenkapital für den Kauf einzubringen, wäre diese Quote an Aktien eine absolute Fehlentscheidung. Denn sein Anlagehorizont reicht nicht aus, um Schwankungen nach unten kurzfristig wieder auszugleichen. Ein 65-Jähriger hingegen dürfte dieser Weisheit entsprechend lediglich 35 Prozent seines Vermögens in Aktien organisieren. Dieser Anleger hat aber seine Immobilie vielleicht bereits abbezahlt, verfügt über ausreichende Renteneinnahmen, um seinen Bedarf für alltägliche Lebenshaltung, Urlaube, Autoersatzanschaffungen, Krankenversicherung etc. zu begleichen. Daher könnte auch eine höhere Aktienquote durchaus vertretbar sein.

Ziel muss es sein, dem Kunden aufzuzeigen, welche Risiken dieser mit den verschiedensten Anlageformen trägt, welche Schwankungsbandbreiten (Volatilitäten) normal sein können und welche Renditeerwartungen angebracht sind. Die beste Lösung sieht für jeden einzelnen Kunden anders aus. Dies ist nicht nur der größte Reiz, sondern zugleich auch die Herausforderung an dieser Tätigkeit. Jeder Kunde ist ein neues „Projekt", bei dem das bisher Gelernte eingebracht werden kann und bei dem man selbst auch jede Menge neues Lernen kann und wird. Ein Financial Consultant muss sich jederzeit in seine Kunden hineinversetzen können. Nur so gelingt es, ein Projekt erfolgreich abzuschließen und dem Kunden einen messbaren Mehrwert zu bringen.

Typischer Tagesablauf

Ein guter und typischer Tag beginnt für einen Financial Consultant gegen 8 Uhr. Sein Terminkalender weist in der Regel drei Gespräche auf - zwei Gespräche mit Kunden, die er bereits aktiv betreut und kennt, und ein sogenanntes Erstgespräch.

Solche Erstgespräche dienen dem gegenseitigen Kennenlernen. Ein Financial Consultant erkennt in einem solchen Gespräch, welchen Mehrwert er für den Kunden erbringen kann und stellt ihm diesen dar. Im Nachgang wird ein schriftlicher Beratungsauftrag formuliert. Hierin sind die Ausgangslage des Kunden, seine Zielsetzungen sowie die Lösungswege skizziert. Aus Erfahrungswerten heraus kann ein Financial Consultant abschätzen, wie viele Stunden bzw. Tage (je nach Komplexität des Falls) er bis zum Abschluss dieses Projektes benötigt. Nimmt der Kunde dieses Angebot an, setzt der Financial Consultant zeitnah den nächsten Termin an.

Für das nächste Beratungsgespräch werden die Ausarbeitungen schriftlich vorbereitet und festgehalten. Kein Kundengespräch findet ohne schriftliche Ausarbeitungen statt. Mindestens 50 Prozent des Arbeitstages bestehen daraus, Konzepte zu erarbeiten und die Kundengespräche mittels Dokumentationen schriftlich festzuhalten. Die anderen 50 Prozent ergeben sich aus den persönlichen Kundengesprächen sowie dem Telefonieren mit bestehenden und neuen Kunden. Ausarbeitungen gleicht man im Team ab und holt sich somit stets Anregungen und Ideen von Kollegen.

Veränderungen durch die aktuelle Finanzkrise

Die Frage, ob sich die Tätigkeit durch die aktuelle Finanzkrise verändert hat, kann man mit Jein beantworten. Die gegenwärtige Krise hat so einiges auf den Kopf gestellt. Es war nicht zu erahnen, dass die Krise in einer solchen Geschwindigkeit und Heftigkeit auf die Weltwirtschaft zukommen wird. Die Tätigkeit eines Financial Consultants ist mit und ohne Finanzmarktkrise stets an die aktuellen wirtschaftlichen und steuerlichen Veränderungen geknüpft. Die Finanzmarktkrise hat dazu geführt, dass vor allem private Anleger ängstlich und verunsichert geworden sind. Umso wichtiger wird es sein, auch in Zukunft weiterhin den klaren Fokus auf die individuellen Kundenbedürfnisse auszurichten.

Was man mitbringen sollte

Neben dem eigenen Engagement und Können ist die Fähigkeit, an mehreren Projekten gleichzeitig zu arbeiten, besonders wichtig. Darüber hinaus zeichnet sich ein guter Financial Consultant durch eine sehr selbstständige, sorgfältige und zuverlässige Arbeitsweise aus. Diese Eigenschaften setzen ein gutes Zeitmanagement und gute Organisationsfähigkeiten voraus. Darüber hinaus sollten hervorragende Kommunikationsfähigkeiten vorhanden sein. Diese sind nicht nur im Kontakt mit dem Kunden notwendig, sondern auch gegenüber den Teammitgliedern, mit denen man täglich zusammenarbeitet. Die Fähigkeit zur Teamarbeit ist unabdingbar. Denn innovative und gute Lösungen entstehen häufig erst dann, wenn mehrere Köpfe über dasselbe Problem nachdenken und ihre Ideen miteinander diskutieren.

Ein erfolgreich abgeschlossenes Studium der Betriebswirtschaftslehre ist sicherlich ein guter Türöffner in einen solchen Job. Es ist aber klar, dass ein guter Financial Consultant nicht alles vom ersten Tag an mitbringen kann und vieles noch lernen muss. Im Idealfall werden Berufseinsteiger vom ersten Tag an von einem erfahrenen Consultant betreut und ausgebildet. Dieser begleitet den Consultant von Anfang an zu Kundengesprächen und arbeitet bei allen Aufgaben eng mit ihm zusammen, die in einem Kundenprojekt anfallen. So kann und wird man mit zunehmender Erfahrung schrittweise mehr Verantwortung übernehmen.

Produktion – Risikomanagement

von Martin Bayerl

Risiken erkennen, analysieren und überwachen

Plakativ gesagt: Die Aufgaben eines Risikocontrollers im Asset Management sind die Quantifizierung, Analyse, Überwachung und Steuerung der Risiken aus den Kapitalanlagen eines Investors. Auf den ersten Blick mag diese Beschreibung sehr klar, stringent und simpel erscheinen, doch in der Praxis erweist sich dieses Aufgabenspektrum als große Herausforderung. Wie in der Jobbezeichnung bereits umrissen, dreht sich in diesem Beruf alles um das Thema „Risiko". Ohne jetzt akademisch „Risiko" in allen Facetten zu differenzieren, soll folgende Aufstellung einen Eindruck vermitteln, in welchen Bereichen Risiken im Kapitalanlagemanagement „schlummern" können: Marktrisiko, Kreditrisiko, Liquiditätsrisiko, bilanzielle Risiken, aufsichtsrechtliche Risiken, Bewertungsrisiko, Transaktionskostenrisiko, operatives Risiko etc.

Als Risikocontroller geht es folglich darum, die wesentlichen Risiken für einen Investor zu erkennen sowie entsprechende Methoden und Systeme zu entwickeln, um die Risiken quantifizieren und überwachen zu können. Dabei orientiert sich die Überwachung an den investorenspezifischen Vorgaben (Limiten), die dem Asset Manager im Rahmen eines Mandats des Investors erteilt werden und die beim Management der Kapitalanlagen stets einzuhalten sind. Um für den Fall einer Limitverletzung vorbereitet zu sein, müssen ex-ante konkrete Eskalationsprozesse definiert werden, um im Ernstfall eine schnelle Entscheidungsfindung und Handlungsfähigkeit im Sinne bzw. unter Einbindung des Investors sicherstellen zu können.

No Risk – no Fun

Je nach Anlageprodukt kommen unterschiedliche Kombinationen aus Risiken zum Tragen, denn eine vollständig risikofreie Anlage ist am Kapitalmarkt kaum zu finden. Neben der Analyse der Risiken jedes Einzelinvestments sollte nie der Blick auf das Ganze, d. h. das Gesamtportfolio des Investors, aus den Augen verloren werden, damit auch Diversifikationsaspekte adäquat berücksichtigt werden können. Somit liegt ein besonderer Reiz am Job des Risikocontrollers in der Vielseitigkeit der Aufgaben, die notwendig sind, um die wesentlichen Risiken im Griff zu haben.

Ein Tätigkeitsschwerpunkt ist die ständige Weiterentwicklung von Methoden und Systemen zur Risikoquantifizierung. Zum einen muss jedes neue Produkt hinsichtlich der Risikomodellierung und -quantifizierung überprüft und in das Risikomodell integriert werden; zum anderen sollte auch die Methodik der Risikomodellierung fortlaufend verbessert werden. Sind einfache Sensitivitätsmodelle noch mit vergleichsweise einfachen, selbstentwickelten VBA-Excel-Access-Anwendungen umsetzbar, so lassen sich komplexe Modellierungen, wie ein Monte-Carlo-Full-Valuation-Ansatz, nur noch mit der Unterstützung von Risikosoftware bewältigen. Die Umsetzung von Projekten zur Einführung und Weiterentwicklung von Risikosoftware bildet hinsichtlich Projektumfang und Komplexität bei der Erstellung entsprechender Fachkonzepte und der zu leistenden Projektarbeit einen weiteren Reiz der Tätigkeit.

Darüber hinaus hat das Risikocontrolling im operativen Geschäft als Teilbereich des Middle Office zahlreiche interne Schnittstellen zum Front Office (Portfoliomanagement, Mandatemanagement), IT, Reporting und Back Office und dient den anderen Abteilungen stets als kompetenter Ansprechpartner.

Risiko mag schlummern – doch es schläft nie

Was für das Risiko gilt, gilt auch phasenweise für den Risikocontroller. Aufgrund der zahlreichen analytischen Möglichkeiten und der Komplexität aktueller Finanzprodukte verlangt der Job höchste Einsatzbereitschaft, um dieses Aufgabenspektrum bewältigen zu können. Risikorelevante Sonderanfragen der Kunden bzw. des Managements sind meist mit höchster Priorität zu bearbeiten, sodass ein hohes Maß an Belastbarkeit notwendig ist. Darüber hinaus ist das Risikocontrolling in zahlreiche Projekte eingebunden, sodass hieraus zusätzliche Aufgaben und Termindruck resultieren. Wer auf der Suche nach einem stressfreien Nine-to-Five-Job ist, dürfte hier nicht glücklich werden.

Kein Tag wie der andere

Meist verläuft kein Tag wie der andere. Doch auch im Risikocontrolling gibt es einige regelmäßige Arbeiten, die in unterschiedlicher Frequenz anfallen.

Eine exemplarische tägliche Tätigkeit ist das Trade Control. Im Rahmen dieser Tätigkeit werden vom Risikocontrolling alle Transaktionen des Portfoliomanagements auf Marktgerechtigkeit überprüft. Die Tätigkeit stellt sicher, dass von den Banken und Investmenthäusern stets „faire" Kurse gestellt werden. Durch Auswertungen zur Best Execution haben die Händler einen Anreiz, gute Kurse zu stellen, um in Zukunft auf der Broker-Liste des Asset Managers zu bleiben und Geschäft von den Portfoliomanagern zu erhalten. Zusätzlich werden täglich diverse investorenspezifische (Aktienquote, Rating-Vorgaben) und gesetzliche Limite (KAGG, VAG) überwacht.

Wöchentlich werden beispielsweise Risikokennzahlen reportet, die vorab erstellt und plausibilisiert werden müssen. Die Überwachung dieser Kennzahlen erfolgt zum Teil auch Intraday, sodass in kritischen Marktphasen bei angespannter Risikosituation jederzeit mit einer Limitverletzung gerechnet werden muss. Der Risikocontroller muss stets bereit sein, um auf eine Alarmauslösung unmittelbar durch das Anstoßen des Eskalationsprozesses reagieren zu können.

Ein Großteil der Kapitalanlagen im institutionellen Bereich beinhaltet nicht börsengehandelte Wertpapiere (OTC-Geschäfte), für die keine offiziellen Kurse gestellt werden. Handelt es sich hierbei um strukturierte Produkte mit verschiedenen Optionalitäten, werden für die Preisbestimmung komplexe Bewertungsmodelle benötigt, die zum Teil im Risikocontrolling eigenständig entwickelt werden müssen. Die Bewertungen gehen unter anderem als Marktwerte in die Bilanz ein, sodass auch an dieser Stelle ein hohes Maß an Präzision gefordert ist.

Neben den genannten regelmäßigen Tätigkeiten nehmen jedoch Sonderanalysen, Projektarbeit und fachliche Weiterentwicklungen von Modellen und Systemen den Großteil des

Tages ein. Die beschriebenen Arbeiten in Verbindung mit den täglichen Veränderungen an den Kapitalmärkten führen dazu, dass kein Tag wie der andere verläuft.

Mittendrin statt nur dabei

Insbesondere in Krisenzeiten wie der aktuellen Finanzmarktkrise zeigt sich, wie gut das Risikocontrolling eines Asset Managers funktioniert: Risiken rechtzeitig erkennen und - falls notwendig - entsprechende Vorkehrungen und Sicherungsmaßnahmen zu treffen, sind wesentliche Faktoren für den Gesamterfolg eines Investments. Das gewünschte Ziel bei der Risikosteuerung ist aber nur dann zu erreichen, wenn zu Beginn der Investition eine korrekte Einschätzung der Risikotragfähigkeit seitens des Investors getroffen wird. Veränderungen aufgrund von Marktentwicklungen müssen sich dann auch in einer Anpassung der Risikolimite widerspiegeln, um die Existenz des anlegenden Unternehmens nicht zu gefährden - „Only when the tide goes out do you discover who's been swimming naked" (Warren Buffet). Um den Investor vor dieser unangenehmen Situation zu bewahren, leistet der Risikocontroller einen entscheidenden Beitrag.

Die Fehleinschätzung von Risiken, insbesondere bei Banken, ist eine der Ursachen für die aktuelle Finanzkrise. Immer komplexere Produkte, Mehrfachstrukturierungen und hoher Leverage auch bei Hedge-Fonds führten dazu, dass die angewendeten Modelle nicht mehr adäquat waren, die Risiken richtig zu quantifizieren bzw. zu limitieren. Infolge der Krise rückten auch Risiken in den Fokus, die in der jüngeren Vergangenheit wenig Beachtung fanden. Durch Abschreibungen und die damit verbundene schlechtere Eigenkapitalausstattung der Banken sind diese gezwungen, keine Risiken mehr auf die eigenen Bücher zu nehmen. Dadurch kam zeitweise der Handel in festverzinslichen Wertpapieren völlig zum Erliegen, was dem Thema „Liquiditätsrisiko" neues Gewicht gibt. Die Insolvenz der Investmentbank Lehman Brothers zeigte wiederum die Bedeutung einer Überwachung und Steuerung des Kontrahentenrisikos. Daher wird in Krisenzeiten die Notwendigkeit eines effektiven Risikocontrollings besonders deutlich.

Quants gefragt

Optimale Voraussetzung für den Job eines Risikocontrollers ist ein quantitativer akademischer Hintergrund. Es muss nicht zwangsweise ein Studium der Mathematik, Finanzmathematik oder Physik sein. Auch ein quantitativ ausgerichtetes wirtschaftswissenschaftliches Studium mit Schwerpunkt Finanzen oder Controlling stellt eine gute Ausgangsbasis für einen Risikocontroller dar. Grundsätzlich gilt: Die Vielfalt der Aufgaben eines Risikocontrollers sollte sich in der Zusammenstellung eines schlagkräftigen Risikocontrolling-Teams widerspiegeln. So können beispielsweise Betriebswirte ihr Fachwissen einbringen, wenn es um die Analyse von bilanziellen und aufsichtsrechtlichen Risiken oder um Kreditrisiken geht. Mathematiker wiederum können ihre Kenntnisse in der Konzeptionierung von Bewertungsmodellen oder bei der Erstellung von Fachkonzepten zur Risikomodellierung optimal einsetzen.

Die Krise legt gnadenlos offen, wer seine Risiken nicht im Griff hat. Damit gibt es aktuell für Risikocontroller mehr als genug Möglichkeiten, ihr Know-how unter Beweis zu stellen.

Distribution – Marketing & Vertrieb

von Marcus Steudner

Aufgaben und Ziele des Vertriebs im Asset Management

Der Vertrieb im Asset Management erfolgt nach ähnlichen Regeln wie der Vertrieb in klassischen Industrien – es geht darum, das angebotene Produktspektrum mit der Kundenseite zu verbinden. Ziel ist es, Investoren für die vom Asset Manager angebotenen Produkte zu begeistern. Die Vergütung der Asset-Management-Gesellschaften erfolgt in der Regel durch eine Management Fee, die als Prozentzahl auf das verwaltete Vermögen bezogen ist. Deshalb sind besonders diejenigen Investoren für den Vertrieb im Asset Management interessant, die ein großes Vermögen besitzen. Dazu gehören institutionelle Kunden wie Versicherungen, Pensionskassen und Banken sowie die Privatkunden als Gesamtheit. Letztere werden von den Asset Managern entweder direkt, meist aber über Retail-Intermediäre wie z. B. die klassische Hausbank angesprochen.

Die Hauptaufgabe des Vertriebs ist die Kommunikation mit den potenziellen Kunden bzw. mit den Retail-Intermediären. Bildlich gesprochen, baut der Vertrieb eine Brücke zwischen den Produktexperten des Asset Managers und den Kunden. Besonders herausfordernd z. B. im Vergleich zum Vertrieb von Autos ist es, dass eine Asset-Management-Strategie nicht materiell fassbar ist. Wie gut sie verstanden wird, hängt wesentlich davon ab, wie sie vom Vertrieb dargestellt wird. Verglichen mit dem Vertrieb von Autos bedeutet dies, dass das Produkt genauso überzeugen muss wie ein Ferrari durch seine Sportlichkeit oder ein Golf durch das Preis-Leistungs-Verhältnis. Um die Brücke zwischen Produktmanagement und Kunde bauen zu können, gehört es zu den wichtigsten Vertriebsaufgaben, genau festzustellen, was die Vorstellungen des Kunden sind. Der Kunde, der eine praktische und kostengünstige Lösung sucht, wird keinen Ferrari kaufen, auch wenn er noch so sehr angepriesen wird.

Im Folgenden wird der Vergleich zum Autohandel verlassen und es werden die typischen Schritte zum erfolgreichen Produktabschluss aufgezeigt. Als Konsequenz daraus können in einem weiteren Abschnitt Anforderungen an Vertriebsmitarbeiter im Asset Management abgeleitet werden.

Typische Vorgehensweise im Asset-Management-Vertrieb

Zuerst müssen die interessanten Investorengruppen identifiziert werden. Die dazu notwendige Auswertung von Statistiken und Durchführung von Recherchen wird oft von Berufseinsteigern übernommen, wodurch diese einen guten Marktüberblick gewinnen können. Interessant und herausfordernd ist der Erstkontakt: Hier gilt es, am Telefon, im persönlichen Gespräch oder per E-Mail die richtigen Worte zu finden, um die Neugier potenzieller Kunden auf die angebotenen Produkte und Services zu wecken. Um beim Erstkontakt überzeugen zu können, ist eine gute Vorbereitung notwendig. Dazu beschäftigt sich der Vertriebsmitarbeiter intensiv mit der zu empfehlenden Strategie und sammelt Informationen über den Kunden.

Durch regelmäßige Treffen, die Einladung zu Vorträgen oder den Versand von Rechercheergebnissen wird der Kontakt aufrechterhalten und versucht, die Kompetenzen des Asset Managers im Bewusstsein des potenziellen Kunden zu verankern. Wenn die Investoren in regelmäßigen Abständen Asset-Management-Mandate neu vergeben, sollten diese den Asset Manager bereits als potenziellen Verwalter des Vermögens im Hinterkopf haben und ihn bei der Ausschreibung berücksichtigen. Im oft mehrstufigen Auswahlprozess ist als vorletzte Runde in der Regel ein umfangreicher Fragebogen (Request for Proposal, RfP) auszufüllen, was gemeinsame Aufgabe des Kundenbetreuers und des Produktverantwortlichen ist. Entsprechen die dort enthaltenen Antworten den Vorstellungen des Kunden, findet als letzte Runde des Auswahlprozesses oft ein persönliches Treffen statt, bei dem der Vertriebsmitarbeiter häufig vom Fondsmanager der beworbenen Strategie begleitet wird. Die Hauptaufgabe des Vertriebs in diesem Prozess besteht darin, die Wünsche und Ziele sowie die Rahmenbedingungen des Kunden zu verstehen und das Angebot darauf abzustimmen. Nebenbei kann man auf diesem Weg vielfältige Investmentstrategien, nicht zuletzt auch für die eigene Geldanlage, kennenlernen. Durch das regelmäßige Vorstellen interessanter Investmentideen ist es immer wieder möglich, ohne Ausschreibungsprozess Investorengelder zu gewinnen.

Anforderungen an Sales-Mitarbeiter

Egal, ob Investmentidee oder Ausschreibung – wichtig ist es, eine klare Story zu verkaufen und dem Interessenten das Produkt so gut verdaulich wie möglich aufzubereiten. Für die Story genügen zwei oder drei Argumente, z. B. warum das Produkt gerade jetzt das passende ist und warum es bei der jeweiligen Verwaltungsgesellschaft erworben werden soll. Die Aufgabe, diese Botschaft in Präsentationen und weiterem Marketingmaterial darzustellen, wird in der Praxis oft vom Vertrieb gemeinsam mit Produkt- und Marketingexperten wahrgenommen. Zur „Verdaulichkeit" gehört beispielsweise die Bereitstellung von speziellen Präsentationen für Kundenberater oder die Aufbereitung von Steuergutachten, um den Privatkundenberater so gut wie möglich für seine Beratungsgespräche vorzubereiten. Für institutionelle Investoren stehen oft rechtliche und regulatorische Fragen sowie die bilanzielle Behandlung der Investition neben der Überzeugung für die Investmentidee im Vordergrund. Für die Erstellung der Produktunterlagen und das Schreiben von E-Mails ist es von großem Vorteil, wenn man gern textet und an Formulierungen feilt. Darüber hinaus sollte man ständig darüber informiert sein, was an den Kapitalmärkten vor sich geht und welche Neuigkeiten die Investoren bewegen (z. B. Solvency II bei Versicherungen).

Um den Kunden als kompetenter Gesprächspartner zur Verfügung stehen zu können, werden Vertriebsteams oft danach unterteilt, welche Kundenzielgruppe sie ansprechen. Dabei trifft man häufig auf die Unterscheidung zwischen institutionellem Vertrieb und dem Vertrieb über Retail-Intermediäre (Retail Sales). Unabhängig davon, in welchem dieser beiden Bereiche man arbeitet, ist es wichtig, ein guter Kommunikator zu sein. Dazu gehört, den Erstkontakt zu potenziellen Investoren herzustellen, aber auch die Fähigkeit, die Erwartungen und Vorstellungen des Entscheiders zu antizipieren und zu erfüllen. Da Menschenkenntnis und Verkaufstalent zusammen mit Interesse an Finanzprodukten die Grundvoraussetzungen für einen Vertriebsjob im Asset Management sind, wird kein bestimmter fachlicher Hintergrund vorausgesetzt. Notwendig ist allerdings die Bereitschaft, sich schnell in die relevanten Themen einzuarbeiten. Zu diesen gehören vor allem die Bewertung von Finanzinstrumenten, Kenntnisse über die Finanzmärkte und die Portfoliotheorie sowie betriebswirtschaftliche Grundkenntnisse. Am umfassendsten werden diese Themen in den meisten BWL-Studiengängen behandelt. Daneben findet man in den Vertrieben der Asset Manager auch zahlreiche Absolventen der Studienfächer Jura, VWL und (Finanz-)Mathematik bzw. ausgebildete Bankkaufleute.

Viele Lebensläufe zeigen, dass der Vertrieb oft die zweite oder dritte Station ist, nachdem bereits in einem markt- bzw. produktionsnahen Bereich Erfahrungen gesammelt wurden. Neben diesen Erfahrungen schätzen viele Kunden eine hohe Seniorität der Kundenbetreuer. Nichtsdestotrotz gibt es bei zahlreichen Asset Managern die Möglichkeit, direkt im Vertrieb einzusteigen. Trainees und Direkteinsteiger arbeiten oft einen großen Teil ihrer Zeit an Präsentationen und anderem Marketingmaterial sowie an der Vorbereitung von Roadshows und weiteren Vertriebsaktionen. Durch die Präsentationen beim Kunden werden sie an die eigenverantwortliche Kundenbetreuung herangeführt.

Auswirkungen der Finanzkrise

Die derzeitige Finanzkrise hat den Vertrieb im Asset Management insofern verändert, als dass Investoren Produktvorschläge noch genauer hinterfragen und die Risiken tiefgründig analysieren. Anlageentscheidungen dauern dadurch länger als vor Beginn der Krise. Auf der anderen Seite bewährt sich in dieser Zeit das Verhältnis zwischen Vertrieb und Kunden. Verändert hat sich in der aktuellen Krise ebenfalls die Nachfrage in den verschiedenen Produktgruppen. Verstärkt nachgefragt werden derzeit strukturierte Fonds mit eingebauter Garantie sowie Produkte mit hoher Transparenz wie z. B. ETFs. Hier ist der Vertrieb gefordert, die veränderte Kundennachfrage in den Produktentwicklungsprozess einzubringen. Durch die Veränderungen am Markt entstehen neue Asset-Management-Unternehmen, die die Nachfrage nach maßgeschneiderten strukturierten Fondslösungen bedienen. Diese Unternehmen zeichnen sich beispielsweise dadurch aus, dass sie die Kompetenzen des Asset Managements mit dem Know-how aus dem Derivatebereich kombinieren. In großen Banken sehen sich das Asset Management und der Derivatebereich als Teil des Investment Bankings oft in Konkurrenz um Investoren. Durch die Verknüpfung in einem neuen Unternehmen ergeben sich innovative Produkte und spannende Perspektiven für den Vertrieb.

Faszination und Schattenseiten

Unverändert bleibt die Herausforderung, dass oft sehr große Mandate in einem aufwändigen Auswahlverfahren unter Berücksichtigung vieler Asset Manager vergeben werden. Wer es schafft, den Kunden von seinem Produkt zu überzeugen, generiert signifikante Einnahmen für das Unternehmen, die sich gut quantifizieren lassen und zur Beurteilung der Vertriebsleistung herangezogen werden. Als reizvoll am Vertrieb werden oft die vielfältigen Reisemöglichkeiten angesehen. Die meisten Asset Manager betreuen Deutschland, Österreich und eventuell weitere Länder von einem Standort aus. Senior-Sales-Mitarbeiter sind daher oft die Hälfte der Woche in anderen Städten unterwegs. Als größter Vorteil des Jobs wird allerdings immer wieder die Vielzahl von Kontakten genannt, die bei Meetings, Messen und Reisen entstehen. Hier gibt es für Vertriebsmitarbeiter die Chance, ein großes und wertvolles Netzwerk aufzubauen, das für den Vertriebserfolg notwendig ist, dem kommunikativen Vertriebsmitarbeiter aber auch viele bereichernde Begegnungen ermöglicht.

Profile wichtiger Player im Investment Banking (M&A) & Asset Management

von Kolja Gauer

In diesem Kapitel werden die jeweils neun größten Player aus den Bereichen Investment Banking/Mergers & Acquisitions (M&A) und Asset Management (AM) vorgestellt. Dabei basiert das M&A-Ranking auf dem Volumen der im ersten Quartal 2009 weltweit durchgeführten M&A-Transaktionen (Financial Advisory); das AM-Ranking bezieht sich auf das Volumen der weltweiten institutionellen Assets under Management (AuM) mit dem Stand 31. Dezember 2008. Die Daten stammen aus dem entsprechenden League Table von Thomson Reuters bzw. aus dem Datenverzeichnis der renommierten Finanzzeitung *Pensions & Investments.*

Wichtige Player im Investment Banking (M&A)

Die weltweiten Aktivitäten im Bereich Mergers & Acquisitions sind im ersten Quartal 2009 gegenüber dem Vorjahresquartal stark zurückgegangen. So sank in diesem Zeitraum beispielsweise das Volumen der weltweit angekündigten M&A-Transaktionen um 29,3 Prozent auf 472,7 Milliarden US-Dollar und damit auf den niedrigsten Quartalswert seit dem dritten Quartal 2004.

Auch bei der Betrachtung der Investmentbanken mit den höchsten Volumina der im ersten Quartal 2009 weltweit durchgeführten M&A-Transaktionen gab es, verglichen mit dem Vorjahresquartal, bedeutende Veränderungen. Diese sind zu großen Teilen auf die Finanz- und Wirtschaftskrise zurückzuführen, die 2007 mit der US-Immobilienkrise begann. Nachfolgend werden die wesentlichen Veränderungen bei im M&A starken Investmentbanken kurz dargelegt.

Lehman Brothers, die im ersten Quartal 2008 noch das fünfthöchste weltweit durchgeführte Volumen an M&A-Transaktionen aufzuweisen hatten, mussten am 15. September 2008 die Insolvenz nach Chapter 11 des United States Code beantragen. Am 2. Juni 2008 übernahm J.P. Morgan den Konkurrenten Bear Stearns und bewahrte ihn damit vor der Insolvenz. Zuvor waren zwei von Bear Stearns verwaltete Hedge-Fonds infolge der Finanz- und Wirtschaftskrise zusammengebrochen und hatten die Investmentbank in Zahlungsschwierigkeiten gebracht. Die ebenfalls im Zuge der Finanz- und Wirtschaftskrise unter Druck geratene Investmentbank Merrill Lynch wurde mit Wirkung zum 1. Januar 2009 von der Bank of America übernommen, die seitdem unter dem Namen Bank of America Merrill Lynch firmiert. Im ersten Quartal 2008 rangierten Merrill Lynch und die Bank of America auf dem siebten bzw. dem 13. Platz des Thomson Reuters League Table der weltweit durchgeführten M&A-Transaktionen. Die neu formierte Bank of America Merrill Lynch hingegen belegte im ersten Quartal 2009 den dritten Platz.

Financial Advisor	Rank Value US$m	Rank	Market Share	No. Deals
Goldman Sachs & Co.	192.649,4	1	42,9	50
Citi	180.765,0	2	40,2	43
Bank of America Merrill Lynch	175.111,6	3	39,0	36
Morgan Stanley	172.324,2	4	38,4	43
Deutsche Bank	106.252,4	5	23,7	35
UBS	93.593,9	6	20,8	52
BNP Paribas	82.616,1	7	18,4	12
Credit Suisse	81.126,4	8	18,1	36
JPMorgan Chase & Co.	70.733,2	9	15,7	49
Commerzbank	62.716,6	10	14,0	10
Lazard	57.997,9	11	12,9	34
Greenhill & Co.	52.810,5	12	11,8	3
FPKCCW	48.766,2	13*	10,9	1
JC Flowers & Co.	48.766,2	13*	10,9	1
Evercore Partners	47.738,7	15	10,6	4
Wells Fargo & Co.	47.237,2	16	10,5	3
Rothschild	45.924,1	17	10,2	56
Royal Bank of Scotland	41.462,8	18	9,2	14
Perella Weinberg Partners	20.637,4	19	4,6	2
Nomura	19.810,2	20	4,4	23
Gleacher Partners	15.889,9	21	3,5	3
Mediobanca	15.182,9	22	3,4	7
KPMG	15.164,1	23	3,4	36
UniCredit Group	14.184,0	24	3,2	2
HSBC Holdings	13.341,0	25	3,0	9
Subtotal without Financial Advisor	**47.388,7**	-	**10,6**	**4.768**
Subtotal with Financial Advisor	**401.865,7**	-	**89,5**	**806**
Industry Total	**449.254,4**	-	**100,0**	**5.574**

* Gleichstand.
Quelle: Thomson Reuters Mergers & Acquisitions Review First Quarter 2009 Financial Advisors (1. Januar bis 31. März 2009); abrufbar unter www.thomsonreuters.com/content/PDF/financial/league_tables/ma/2009/1Q09_financial_advisory.pdf (Stand: Juli 2009).

Volumina der im ersten Quartal 2009 weltweit durchgeführten M&A-Transaktionen

Goldman Sachs & Co.

Die 1869 gegründete Investmentbank wurde nach langwierigem Abwägen der Vor- und Nachteile 1999 an die Börse gebracht. Im Zuge der Finanz- und Wirtschaftskrise gab Goldman Sachs 2008 den Status einer Investmentbank auf. Die Aktivitäten von Goldman Sachs konzentrieren sich auf die drei Segmente Investment Banking, Trading & Principal Investments und Asset Management & Securities Services.

Anzahl Mitarbeiter weltweit: 30.067 (2008)

Hauptsitz: New York City, USA

Durchgeführte Deals in Millionen US-Dollar (1. Januar bis 31. März 2009)

Weltweit:	192.649,4	(50 Deals)
Europa:	90.820,2	(26 Deals)
Deutschland:	25.827,6	(8 Deals)

Angekündigte Deals in Millionen US-Dollar (1. Januar bis 31. März 2009)

Weltweit:	160.219,1	(37 Deals)
Europa:	38.980,8	(17 Deals)
Deutschland:	4.851,9	(3 Deals)

Quellen: www2.goldmansachs.com; www.thomsonreuters.com (Stand: Juli 2009).

Citi

Die City Bank of New York wurde 1812 gegründet und nach mehreren Umbenennungen 1976 in Citibank umfirmiert. 1998 fusionierte die Holding Citicorp mit Travelers Group zur Citigroup. 2008 wurde die Aufspaltung in die Bereiche Citi Holdings und Citicorp verkündet. Citi operiert in den vier Segmenten Consumer Banking, Global Cards, Institutional Clients Group und Global Wealth Management.

Anzahl Mitarbeiter weltweit: 322.800 (2008)

Hauptsitz: New York City, USA

Durchgeführte Deals in Millionen US-Dollar (1. Januar bis 31. März 2009)

Weltweit:	180.765,0	(43 Deals)
Europa:	80.019,5	(15 Deals)
Deutschland:	14.184,0	(2 Deals)

Angekündigte Deals in Millionen US-Dollar (1. Januar bis 31. März 2009)

Weltweit:	182.718,2	(59 Deals)
Europa:	104.672,6	(18 Deals)
Deutschland:	13.673,2	(2 Deals)

Quellen: www.citigroup.com; www.thomsonreuters.com (Stand: Juli 2009).

Bank of America Merrill Lynch

Die Bank of America ging aus einer Vielzahl von Fusionen und Übernahmen hervor, wobei ihr Ursprung auf die 1784 gegründete Bank of Massachusetts zurückzuführen ist. 2008 wurde Merrill Lynch von der Bank of America übernommen. Die Bank of America Merrill Lynch ist im Global Consumer & Small Business Banking, Global Corporate & Investment Banking und Global Wealth & Investment Management aktiv.

Anzahl Mitarbeiter weltweit: 243.000 (2008)

Hauptsitz: Charlotte, USA

Durchgeführte Deals in Millionen US-Dollar (1. Januar bis 31. März 2009)

Weltweit:	175.111,6	(36 Deals)
Europa:	70.086,1	(18 Deals)
Deutschland:	14.941,7	(5 Deals)

Angekündigte Deals in Millionen US-Dollar (1. Januar bis 31. März 2009)

Weltweit:	99.226,2	(42 Deals)
Europa:	25.627,5	(16 Deals)
Deutschland:	2.263,5	(4 Deals)

Quellen: www.bankofamerica.com; www.thomsonreuters.com (Stand: Juli 2009).

Morgan Stanley

Die Investmentbank Morgan Stanley ging 1935 aus der Abspaltung von J.P. Morgan hervor, womit sie den Glass-Steagall Act zur Trennung von Geschäfts- und Investmentbanken umsetzte. Infolge der Finanz- und Wirtschaftskrise gab Morgan Stanley 2008 den Investmentbankstatus auf. Morgan Stanley ist in den drei Segmenten Global Wealth Management, Institutional Securities und Investment Management aktiv.

Anzahl Mitarbeiter weltweit: 46.964 (2008)

Hauptsitz: New York City, USA

Durchgeführte Deals in Millionen US-Dollar (1. Januar bis 31. März 2009)

Weltweit:	172.324,2	(43 Deals)
Europa:	66.844,2	(21 Deals)
Deutschland:	14.950,2	(5 Deals)

Angekündigte Deals in Millionen US-Dollar (1. Januar bis 31. März 2009)

Weltweit:	218.686,7	(70 Deals)
Europa:	69.373,9	(34 Deals)
Deutschland:	4.797,1	(3 Deals)

Quellen: www.morganstanley.com; www.thomsonreuters.com (Stand: Juli 2009).

Deutsche Bank

Die Deutsche Bank wurde 1870 in Berlin gegründet. Seither wuchs sie organisch sowie durch Fusionen und Übernahmen. 1989 und 1998 übernahm sie beispielsweise die Investmentbanken Morgan Grenfell bzw. Bankers Trust. Die Deutsche Bank operiert in den vier Segmenten Corporate & Investment Bank, Private Clients & Asset Management, Private Wealth Management und Private & Business Clients.

Anzahl Mitarbeiter weltweit: 80.456 (2008)

Hauptsitz: Frankfurt am Main, Deutschland

Durchgeführte Deals in Millionen US-Dollar (1. Januar bis 31. März 2009)

Weltweit:	106.252,4	(35 Deals)
Europa:	52.947,0	(21 Deals)
Deutschland:	23.716,9	(9 Deals)

Angekündigte Deals in Millionen US-Dollar (1. Januar bis 31. März 2009)

Weltweit:	133.403,3	(50 Deals)
Europa:	109.288,9	(30 Deals)
Deutschland:	17.059,6	(9 Deals)

Quellen: www.db.com; www.thomsonreuters.com (Stand: Juli 2009).

UBS

Die heutige UBS ging aus der Fusion der Schweizerischen Bankgesellschaft (SBG) mit dem Schweizerischen Bankenverein (SBV) im Jahr 1998 hervor. Dabei geht die Geschichte der Vorläuferbanken der UBS bis in das Jahr 1854 zurück. Die UBS konzentriert ihre Aktivitäten auf die vier Segmente Wealth Management & Swiss Bank, Wealth Management Americas, Global Asset Management und Investment Bank.

Anzahl Mitarbeiter weltweit: 77.783 (2008)

Hauptsitz: Zürich und Basel, Schweiz

Durchgeführte Deals in Millionen US-Dollar (1. Januar bis 31. März 2009)

Weltweit:	93.593,9	(52 Deals)
Europa:	76.270,1	(27 Deals)
Deutschland:	16.048,9	(6 Deals)

Angekündigte Deals in Millionen US-Dollar (1. Januar bis 31. März 2009)

Weltweit:	93.108,9	(54 Deals)
Europa:	79.325,2	(35 Deals)
Deutschland:	2.934,8	(4 Deals)

Quellen: www.ubs.com; www.thomsonreuters.com (Stand: Juli 2009).

BNP Paribas

Die BNP Paribas entstand im Jahr 2000 aus der Fusion der Banque Nationale de Paris (BNP) und der Paribas. Zuvor war zwischen der BNP und der Société Générale eine spektakuläre Schlacht um die Übernahme der Paribas entbrannt, aus der die BNP als Sieger hervorging. BNP Paribas operiert hauptsächlich in den drei Segmenten Retail Banking, Corporate & Investment Banking und Investment Solutions.

Anzahl Mitarbeiter weltweit: 173.188 (2008)

Hauptsitz: Paris, Frankreich

Durchgeführte Deals in Millionen US-Dollar (1. Januar bis 31. März 2009)

Weltweit:	82.616,1	(12 Deals)
Europa:	35.180,0	(9 Deals)
Deutschland:	9.019,7	(2 Deals)

Angekündigte Deals in Millionen US-Dollar (1. Januar bis 31. März 2009)

Weltweit:	12.108,5	(17 Deals)
Europa:	10.317,4	(11 Deals)
Deutschland:	-	-

Quellen: www.bnpparibas.com; www.thomsonreuters.com (Stand: Juli 2009).

Credit Suisse

Die Credit Suisse wurde 1856 als Schweizerische Kreditanstalt (SKA) gegründet. 1988 ging sie eine Mehrheitsbeteiligung an First Boston ein. Die Investment-Banking-Sparte wurde 1996 in Credit Suisse First Boston (CSFB) und 2006 wieder in Credit Suisse umfirmiert. Die Aktivitäten der Credit Suisse konzentrieren sich auf die drei Segmente Private Banking, Investment Banking und Asset Management.

Anzahl Mitarbeiter weltweit: 47.800 (2008)

Hauptsitz: Zürich, Schweiz

Durchgeführte Deals in Millionen US-Dollar (1. Januar bis 31. März 2009)

Weltweit:	81.126,4	(36 Deals)
Europa:	64.329,5	(19 Deals)
Deutschland:	6.416,9	(3 Deals)

Angekündigte Deals in Millionen US-Dollar (1. Januar bis 31. März 2009)

Weltweit:	116.223,8	(50 Deals)
Europa:	109.528,8	(30 Deals)
Deutschland:	-	-

Quellen: www.credit-suisse.com; www.thomsonreuters.com (Stand: Juli 2009).

JPMorgan Chase & Co.

JPMorgan Chase ging aus der Chemical Bank, der Chase Manhattan Bank, Bank One und J.P. Morgan hervor. Im Zuge der Finanz- und Wirtschaftskrise wurde 2008 Bear Stearns und der Großteil des Bankgeschäfts von Washington Mutual übernommen. JPMorgan Chase operiert in den sechs Segmenten Investment Bank, Asset Management, Private Banking, Private Equity, Transaction Services und Consumer Services.

Anzahl Mitarbeiter weltweit: 224.961 (2008)

Hauptsitz: New York City, USA

Durchgeführte Deals in Millionen US-Dollar (1. Januar bis 31. März 2009)

Weltweit:	70.733,2	(49 Deals)
Europa:	48.584,9	(24 Deals)
Deutschland:	15.636,8	(5 Deals)

Angekündigte Deals in Millionen US-Dollar (1. Januar bis 31. März 2009)

Weltweit:	203.332,7	(70 Deals)
Europa:	83.145,2	(40 Deals)
Deutschland:	12.636,7	(3 Deals)

Quellen: www.jpmorganchase.com; www.thomsonreuters.com (Stand: Juli 2009).

Wichtige Player im Asset Management

Die Assets under Management (AuM) zum 31. Dezember 2008 sind gegenüber dem Vorjahreszeitpunkt tendenziell gesunken. Diese Tendenz kann im Wesentlichen auf Marktpreisschwankungen und den Abzug von Kapital infolge der Finanz- und Wirtschaftskrise zurückgeführt werden.

Asset-Management-Firma	Volumen aller weltweiten instiutionellen AuM in Mio. US-Dollar	Platz
State Street Global Advisors	1.236.250	1
Barclays Global Investors	1.149.185	2
BlackRock	1.089.356	3
BNY Mellon Asset Management	814.337	4
Fidelity Investments	762.522	5
JP Morgan Asset Management	715.049	6
PIMCO	617.320	7
Legg Mason	605.297	8
The Vanguard Group	580.620	9
Northern Trust Global Advisors	463.829	10
ING	460.355	11
Prudential Financial	458.209	12
Deutsche Asset Management	447.515	13
Wellington Management	419.181	14
Federated Investors	366.570	15
Goldman Sachs Group	343.235	16
TIAA-CREF	333.751	17
Capital Research	329.271	18
Aviva Investors	299.818	19
UBS Global Asset Management	296.951	20
AllianceBernstein	291.338	21
Wells Capital	252.047	22
HSBC Global Asset	239.400	23
Morgan Stanley	237.664	24
Credit Suisse Asset Management	211.500	25

Quelle: Pensions & Investments; abrufbar unter www.pionline.com/apps/pbcs.dll/section?djoPage=view_html&category=datajoe&pgTitle=Managers+2009-Money+Managers&djoPid=3973&djoYear=2009&djoPgTitle=Managers+2009-*The+top+money+managers&djoPY=%40puwNtNznl5ww (Stand: Juli 2009).

Asset-Management-Firmen mit dem größten Volumen an institutionellen Assets under Management (Stand: 31. Dezember 2008)

State Street Global Advisors

Muttergesellschaft: State Street

Die Geschichte der traditionsreichen State Street geht bis in das Jahr 1792 zurück. 2003 wurde die Übernahme großer Teile des Geschäftsbereichs Global Securities Services von der Deutschen Bank abgeschlossen. Infolgedessen stiegen die Assets under Management erheblich und State Street Global Advisors holte J.P. Morgan Asset Management und die Bank of New York (BNY) als weltweit führende Asset Manager ein.

- **Institutionelle AuM weltweit (31.12.2008):** 1.236.250 Mio. US-Dollar
- **Hauptsitz:** Boston, USA
- **Anzahl Mitarbeiter weltweit (Muttergesells.)** 28.700 (2008)

Quellen: www.ssga.com; www.statestreet.com; www.pionline.com (Stand: Juli 2009).

Barclays Global Investors

Muttergesellschaft: Barclays

Die erste Vorläuferbank der heutigen Barclays wurde 1690 in London gegründet. Am 16. Juni 2009 erklärte der Vorstand von Barclays die Annahme des Angebots von BlackRock zur Übernahme des Geschäftsbereichs Barclays Global Investors (BGI) und empfahl seinen Aktionären ebenfalls die Zustimmung auf der dazu einberufenen außerordentlichen Hauptversammlung im August 2009.

- **Institutionelle AuM weltweit (31.12.2008):** 1.149.185 Mio. US-Dollar
- **Hauptsitz:** London, England
- **Anzahl Mitarbeiter weltweit (Muttergesells.)** 156.300 (2008)

Quellen: www.barclaysglobal.com; http://group.barclays.com; www.pionline.com (Stand: Juli 2009).

BlackRock

Muttergesellschaft: -

BlackRock entstand aus der 1992 von Blackstone abgespaltenen Financial Management Group. Durch die 2006 abgeschlossene Fusion mit Merrill Lynch Investment Managers (MLIM) wurde BlackRock zu einem der bedeutendsten Asset Manager, dessen Führungsposition sich nach Abschluss der Übernahme von Barclays Global Investors weiter festigen wird.

- **Institutionelle AuM weltweit (31.12.2008):** 1.089.356 Mio. US-Dollar
- **Hauptsitz:** New York City, USA
- **Anzahl Mitarbeiter weltweit (Muttergesells.)** 6.000 (2008)

Quellen: www.barclaysglobal.com; http://group.barclays.com; www.pionline.com (Stand: Juli 2009).

BNY Mellon Asset Management

Muttergesellschaft: The Bank of New York Mellon

Die Bank of New York Mellon ging 2007 aus der Fusion der Bank of New York (BNY) und Mellon Financial hervor. Die Bank of New York wurde 1784 von Alexander Hamilton gegründet und ist das älteste Bankhaus der USA, das noch unter seinem ursprünglichen Namen agiert. Mellon Financial hingegen wurde von Thomas Mellon und seinen Söhnen Andrew und Richard 1869 in Pittsburgh als T. Mellon & Sons' Bank gegründet.

- **Institutionelle AuM weltweit (31.12.2008):** 814.337 Mio. US-Dollar
- **Hauptsitz:** New York City, USA
- **Anzahl Mitarbeiter weltweit (Muttergesells.)** 42.900 (2008)

Quellen: www.bnymellon.com; www.pionline.com (Stand: Juli 2009).

Fidelity Investments

Muttergesellschaft: -

Fidelity Investments besteht aus zwei voneinander unabhängigen, jedoch eng kooperierenden Unternehmen. Fidelity Management and Research (FMR) wurde 1946 gegründet und konzentriert ihre Geschäftstätigkeit auf den nordamerikanischen Markt. Die 1969 ausgegliederte Fidelity International (FIL) bedient den Rest der Welt, womit sich die beiden Hauptsitze von Fidelity Investments in Boston (USA) und Hamilton (Bermuda) erklären.

- **Institutionelle AuM weltweit (31.12.2008):** 762.522 Mio. US-Dollar
- **Hauptsitz:** Boston, USA (FMR) und Hamilton, Bermuda (FIL)
- **Anzahl Mitarbeiter weltweit (Muttergesells.)** 41.200 (2008)

Quellen: www.fidelity.com; www.fidelity-international.com; www.pionline.com (Stand: Juli 2009).

J.P. Morgan Asset Management

Muttergesellschaft: JPMorgan Chase & Co

J.P. Morgan Asset Management gehört zum globalen Finanzdienstleister JPMorgan Chase. Das Institut geht in seiner heutigen Form im Wesentlichen auf eine Reihe von Fusionen und Übernahmen zwischen der Chemical Bank, der Chase Manhattan Bank, J.P. Morgan und Bank One hervor. Infolge der Finanz- und Wirtschaftskrise wurden 2008 Bear Stearns sowie der Großteil des Bankgeschäfts von Washington Mutual übernommen.

- **Institutionelle AuM weltweit (31.12.2008):** 715.049 Mio. US-Dollar
- **Hauptsitz:** New York City, USA
- **Anzahl Mitarbeiter weltweit (Muttergesells.)** 224.961 (2008)

Quellen: www.jpmorgan.com; www.pionline.com (Stand: Juli 2009).

PIMCO

Muttergesellschaft: Allianz

Die Pacific Investment Management Company (PIMCO) wurde 1971 als Tochterunternehmen des Lebensversicherungs- und Finanzdienstleistungsunternehmens Pacific Life gegründet. Neben PIMCO wurden im Jahr 2000 auch Cadence Capital Management, Oppenheimer Capital und NFJ Investment von Allianz Global Investors (AGI) übernommen und somit Teil des Versicherungskonzerns Allianz.

- **Institutionelle AuM weltweit (31.12.2008):** 617.320 Mio. US-Dollar
- **Hauptsitz:** Newport Beach, USA
- **Anzahl Mitarbeiter weltweit (Muttergesells.)** 182.865 (2008)

Quellen: www.pimco.com; www.allianzglobalinvestors.com; www.allianz.com; www.pionline.com (Stand: Juli 2009).

Legg Mason

Muttergesellschaft: -

Legg Mason ist auf die 1962 in Newport News gegründete Mason & Co. und auf die 1899 in Baltimore gegründete George Mackubin & Co. zurückzuführen, die später in Legg & Co umfirmierte. 1970 fusionierten beide Unternehmen zur Legg Mason & Co. In einer 2005 durchgeführten Transaktion übernahm Legg Mason das Asset Management der Citigroup im Austausch gegen das Private Clients und Capital-Markets-Geschäft.

- **Institutionelle AuM weltweit (31.12.2008):** 605.297 Mio. US-Dollar
- **Hauptsitz:** Baltimore, USA
- **Anzahl Mitarbeiter weltweit (Muttergesells.)** 4.200 (2008)

Quellen: www.leggmason.com; www.pionline.com (Stand: Juli 2009).

The Vanguard Group

Muttergesellschaft: -

Vanguard wurde 1975 von John C. Bogle in Valley Forge, Pennsylvania, gegründet. Bereits 1976 legte Vanguard den ersten Indexfonds auf, der auch Retail-Kunden zugänglich war. John C. Bogle und Vanguard legten damit den Grundstein für die Verbreitung von Indexfonds. 1997 eröffnete Vanguard das erste Büro außerhalb der USA durch Vanguard International.

- **Institutionelle AuM weltweit (31.12.2008):** 580.620 Mio. US-Dollar
- **Hauptsitz:** Malvern, USA
- **Anzahl Mitarbeiter weltweit (Muttergesells.)** 12.000 (2008)

Quellen: www.vanguard.com; www.pionline.com (Stand: Juli 2009).

Karriere im Investment Banking & Asset Management

85 **Karriere im Investment Banking: So meistern Sie Bewerbung und Einstieg**
93 **Zufriedene Kunden – Schlüssel zum Erfolg im Investment Banking**
99 **Einstieg und Weiterbildung im Asset Management**
99 Tipps zum Einstieg ins Asset Management
105 Weiterbildung im Asset Management
106 Ausstieg aus dem Asset Management – Performance oder Work-Life-Balance?
107 **Einstiegschancen ins Investment Banking und Asset Management in Zeiten der Finanzkrise**
110 **Kapitalmarktkrise als Auslöser einer grundlegenden Neugestaltung der Vergütungssysteme**
116 **Das Online-Stipendium und Karrierenetzwerk e-fellows.net**

2. Karriere im Investment Banking & Asset Management

Karriere im Investment Banking: So meistern Sie Bewerbung und Einstieg

von Bettina Hüfner

Der Beginn einer Karriere – keine Angst vor großen Namen
Lloyd Blankfein hat sich nicht abwimmeln lassen. Als sich der Boss der weltgrößten Investmentbank Goldman Sachs zu Beginn der 80er-Jahre bei der Bank bewirbt, weist man ihm zunächst die Tür. Trotz zweier Abschlüsse an der Elite-Uni Harvard kassiert er eine Absage. Blankfein gibt nicht auf; der ehrgeizige Aufsteiger aus einfachen Verhältnissen heuert zunächst bei einem Rohstoffhändler an. Mit Intelligenz, Mutterwitz und Fleiß arbeitet er sich in der Hierarchie nach oben. Als sein Unternehmen einige Jahre später von den piekfeinen Goldmännern übernommen wird, zeigt Blankfein im Handel der Investmentbank, was in ihm steckt. Er beweist Führungstalent und macht auch bei Goldman innerhalb kurzer Zeit eine steile Karriere. Als deren Krönung wird Blankfein 2006 im Alter von 51 Jahren Goldman-Chef.

Das Beispiel zeigt: Wer mit den entsprechenden Talenten gesegnet ist, Durchhaltevermögen besitzt und hart arbeitet, kann sich im Investment Banking – selbst nach zwei Jahren Finanzkrise noch immer die Königsdisziplin des Bankgeschäfts – auch als Seiteneinsteiger bis ganz nach oben durchboxen.

Nicht jeder hat ein so robustes Gemüt wie der Goldman-Chef. Hochschulabsolventen, die ihren Einstieg in den Handel, das Geschäft mit Fusionen und Übernahmen oder die Beratung zu Kapitalmarktprodukten und -finanzierungen weniger nervenaufreibend betreiben möchten, stehen zur Zeit hauptsächlich zwei Wege offen: Die Bewerbung als Young Professional um eine Festanstellung oder ein qualifizierendes Praktikum mit einer Dauer von zehn bis zwölf Wochen während des Studiums. Akademiker, die sich ihrer Sache sicher sind, können getrost den Weg des Direkteinstiegs wählen. Für alle anderen – der Erfahrung nach die überwiegende Mehrheit – hat ein Praktikum eine Menge Vorteile: Der Praktikant lernt das „wahre" Leben im Investment Banking kennen. Weit intensiver als Theorie, Jobprofile oder Erfahrungsberichte es ihm vermitteln könnten, gewinnt er Einblick in die tägliche Arbeit. Er erfährt hautnah, was von ihm erwartet wird. Er sitzt mitten im Team, zu dem er auch künftig gehören könnte, und spürt etwas von der Atmosphäre, die im Unternehmen herrscht. Dieses Kennenlernen beruht auf Gegenseitigkeit – auch die Bank zieht ihren Vorteil daraus; schließlich erlebt auch sie den Bewerber aus der Nähe. Für den Einsteiger gibt es keine bessere Gelegenheit, im Berufsalltag zu zeigen, wie er arbeitet, was er kann und ob er teamfähig ist. Kurz: Ein Praktikum zeigt beiden Parteien, wie gut sie zusammenpassen. Nicht zu vergessen: Praktikanten, die sich bewährt haben, verlassen die Bank häufig mit dem Angebot für eine Vollzeitstelle in der Tasche.

Praktikum oder Direkteinstieg sind aber meist schon der zweite Schritt. Davor steht der Erstkontakt. Wie kommen Studenten oder Absolventen an die richtigen Informationen über Investmentbanken und wo lassen sich die ersten Bande zum potenziellen Arbeitgeber knüpfen?

Wer an einer staatlichen Universität mit Schwerpunkten in Wirtschaftswissenschaften studiert oder sein Studium an einer der renommierten Privathochschulen absolviert, kann sie kaum übersehen: die Aushänge am Schwarzen Brett und Ankündigungen im Uni-Netz für Recruiting-Messen oder Karrieretage. Ausnahmslos alle Banken bemühen sich aktiv um den akademischen Nachwuchs. Die Banken wissen, dass sie im Wettbewerb um die Gunst der besten Studenten nicht mehr automatisch die vorderen Plätze belegen. Je nachdem, ob sie sich an Praktikanten oder Festeinsteiger wenden, unterscheiden sich die Veranstaltungen in Tiefe und Breite der Informationen. Auch die Termine sind unterschiedlich gelegt, denn die Institute suchen vor allem in den Monaten September bis November Festeinsteiger für das darauffolgende Jahr. Dagegen können Praktikanten heutzutage oft während des ganzen Geschäftsjahres einsteigen.

Für ihre Nachwuchssuche mischen sich die Personaler und Young Professionals der Banken unter die Studenten; Vorträge und Workshops in den Hörsälen und Seminarräumen deutscher Unis sind heute Standard. Viele Unternehmen öffnen aber auch ihre Domizile und Bürotürme und laden die Nachwuchskräfte zu Schnuppertagen oder -praktika. Es wäre aber falsch zu sagen, dass die Banken den Studenten den roten Teppich ausrollen. Dafür müssen die Bewerber zu hart arbeiten, um zum Zuge zu kommen. Die Banken bauen jedoch Brücken, die den Übergang vom Studium in die Berufswelt und die Entscheidung für das jeweilige Institut erleichtern. Ein wichtiger Brückenpfeiler ist die Website: Informationen über die Geschichte, die Unternehmensphilosophie, wichtige Geschäfte und Nachrichten der jüngsten Zeit sowie über die aktuelle Geschäftstätigkeit des Hauses sind Usus. Kaum ein Informationswunsch wird von detaillierten Karriereseiten offen gelassen: Einstiegswege, Beispiellebensläufe, Bildschirmmasken für die Online-Bewerbung, Daten und Fakten zur Personalentwicklung bis hin zu Kontakten zum Alumni-Netzwerk. Wichtig: Die detaillierten Informationen sind für den Bewerber auch eine Verpflichtung. Wer zur Kontaktaufnahme erscheint und die Website (genauer: das Unternehmen) nicht kennt, steht mit seiner Bewerbung von Anfang an auf verlorenem Posten.

TIPP Informationen zu den angebotenen Veranstaltungen findet man

- im Newsletter des Career Services Center der Universität und fachnaher Lehrstühle (besonders BWL, VWL, Jura, Wirtschaftsingenieurwesen)
- sowie auf der jeweiligen Firmenhomepage unter der Rubrik „Recruiting“.

Richtig bewerben

Am Anfang steht das Internet - die Unternehmen erwarten heute in der Regel Online-Bewerbungen über eine spezielle Eingabemaske. Das liegt schlicht an der enormen Zahl von Bewerbungen, die auf die Personalabteilungen niederprasseln. 10.000 Bewerbungen aus aller Welt auf 100 freie Stellen im Laufe eines Jahres sind für eine Investmentbank keine Ausnahme, und schon regionale Niederlassungen erhalten oft bis zu zehn Prakikumsanfragen pro Woche! Kern der Bewerbung ist der Lebenslauf. Zusätzlich sollte ein knappes, aber aussagekräftiges Schreiben Auskunft geben, warum sich der Bewerber gerade bei dieser Bank für ein Praktikum oder eine Festanstellung interessiert. Zeugnisse und Empfehlungsschreiben runden die Bewerbung ab.

Die weltweit aktiven Banken haben häufig regionale Niederlassungen, die mit erheblichen Kompetenzen ausgestattet sind. Der Bewerbungsprozess für Praktika in diesen Niederlassungen ist oft direkter und flexibler - einige nehmen auch noch ganz normale E-Mail-Bewerbungen entgegen.

Im Vorzimmer – Vorstellungsgespräch und Assessment-Center

Sind Lebenslauf, Anschreiben und Zeugnisse gut, lädt die Bank den Bewerber zum Vorstellungsgespräch. Papier ist geduldig, und wenn der Bewerber im persönlichen Kontakt nicht überzeugt, war alles Vorherige vergebliche Liebesmüh. Bereits bei diesem ersten persönlichen Kennenlernen trifft der Bewerber auf Interviewer, die aus den operativen Abteilungen der Bank kommen. Seine Wirkung auf diese Mitarbeiter, seine schlüssigen Antworten auf deren Fragen sind die eine, ein Mathematiktest häufig die andere Seite des Vorstellungsgesprächs. Wer sich um eine Position bei einer Bank bewirbt, sollte bei der Prozentrechnung oder bei Ableitungen nicht ins Schleudern geraten. Kein Scherz: Mitunter zeigen die Kandidaten hier erschreckende Schwächen.

Bei einem Vorstellungsgespräch muss es nicht bleiben; stimmt der erste Eindruck, können weitere persönliche Vorstellungsrunden, Tests mit Fallbeispielen oder Ähnliches folgen. In einer Schlussrunde treffen dann typischerweise mehrere Kandidaten am gleichen Tag auf Führungskräfte des Hauses. Häufig steht am Ende noch ein Assessment-Center (AC): Die Unternehmen testen damit technische und soziale Fähigkeiten ihrer Bewerber, entweder einzeln oder in Gruppenübungen. Fallstudien und Teamübungen sollen zeigen, wie die künftigen Mitarbeiter an Probleme herangehen und ob sie sich in einer Arbeitsgruppe gut zurechtfinden. Auch auf Assessment-Center kann man sich vorbereiten, Literatur dazu gibt es gleich regalweise. Idealerweise hat man solche Übungen aber bereits in der Universität hinter sich gebracht und ist einfach nicht der Typ rücksichtsloser Egomane, der für den beruflichen Erfolg über Leichen geht.

Bewerber um Praktika und Festanstellungen sehen sich letztlich mit den gleichen Auswahlverfahren konfrontiert. Wer eine feste Stelle möchte, wird in der Regel aber deutlich mehr Interviews und Bewerbungsrunden überstehen müssen; er sollte mehr Vorkenntnisse haben und wird kniffligere Aufgaben zu lösen bekommen.

Das Heer der Bewerber – Was haben die Erfolgreichen, das andere nicht haben?

Jedes Bewerbungsverfahren ist anders, aber keines ist völlig anders. Je nach Bank mag die Gewichtung der Kriterien variieren, die eine erfolgreiche Bewerbung ausmachen. Letztlich werden aber alle auf jene Eigenschaften achten, die im Folgenden kurz zusammengefasst werden:

Eigenschaft	Beispiele
Problem Solving/Analytics	mathematische und analytische Fähigkeiten, hoher Intellekt, Zielstrebigkeit und Geschäftssinn; insgesamt also die sogenannten Raw Smarts, die wichtiger sind als spezifische Vorkenntnisse in Corporate Finance
Personal/Professional Presence	professioneller Umgangston; selbstsicheres Auftreten; persönliche Reife
Communication	Eloquenz; Fähigkeit, „die Sache auf den Punkt zu bringen"; Zusammenwirken mit Gesprächs-/Kommunikationspartnern
Leadership	Fähigkeit, andere zu motivieren; Überzeugungskraft; Integrität
Initiative	Aktivität; Arbeitsmoral; Einsatzbereitschaft
Team Player	Fähigkeit, sich in ein Team zu integrieren; Zusammenwirken mit Gruppenmitgliedern

Eigenschaften, die einen erfolgreichen Bewerber ausmachen

Bewerbungsgespräche bedeuten Stress – im besten Sinne des Wortes. Nervosität ist keine Schande, wenn man sich um seinen Traumjob bemüht. Sie führt aber mitunter dazu, dass der Bewerber im entscheidenden Moment nicht alles zeigen kann, was in ihm steckt. Er ist schlicht blockiert. Deshalb gilt: Gute Vorbereitung ist die Mutter des Bewerbungserfolgs. Damit alle Zylinder gut geschmiert laufen, wenn es ins Rennen geht, kann man sich anhand der folgenden Liste systematisch vorbereiten. Sie enthält die Themen, die üblicherweise im Vorstellungsgespräch auf den Tisch kommen.

Checkliste

- **Know your CV!** „Bitte führen Sie mich kurz durch Ihren Lebenslauf" ist vermutlich der häufigste Einstiegssatz im Interview. Das gibt dem Kandidaten die Chance, mit seinen Stationen, Erfolgen und seiner Motivation zu punkten – vorausgesetzt, die relevanten Informationen werden knapp und exakt präsentiert.
- **Know yourself!** Der Bewerber sollte sich selbst, seine Stärken und Schwächen gut kennen, um dem Gegenüber zu vermitteln, dass er seine Eignung für den Job richtig einschätzen kann. Nicht vergessen: „Warum wollen Sie gerade bei uns arbeiten?" oder „Was begeistert Sie am Banking?" sind Fragen, auf die der Kandidat auf jeden Fall eine überzeugende Antwort haben muss. Das gilt übrigens nicht nur für das Bewerbungsgespräch, sondern für seine Berufswahl ganz allgemein!
- **Know your potential employer!** Kaum zu glauben: Immer wieder erscheinen Bewerber, die bei elementaren Fragen zur Bankenindustrie, zum Unternehmen und seinen Geschäften passen müssen. Wem das passiert, der ist raus. Anders gewendet: Pflicht sind

das Studium der Website, des Geschäftsberichts oder anderer Unternehmensliteratur sowie die Recherche nach aktuellen Bankthemen in den Medien. Das Internet macht es leicht, solche Informationen zu beschaffen – das wissen auch die Personalverantwortlichen und sie setzen voraus, dass der Bewerber sie recherchiert hat. Wer durch Gespräche mit Bekannten, ehemaligen Praktikanten oder Angestellten herausfinden kann, worauf eine Bank besonders stolz ist, sammelt damit zusätzliche Punkte.

- **Have your technical / analytical tool box ready!** Jeder Bewerber sollte mit der grundlegenden Buchhaltungsmaterie und mit Themen der Finanzwirtschaft vertraut sein. Dies gilt besonders für Bereiche, die er als Schwerpunkte seines Interesses reklamiert, wie Börsengänge, Derivate, M&A.
- **Brainteaser**: Sie sind eine beliebte Methode, um Logik und strukturiertes Vorgehen zu testen. Das kann der Bewerber trainieren. Auch hierzu gibt es Massen an Literatur und zahlreiche Online-Hilfen, aber auch der Freundes- und Bekanntenkreis kann hier aushelfen.

Erfolgreich beworben – Sie sind jetzt Investmentbanker

Geschafft. Das Unternehmen hat Ja gesagt, der Vertrag ist unterschrieben, der Alltag beginnt. Zwei Arbeitsstränge strukturieren diesen Alltag in einer Investmentbank: Erstens entwickelt die Bank neue Ideen und stellt sie ihren Kunden vor (Pitching); zweitens führen die Banker Arbeiten im Rahmen bereits gewonnener Mandate aus (Deal Execution).

Neue Ideen entwickeln und erhaltene Mandate ausführen? Das soll die vielgerühmte Welt des Investment Bankings sein, die elektrisierende und faszinierende Krone des Bankgeschäftes? Klingt so spannend wie die Teilnahme am Jahrestreffen der Versicherungsaktuare.

Höchste Zeit, mit ein paar Vorurteilen aufzuräumen und abstrakte Begriffe mit Leben zu füllen. Investment Banking ist eben keine atemberaubende Abfolge spektakulärer Transaktionen, wie oft kolportiert wird. Investment Banking ist vor allem der behutsame Aufbau und die akribische Pflege von Kundenbeziehungen. Vertrauen ist die Grundlage, die langjährige präzise Arbeit für den Kunden der Katalysator für die ganz großen Mandate etwa bei Mergers & Acquisitions. Kein Vorstandsvorsitzender, kein Finanzvorstand wird eine Investmentbank mit einer Transaktion betrauen, die über das Wohl und Wehe seines Unternehmens entscheidet und bei der Milliardensummen im Spiel sind, wenn diese Investmentbank nicht in jahrelanger Kleinarbeit und in der Beratung unter Beweis gestellt hat, dass das Vertrauen des Unternehmens in sie in jeder Hinsicht und jederzeit gerechtfertigt ist. Und dabei – ein weiteres Vorurteil – zählt eben nicht allein der Kontakt des Kunden zu den sogenannten „Regenmachern", den Managing Directors der Investmentbank.

Im Gegenteil: Für die Betreuung jedes Projektes, jedes Kunden wird ein Team von Bankern unterschiedlicher Senioritätsstufen zusammengestellt (zu den Karrierestufen im Investment Banking siehe Abbildung auf der nächsten Seite). Wie das Team aussieht, hängt von vielen Variablen ab: dem Arbeitsaufwand, dem notwendigen Produkt- und Industrie-Know-how, der Kenntnis über die Gegebenheiten eines Landes oder einer Region. Teamarbeit entscheidet über den Erfolg und Misserfolg beim Pitch und über die Qualität der Deal Execution. Ganz früh tragen deshalb schon Einsteiger – für Praktikanten gilt das natürlich nur eingeschränkt – große Verantwortung für den Erfolg des Teams.

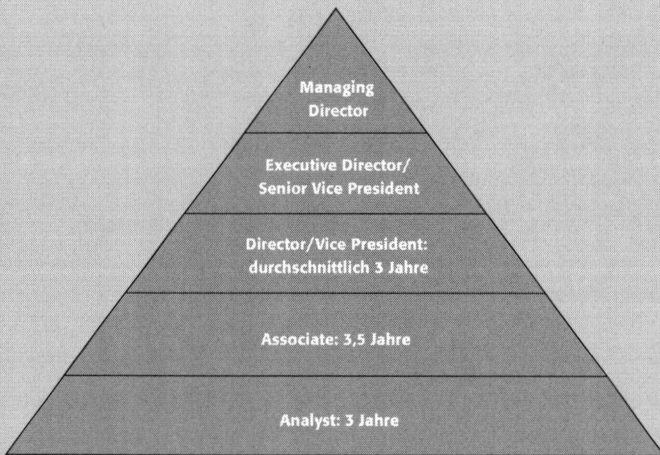

Die Zeit, die bis zum nächsten Karriereschritt verstreicht, ist auf Junior-Ebene (Analyst/Associate) weitgehend standardisiert, hängt aber mit zunehmender Seniorität von den beruflichen Erfolgen und Leistungen des Einzelnen ab.

Karrierestufen im Investment Banking

Der Analyst ist für die Koordination zuständig und deshalb an allen Schritten eines Projekts beteiligt. Das Arbeitsfeld ist so weitläufig wie die Anzahl der Produkte im Investment Banking groß ist. Dazu gehört die Beratung des Kunden zu strategischen Fragen sowie zu den unterschiedlichen Kapitalmarktprodukten wie Aktien, Anleihen, Derivaten und Kreditprodukten, um nur einige zu nennen. Der Analyst erstellt die Kundenpräsentationen, er recherchiert und analysiert den Markt, im dem der Kunde sich bewegt. Das ist eine große Aufgabe, schließlich entscheidet die Qualität der Marktanalyse über die Qualität der Beratung, und die ist eine Grundlage für den Gewinn eines M&A-Mandats.

Zur strategischen Analyse des Industriesektors oder der Unternehmenspositionierung kommt im M&A-Geschäft die Bewertung von Unternehmen. Der Analyst „baut" je nach Situation unterschiedliche Bewertungsmodelle (Discounted-Cashflow-Modell, Leveraged-Buy-Out-Modell, Merger-Modell) und errechnet mithilfe anderer Bewertungsmethoden (Unternehmens- und Transaktionsmultiplikatoren, Prämienanalyse) einen Preis für ein Unternehmen oder Teile eines Unternehmens.

Berät die Bank einen Kunden bei einem Unternehmenskauf oder einer Fusion, ist die Due Diligence ebenfalls Aufgabe des Analysten. Due Diligence meint die genaue Prüfung der Wirtschaftskraft und der Finanzen eines Unternehmens. Der Analyst wertet die Daten aus, die das Unternehmen potenziellen Käufern in einem geschützten Datenraum bereitstellt;

er koordiniert die Q&A-Sitzungen, nimmt an Management-Präsentationen und Werksbesuchen teil, trifft Führungskräfte bis hin zum CEO. Kurz: Er sammelt und bewertet jene Informationen, die Grundlage der Kaufentscheidung sind. Schon früh bekommen Einsteiger damit tiefe Einblicke in das „Allerheiligste" von Unternehmen.

Analysten, die in einem Team ein Unternehmen über mehrere Jahre beraten, erwerben sich neben Kenntnissen über die Branche großes Wissen zu volkswirtschaftlichen Themen. Idealerweise ist der Analyst unmittelbar bei der Transformation eines ganzen Marktes oder einer Industrie dabei. Der Höhepunkt einer solchen Transaktion ist dann ein Plexiglas-Standbild mit den Daten des Deals und dem Logo der beteiligten Unternehmen. Diese sogenannten Tombstones sind begehrte Trophäen, die zeigen, an welchen Transaktionen ihr Besitzer beteiligt war. Kein Spitzenfußballer könnte stolzer auf gewonnene Fifa-Trophäen sein als ein Investmentbanker auf die Tombstones, die seinen Schreibtisch zieren.

Last but not least ist der Analyst Co-Autor von Internal Committee Memoranda, Prospekten für Börsengänge oder sogenannten Fairness Opinions bei öffentlichen Übernahmen. Er beobachtet die Berichte in den Medien, erarbeitet Dokumentationen wie Insider- und Arbeitsgruppenlisten und ist Anlaufstation für beteiligte Juristen oder Wirtschaftsprüfer.

Das alles macht ein Berufseinsteiger? Wann und Wie? Richtig: Die Arbeitszeiten im Investment Banking sind lang und die Arbeitstage höchst intensiv. Dafür winken ungemein spannende Aufgaben, große Verantwortung sowie Gehälter und Boni, die immer noch – trotz andauernder publikumswirksamer Gegenkampagnen – weit über dem Durchschnitt liegen. Für den fachlichen Schliff sorgt ein ausführliches Einstiegstraining, das jede Analysten-Klasse in den ersten sechs bis acht Arbeitswochen durchläuft. Das Training, modular aufgebaut, vermittelt die wichtigsten Grundkenntnisse oder frischt sie auf:

- Buchhaltung, Finanzwirtschaft und Kapitalmarkt
- Financial Modelling
- Recht und Regularien rund um die Arbeit in einer Investmentbank
- PowerPoint, Excel und Datenbanken

Zum Training kommen Orientierungsveranstaltungen der einzelnen Produkt-, Industrie- und Ländergruppen hinzu. Die Gruppen konkurrieren intern darum, wer die besten neuen Mitarbeiter für sich begeistert. Die Ländergruppen etwa sind häufig an jungen Bankern mit besonderen Fremdsprachenkenntnissen interessiert. Auf den Orientierungsveranstaltungen treffen die Einsteiger einerseits die Top-Führungskräfte der Bank, hier ist andererseits aber auch Raum für ein bisschen Spaß und Gruppendynamik in Form von Wettbewerben in freier Natur oder feiner Gesellschaft im Ballsaal.

Fortbildung würzt auch die weitere Karriere. Für Banker aller Hierarchiestufen werden sogenannte Continuing-Education-Programme aufgelegt, für Analysten sind sie meist technischer Natur. Mit zunehmender Seniorität gibt es dann Schulungen für die Soft Skills (Ein- oder Mehrtagesprogramme mit so wohlklingenden Namen wie „Managing Up- and Downwards", „Difficult Conversations", „Negotiation Skills" etc.). Weil sich das Wissen zu Fachthemen oder Industriesektoren rasant fortentwickelt, bilden auch die Abteilungen und einzelnen Teams einer Investmentbank ihre Mitarbeiter ständig weiter.

Ein unerlässliches Werkzeug für die persönliche Karriere sind schließlich Job-Rotation-Programme. Für die Dauer meist eines Jahres wechselt dabei ein Banker in eine andere Produkt- oder Industriegruppe oder geht in eine andere Region. Das Ergebnis ist nicht allein ein Austausch zwischen unterschiedlichen Teams. Vielmehr erwirbt der Einzelne neues Know-how und es fällt ihm leichter, sich langfristig auf ein bestimmtes Fachgebiet zu spezialisieren.

Das soll's gewesen sein? Oder gibt es ein Leben nach dem Investment Banking?

Einmal Investmentbanker, immer Investmentbanker, heißt es. Richtig ist: Für die allermeisten kommt ein Ausstieg in der aktiven Zeit nicht infrage, zu groß ist die Faszination der Branche. Wie lange ein Banker dem Investment Banking treu bleibt, ist letztlich aber immer eine individuelle Entscheidung. Lange Arbeitszeiten, hoher Erfolgsdruck, ausgefallene Wochenenden oder Urlaube sind der Preis, den manch einer vielleicht nicht sein ganzes Arbeitsleben lang zahlen will oder kann. Richtig ist auch: Viele Investmentbanker verdienen im Laufe ihrer Karriere so gut, dass sie sich früher zur Ruhe setzen können als andere. Sie widmen sich dann Interessen, die im Laufe des dichten Arbeitslebens zu kurz gekommen sind. Wer sich umorientieren möchte, dem steht eine große Bandbreite von Berufs- und Arbeitsfeldern offen. Eine Auswahl:

- Private Equity
- Hedge-Fonds
- Corporate-Finance-Boutiquen
- höhere Verwaltungsaufgaben innerhalb der Investmentbank
- „verwandte" Bereiche in anderen Unternehmen: Finanzplanung, Investor Relations, Business Development
- Beratung
- Selbstständigkeit

Das Wissen und Können, das jemand im Laufe einer Investment-Banking-Karriere erwirbt, macht ihn in der Wirtschaft zum heiß begehrten Manager. Wer dem Investment Banking also irgendwann doch einmal den Rücken kehren möchte, wird keine Schwierigkeiten haben, in eine andere Branche zu wechseln – trotz immer noch starken Beschusses der Branche als Auslöser einer weltweiten Wirtschaftskrise.

Zufriedene Kunden – Schlüssel zum Erfolg im Investment Banking

von Stefan Bartschat

Banken fassen unter „Investment Banking" ein breites Spektrum von Kapitalmarkt- und Beratungsdienstleistungen für institutionelle Kunden und Firmenkunden zusammen. Die Produktpalette reicht von Kapitalbeschaffung über strategische Beratung (Mergers & Acquisitions), Restrukturierung und Research bis zum Handel. Letztendlich besteht der Unternehmenszweck einer jeden Investmentbank darin, Finanzdienstleistungen bereitzustellen und Kunden die Gewissheit zu geben, in finanziellen Fragen richtig zu entscheiden. Mit dem Wandel der Finanzbranche verändern sich zwar die Bedürfnisse der Kunden, jedoch stehen - unabhängig vom Produkt - immer der Erfolg, die Ziele und die Interessen der Kunden im Mittelpunkt.

TIPP In letzter Instanz werden der Erfolg im Investment Banking und der Erfolg eines jeden Mitarbeiters an einer einzigen Determinante gemessen: der Kundenzufriedenheit.

Um dieses Ziel zu erreichen, müssen Mitarbeiter gewisse Kernkompetenzen mitbringen. Diese Kernkompetenzen sind einerseits übergreifend für alle Mitarbeiter einer Investmentbank gültig, sollten aber andererseits unterschiedlich ausgeprägt sein - abhängig von der jeweiligen Karrierestufe oder dem Tätigkeitsbereich innerhalb einer Investmentbank. Die folgenden Ausführungen stellen aus Praxissicht dar, welche Erfolgsfaktoren auf welcher Karrierestufe zur Erreichung maximaler Kundenzufriedenheit wichtig sind.

Welche Fähigkeiten und Eigenschaften machen einen Investmentbanker erfolgreich?

Insbesondere in dem derzeit volatilen und mit Unsicherheit behafteten Marktumfeld ist der langfristige Erfolg einer Investment Bank über nachhaltige Kundenbeziehungen definiert. Langfristig werden nur die Institute erfolgreich bestehen, die dem Kunden die notwendige Stabilität und Vertrauenswürdigkeit durch qualitativ hochwertige Dienstleistungen bieten können.

Was bedeutet „Entwicklung nachhaltiger (erfolgreicher) Lösungen" nun für den einzelnen Mitarbeiter? Was muss ein Investmentbanker leisten, um seinen Kunden Erfolge zu bescheren? Aus meiner Sicht sind es vier Kernkompetenzen, die jeder einzelne Mitarbeiter in unterschiedlicher Ausprägung mitbringen muss:

- unternehmerisches Denken und Handeln
- Führungskompetenzen und Teamfähigkeit
- analytisches und fachliches Verständnis
- Kommunikationsfähigkeit

Die folgende Abbildung fasst diese Kompetenzen mit den jeweiligen Kernausprägungen zusammen. Hier sei angemerkt, dass die Erfolgsfaktoren keiner objektiven Gewichtung unterliegen und dass diese Faktoren in unterschiedlichen Situationen in unterschiedlicher Ausprägung vorhanden sein müssen.

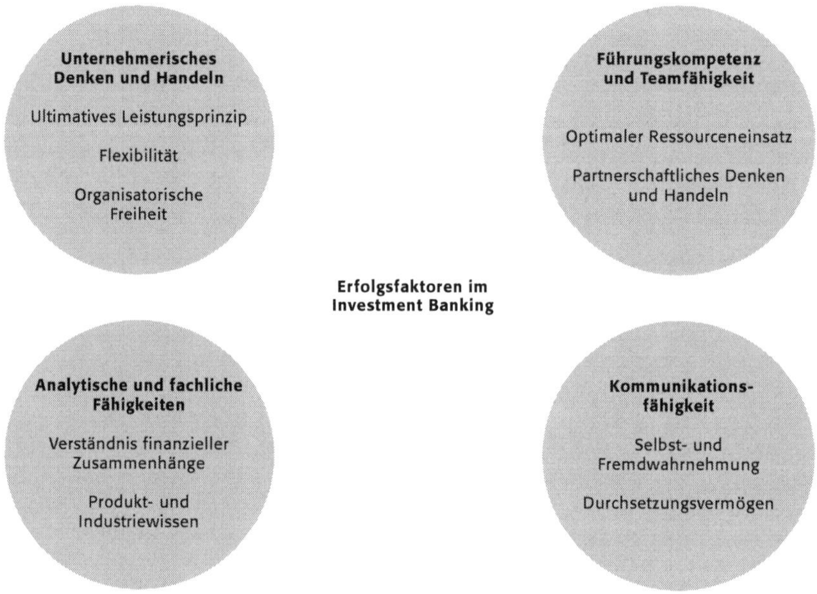

Erfolgsfaktoren und Kernkompetenzen eines Investmentbankers

Unternehmerisches Denken und Handeln

Investmentbanken zeichnen sich durch sehr flache Hierarchien aus. Von jedem Mitarbeiter wird vom ersten Tag an unternehmerisches Denken und Eigeninitiative erwartet. Bestehende unternehmensinterne Infrastrukturen werden als Hilfsmittel und Leitfaden für die Organisation betrachtet, sind aber nicht notwendigerweise als Grenzen anzusehen. Entscheidungen über Anerkennung, Vergütung und Karriere werden ausschließlich aufgrund erbrachter Leistung gefällt.

Was bedeutet dies konkret für Berufseinsteiger beispielweise im Bereich Corporate Finance? Mandate beziehungsweise Aufträge sind oft vage formuliert und können sich nach einiger Zeit in weitergehende, aber auch in völlig unterschiedliche Aufgabenbereiche hineinentwickeln. So kann sich beispielsweise ein Mandat für einen Börsengang nach eingehender Analyse in ein Fusionsmandat mit einem Wettbewerber umwandeln. Andererseits münden oftmals ursprüngliche (vom Kunden als ideal empfundene) Unternehmensverkäufe in Refinanzierungsmandate oder Börsengänge. Nur mit der notwendigen unternehmerischen Flexibilität und organisatorischen Freiheit kann der Investmentbanker gemeinsam mit dem Kunden ein optimales Ergebnis erzielen. Um das zu erreichen, wird von ihm vom ersten Tag an erwartet, Situationen vollständig zu durchdenken, zu verstehen und von allen Seiten zu durchleuchten.

An dieser Stelle wird deutlich, dass ein optimales Ergebnis nur erzielt werden kann, wenn der Investmentbanker von der Grundanalyse ausgehend die unternehmerische Denkweise verinnerlicht und zusammen mit Vorgesetzten und Kunden das optimale Ergebnis erarbeiten kann. Ferner muss jeder einzelne Banker die Kompetenz besitzen, durch sein Handeln das beste Ergebnis für den Kunden zu erzielen.

Führungskompetenz und Teamfähigkeit

Mit zunehmender Komplexität der Produkte und Dienstleistungen wird in Zukunft immer stärker die Führungskompetenz und Teamfähigkeit von Investmentbankern als Erfolgsfaktor im Mittelpunkt stehen. Alternativ könnte man diesen Punkt auch mit „Optimales Ressourcenmanagement" überschreiben, da ein wesentlicher Erfolgsfaktor darin besteht, Teams optimal zu besetzen und für verschiedenste Aufgabenstellungen die beste Teamkonstellation bereitzustellen.

Mithilfe effektiver Teamarbeit und Teamführung entstehen durch Innovation, Inspiration und hohe individuelle Leistung optimale Lösungen für die Investment-Banking-Kunden. Klare Verantwortlichkeiten und Leadership schaffen für das ganze Unternehmen eine gemeinsame Stoßrichtung und fördern die Zusammenarbeit und den Wissensaustausch. Partnerschaftliches Denken und Handeln prägt die Beziehungen der Investmentbanker untereinander sowie zu den Kunden. Partnerschaft wiederum erfordert Engagement, Respekt, Vertrauen, gegenseitige Unterstützung und den freien Austausch von Ideen.

Für Einsteiger im Investment Banking ist es oftmals schwer zu verstehen, wie der eher individuelle unternehmerische Anspruch eines jeden Mitarbeiters mit allgemeiner konsensorientierter Teamfähigkeit zu verbinden ist. Allerdings liefert genau diese Kombination das optimale Umfeld für Top-Dienstleistungen und somit für gute Kapitalmarktberatung.

Um das oben angesprochene Beispiel wieder aufzugreifen: Der Wandel eines laufenden Mandats vom Unternehmensverkauf in ein Refinanzierungsmandat kann selten durch die Expertise eines einzelnen Bankers erfolgen. Ein guter Investmentbanker erkennt die optimale Lösung (in diesem Fall Refinanzierung statt Verkauf) und schafft es, diese zu erreichen, indem er innerhalb der Investmentbank die besten Banker und Ressourcen bereitstellt. Die Motivations- und Teamfähigkeit jedes Einzelnen ist in dieser Situation genauso entscheidend wie das unternehmerische Denken.

Analytische und fachliche Fähigkeiten

Im Investment Banking geht es nahezu ausschließlich um Finanzprodukte und -dienstleistungen. Deshalb sind analytisches Denken und fachliches Produktverständnis unerlässlich. Jeder Investmentbanker sollte sehr gute analytische Grundkenntnisse (wie mathematisches Verständnis oder Verständnis für finanztheoretische Zusammenhänge) mitbringen.

Gleichzeitig muss er in seinem Fachbereich in kurzer Zeit ein exzellentes Produkt- und Fachwissen entwickeln und in der Lage sein, den Kunden mit wertvollen Informationen und Dienstleistungen zu versorgen.

Die Entscheidung über Mandatsvergaben und somit auch der Erfolg einer Investmentbank definiert sich nahezu ausschließlich über das Vertrauen des Kunden in die (fachliche) Kompetenz der handelnden Personen. Für Berufseinsteiger ist es deshalb wichtig, sich schnell umfassendes Wissen im Job anzueignen und erlernte Fähigkeiten sowohl intern als auch beim Kunden gezielt einzubringen.

Kommunikationsfähigkeit

Letztendlich handelt es sich bei allen Investment-Banking-Produkten um Dienstleistungen zwischen Geschäftspartnern, die den zwischenmenschlichen Austausch von Informationen voraussetzen. Somit ist die Kommunikationsfähigkeit eines Investmentbankers ein wichtiger Erfolgsfaktor, der neben den vorher genannten Faktoren keinesfalls zu vernachlässigen ist.

Die Darstellung und Vermarktung der zu vermittelnden Information ist oftmals entscheidend für den Erfolg oder Misserfolg eines Projektes. Dies gilt für die Verhandlung eines Fusionsvertrags ebenso wie für die Darstellung der Teamkompetenzen bei der Bewerbung für ein Beratungsmandat oder für internes „Lobbying" zur Ressourcenbereitstellung.

Die Kommunikationsfähigkeit beinhaltet also wesentlich mehr als schlichtes Präsentationstalent, es handelt sich hierbei vielmehr um soziale Kompetenz, Ausdrucksstärke und Durchsetzungsvermögen beziehungsweise Selbstdarstellung. Kommunikationsfähigkeit ist ein wesentlicher Aspekt für die Karriere im Investment Banking. Insbesondere bei der Auswahl von Neueinsteigern wird sehr auf Kommunikationsfähigkeit und Selbstdarstellungspotenzial geachtet.

Ausprägungsstufen der Erfolgsfaktoren

Bei allen guten und erfolgreichen Investmentbankern sind die oben genannten Eigenschaften stark ausgeprägt. Im Rahmen einer klassischen Investment-Banking-Karriere werden die Karrierestufen vom Analysten bis zum Managing Director unter ständiger Erweiterung der vier Faktoren durchlaufen. Allerdings gibt es im Investment Banking keineswegs einen rigiden Karriereprozess mit starren Mustern. Vielmehr gilt ausschließlich das Leistungsprinzip, was in der Praxis verschiedene persönliche Erfolgsmodelle zulässt.

So gibt es beispielsweise den Industriespezialisten (Automobil, Chemie, Immobilien etc.), der sich als Managing Director der Investmentbank anschließt. Er ist es weniger gewohnt, in einem unternehmerischen und flexiblen Umfeld zu arbeiten; analytische oder finanztechnische Themen stehen bei ihm nicht so sehr im Vordergrund. Auf der anderen Seite gibt es Produktspezialisten (M&A, IPO, Finanzierung, Derivate etc.), die die Karriereleiter vom Analysten bis zum Managing Director durchlaufen, ohne sich auf Teamkonstellationen oder breite unternehmerische Fähigkeiten auszurichten. Klassischerweise muss aber auf jeder Karrierestufe eine gewisse Ausprägung aller Erfolgsfaktoren bestehen.

Trotzdem: Auf bestimmten Karrierestufen sind einzelne Faktoren besonders stark gefordert. Die folgende Abbildung stellt die klassischen Karrierestufen im Investment Banking dar und beschreibt, auf welcher Stufe welcher Erfolgsfaktor besonders wichtig ist.

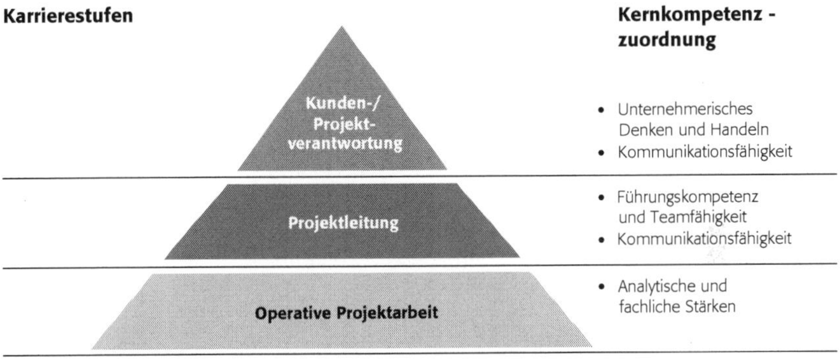

Erfolgsfaktoren im Verlauf einer Investment-Banking-Karriere

Selbstverständlich werden viele Komponenten der Erfolgsfaktoren erst im Laufe der Zeit entwickelt und erlernt. So wird beispielsweise die optimale Teamallokation bzw. Ressourcenverteilung und Führungsqualität mit zunehmender Projektverantwortung erlernt und gefördert.

Im Rahmen des Rekrutierungsprozesses ermittelt die Investmentbank jedoch - in der Regel in einem Assessment-Center -, ob beim Bewerber das Potenzial für alle Erfolgsfaktoren der angestrebten Tätigkeit vorhanden ist. Die anfangs (auf Analystenebene) sehr wichtigen analytischen Fähigkeiten können hierbei relativ einfach quantitativ erfasst werden (zum Beispiel durch einen mathematischen oder Logiktest), während die Bank die nicht weniger wichtigen Faktoren wie unternehmerisches Denken, Teamfähigkeit und Kommunikationsfähigkeit in Fallstudien und Gesprächen zu identifizieren und evaluieren versucht.

Bin ich als Investmentbanker geeignet?

Investment Banking ist eine sich ständig weiterentwickelnde Industrie mit permanent neuen Produktinnovationen und Beratungsdienstleistungen in einem wettbewerbsintensiven Umfeld. Teams im Investment Banking versuchen deshalb, sich durch große Flexibilität und stetiges Weiterentwickeln den Marktgegebenheiten anzupassen und ihre Marktanteile mit individuellen und anspruchsvollen Dienstleistungen auszubauen.

Es soll daher nicht der Eindruck erweckt werden, dass die simple Abarbeitung der dargestellten Erfolgsfaktoren automatisch einen erfolgreichen Investmentbanker entstehen lässt. Wer an der Branche interessiert ist, sollte zwar genannte Erfolgsfaktoren in sich sehen bzw.

erkennen - er muss sich aber auch bewusst sein, dass man sich in einem ständigen Lernprozess und stetiger Anpassung an neue Marktherausforderungen befindet.

Berufseinsteiger sollten sich vor allem im Klaren sein, dass der Erfolg im Wettbewerb unter den Investmentbankern nur mit 100-prozentigem Einsatz und größter Flexibilität zu erreichen ist. Derzeit erfolgreiche Investmentbanker zeichnen sich durch die oben diskutierten Erfolgsfaktoren in Kombination mit permanentem Leistungswillen und höchstem Einsatz beim Entwickeln von wertschaffenden Kundenlösungen aus. Denn: Der Erfolg des Kunden ist auch der Erfolg eines jeden Bankers.

Einstieg und Weiterbildung im Asset Management

von Michael Diedrich

Tipps zum Einstieg ins Asset Management

Leidenschaft und Talent sind gefragt

Die aktuelle Wirtschaftskrise wurde bekanntlich durch die Finanzkrise angeschoben. Als deren Auslöser gelten unter anderem Anreizsysteme bei Banken, Investmentbanken und Asset Managern, die inzwischen zur Disposition stehen. Nationale und supranationale Gesetzgeber arbeiten an Möglichkeiten zur Änderung sogenannter extrinsischer Anreizsysteme - beispielsweise an der Modifikation von Bonussystemen, die an kurzfristige Erfolge geknüpft sind.

Die Orientierung an materiellen Anreizen ist menschlich. Problematisch wird eine allein extrinsische Motivation jedoch, sobald diese Anreize durch Gesetze oder durch eine Änderung der individuellen oder gesellschaftlichen Wertigkeit wegfallen. Nachhaltiger wirken ohnehin intrinsische Motivatoren, also Leidenschaft und Faszination für das, was man tut. Darüber hinaus ist Talent wichtig. Denn nur mit Talent lassen sich erlernbare Kompetenzen erwerben und erfolgreich einsetzen.

Jeder zukünftige Asset Manager muss zunächst selbst herausfinden, ob sein Herz für diese Branche schlägt und ob er die notwendigen Talente mitbringt. Ohnehin wird er spätestens im Vorstellungsgespräch mit entsprechenden Fragen konfrontiert. Personaler wollen herausfinden, ob ein Bewerber intrinsische Motivation und ein gewisses „Feuer“ für die angestrebte Tätigkeit mitbringt, welche Talente der Bewerber hat und inwieweit sich diese erschließen, nutzen und ausbauen lassen. Und sie wollen wissen, ob der Bewerber genügend Energie und Leistungsbereitschaft aufbringt, um mit Ehrgeiz und positiver Hartnäckigkeit am Ball zu bleiben.

Um die „Ahnung“ von Leidenschaft und Talent für das Asset Management zur Gewissheit werden zu lassen, bieten sich Praktika an. Wer sich dafür entschieden hat, aber innerhalb des Bereichs noch Orientierung braucht, sollte sich für ein Trainee-Programm entscheiden.

Als Praktikant oder Werkstudent die eigenen Antreiber testen

Ein Praktikant bekommt Einblick in das Daily Doing eines Portfolio- oder Fondsmanagers. Er bekommt gleich zu Beginn seines Praktikums kleine eigene Projekte, bei denen er Verantwortung für das eigene Handeln übernehmen muss. Meist sind solche Aufträge Teil eines großen Projekts, sodass die Praktikanten einen Überblick über das Asset Management bekommen und sich als Teil eines großen Ganzen fühlen. Sie können sich ein Bild davon machen, welcher Typ Mensch im Asset Management arbeitet, von der Atmosphäre in den

Teams und von der Kultur im jeweiligen Unternehmen. Banken oder Asset-Management-Unternehmen haben im Gegenzug die Gelegenheit zu testen, ob sie sich den Praktikanten als zukünftigen Mitarbeiter vorstellen können.

Gleiches gilt für die Tätigkeit als Werkstudent. Werkstudenten arbeiten längerfristig in einer Abteilung und sind für eigene Projekte und Aufgaben verantwortlich. Oft werden sie zum unverzichtbaren Bestandteil des Teams. Da Unternehmen über Werkstudenten mit der Firmenkultur vertraute, fachlich eingearbeitete und sozial bereits integrierte Mitarbeiter gewinnen können, gelingt über eine Beschäftigung als Werkstudent vielfach der nahtlose Übergang vom Studium ins Berufsleben.

Im Trainee-Programm die Weichen stellen

Wer sich seiner Leidenschaft für Kapitalmärkte sicher ist, aber sich noch nicht zwischen den Bereichen Asset Management, Financial Markets oder Private Banking entscheiden kann oder will, für den eignet sich ein Trainee-Programm. Gleiches gilt für Bewerber, die sich ihre berufliche Zukunft nur im Asset Management vorstellen können, aber noch nicht genau wissen, ob ihr Herz für das Portfoliomanagment, das Applied Research oder doch für den Vertrieb schlägt. Bei allgemeinen Trainee-Programmen durchlaufen die Trainees zunächst verschiedene Bereiche und Abteilungen einer Bank. Das Bankhaus Metzler bietet beispielsweise ein zwölfmonatiges Investment-Trainee-Programm an, das zunächst mit einer sechsmonatigen Orientierungsphase in allen Geschäftsbereichen beginnt. Danach wird gemeinsam darüber entschieden, in welchem Geschäftsbereich der Trainee in der wiederum sechsmonatigen Vertiefungsphase arbeitet und am Ende des Programms schließlich einsteigen wird. Bei fach- oder bereichsgebundenen Trainee-Programmen werden die Trainees von Anfang an in dem Bereich eingesetzt, von dem sie auch später übernommen werden. Der typische Umlauf durch verschiedene Abteilungen beschränkt sich bei diesen Trainee-Programmen meist auf Stationen, die in unmittelbarem Zusammenhang mit der späteren Tätigkeit stehen.

Bei allen Programmen können die Trainees durch intensives Training-on-the-Job ihre Fachkenntnisse erweitern und gleichzeitig feststellen, für welchen Bereich sie am stärksten „brennen". Sie lernen Mitarbeiter verschiedener Fachbereiche und unterschiedlicher Hierarchieebenen kennen und können dadurch bereits zu Beginn ihrer Karriere ein weites Netzwerk aufbauen.

Anforderungen: Intrinsische Motivation plus Talent und Kompetenz

Das Asset Management ist höchst vielfältig, was entsprechend unterschiedliche Anforderungsprofile bedingt – in jedem Falle aber leidenschaftliches Interesse am Kapitalmarkt und Talent; im Idealfall kommen bereits passende fachliche und soziale Kompetenzen hinzu, die im Folgenden zusammengefasst werden.

Anforderungen für den Einstieg ins Asset Management

Passion
- leidenschaftliches Interesse an allen Fragen rund um den Kapitalmarkt
- Begeisterung für wirtschaftliche Zusammenhänge
- Affinität zum Umgang mit Zahlen

Talente
- logisch-analytisches Denkvermögen
- mathematisches Verständnis
- schnelle Auffassungsgabe
- gesunder Menschenverstand
- gute Assoziationsfähigkeit

Kompetenzen
- Hochschulstudium (BWL, VWL, (Finanz-)Mathematik)
- fundierte Kenntnisse in quantitativen Methoden und Ökonometrie
- fundierte Kenntnisse in Kapitalmarkt-/ Portfoliotheorie und Unternehmensbewertung
- berufspraktische Erfahrung im Asset Management
- sehr gute Englischkenntnisse und internationale Erfahrung
- Teamfähigkeit
- sehr gute IT-Kenntnisse, insbesondere in MS-Excel Visual Basic

Selbstverständlich gibt es Unterschiede im Hinblick auf die Anforderungen an Praktikanten, Trainees oder Direkteinsteiger. Für ein Praktikum im Asset Management sind erste Erfahrungen im Investment Banking oder – noch besser – im Asset Management hilfreich. Bewerber für Trainee-Programme haben idealerweise mindestens drei Praktika im Bereich Banking, Finance oder Asset Management absolviert. Für einen Direkteinstieg sollten Hochschulabsolventen mindestens zwei Praktika im Bereich Asset Management hinter sich haben. Darüber hinaus muss der neue Mitarbeiter natürlich ins Team und zur Kultur des Unternehmens passen.

Strukturierte, talentorientierte Interviews im Recruiting

Banken und Asset-Management-Unternehmen nutzen für die Gespräche im Recruiting meist strukturierte Interviews, die Aufschluss geben über Motivation, Interessen, Talente und Kompetenzen eines Bewerbers. Gleichzeitig findet man heraus, ob die Chemie stimmt (Cultural Fit), was bei kleineren Unternehmen besonders wichtig ist. Da dies im Assessment Center weniger möglich ist, sind sie bei kleinen Asset-Management-Boutiquen und Privatbanken nicht üblich und auch bei Großbanken eher selten.

Inhalt und Aufbau der Interviews sind in der Regel für Praktikanten, Trainees und Direkteinsteiger weitestgehend gleich. Sie unterscheiden sich jedoch in der Intensität der Fragen und in der Anzahl und der Hierarchie der Interviewteilnehmer.

Phasen	Inhalt
Einführungsphase	• kurze Vorstellung des Unternehmens • Vorstellung des/der Interviewpartner • kurze Darstellung des Gesprächsverlaufs
Vorstellung des Bewerbers	• Der Bewerber stellt wichtige Eck- und Wendepunkte und Entscheidungen seines Lebens dar. • roter Faden durch das CV des Bewerbers
Interviewphase	Fragen an den Bewerber zu folgenden Themen: • Ausbildung • bisheriger (beruflicher) Werdegang • Motivationen • Erwartungen und Vorstellungen zur Aufgabenstellung • positive und negative Erfahrungen • (Lern-)Erfolge
Informationsphase	• Unternehmensvertreter antworten auf die Fragen des Bewerbers.
Abschlussphase	• Besprechen des weiteren Vorgehens • abschließende Informationen, die für den Bewerber wichtig sind

Aufbau strukturierter talentorientierter Interviews

Interviewpartner sind meist der zuständige Personalreferent und zwei bis vier Fachvertreter aus dem Bereich des Asset Managements, für den gesucht wird. Die Konstellation der Interviews, die Abfolge und die Anzahl können von Unternehmen zu Unternehmen und von Position zu Position variieren, ebenso die Zahl der Interviewrunden.

Interview mit angehenden Praktikanten

Ein effektives Praktikum im Asset Management sollte sechs bis zehn Wochen dauern – im Idealfall noch länger. Die Bewerber sollten mindestens im dritten Semester ihres wirtschaftswissenschaftlichen oder (finanz-)mathematischen Hochschulstudiums sein. Wünschenswert sind Vorkenntnisse in quantitativen Methoden, in Unternehmensbewertung und fundierte Erfahrung im Umgang mit Excel Visual Basic. Normalerweise führen ein Personaler und zwei bis drei (Junior-)Portfoliomanager Einzelgespräche mit gezielten Fragen und diagnostischen Methoden.

Typische Interviewfragen bei einer Bewerbung für ein Praktikum im Asset Management, beispielsweise im Portfoliomanagement

Fragen nach Interessen und Motivation des Bewerbers

- Was reizt Sie an wirtschaftlichen Zusammenhängen?
- Woher kommt Ihre Begeisterung für den Kapitalmarkt? Was macht den Reiz aus?
- Was bedeutet Ihnen der Umgang mit Zahlen? Woher kommt diese Affinität?
- Welche Fächer machen Ihnen im Studium am meisten Spaß?
- Was interessiert Sie an der Aufgabe in unserem Hause?

Fragen nach Erfahrungen

- Was sind Ihre wichtigsten Erfahrungen aus Ihrem Auslandsaufenthalt?
- Was haben Sie dabei gelernt?
- Was war im Studium/Praktikum Ihr größter Erfolg/Ihre größte Herausforderung?
- Wie war die Ausgangssituation?
- Worin bestand die Herausforderung?
- Wie sind Sie vorgegangen?
- Was kam dabei heraus?

Fragen zur Passung zwischen Talent und Rolle

- Was können Sie besser als andere in Ihrem Umfeld?
- Was verstehen oder lernen Sie deutlich schneller als andere?
- Welche Arbeiten fallen Ihnen am leichtesten?

Fragen zu fachspezifischen Vorkenntnissen

- Was ist eine Rente bzw. was versteht man unter Fixed Income?
- Was versteht man unter Duration?
- Wie bewertet man Renten?
- Welche Modelle und Verfahren zur Bewertung von Unternehmen kennen Sie?

Fragen zu aktuellen Themen oder der aktuellen wirtschaftlichen Lage

- Wo steht der Leitzins?
- Welche Auswirkungen hat die weltweite Finanzkrise auf die Fiskalpolitik der Euro-Beitrittskandidaten?
- Was sind Ihre Lösungsvorschläge für die Finanzkrise?
- Wo sehen Sie den DAX in drei Monaten?

Fragen zum logisch-analytischen Denkvermögen und zum Testen der Auffassungsgabe

- Wenn Sie sich einmal das (hypothetische oder reale) Finanzprodukt xy vorstellen, welche Einflussfaktoren müssen gegeben sein, damit Ergebnis z eintritt?
- Wenn man folgende Parameter abändert, welche Konsequenzen werden daraus resultieren?

Eine beliebte Technik zur Erprobung des logisch-analytischen Denkvermögens sind sogenannte Brainteaser: Sie fordern das logische Denkvermögen eines Bewerbers, indem sie ihn gedanklich leicht „überrumpeln“ und ihn zwingen, unkonventionell zu denken. Oft gibt es keine konkrete Antwort auf die Denksportaufgabe. Vielmehr kommt es darauf an, unter Zeitdruck eine logisch stringente Lösungsmöglichkeit zu finden und diese souverän zu präsentieren.

Interviews mit potenziellen Direkteinsteigern

Die Interviewfragen bei Direkteinsteigern sind ähnlich, allerdings fachlich komplexer. Außerdem werden stärker fundierte Antworten erwartet, was sich auch auf den Grad der Reife und Selbstreflexion bezieht. Darüber hinaus ist bei einem Fest- oder Direkteinsteiger der Cultural Fit noch wichtiger als bei einem Praktikanten. Um festzustellen, ob der neue Mitarbeiter gut ins Team passen würde, nehmen neben dem Personaler noch der Teamleiter und mehrere Teammitglieder an den Interviews teil.

In der Vorbereitung Leidenschaften und Talente entdecken

Die Beispielfragen zeigen, dass es bei einem Interview vor allem auf fachliche Kompetenz, Verständnis von Zusammenhängen und auf Selbstreflexion ankommt. Wichtig ist auch, diese Eigenschaften im Gespräch authentisch und souverän zu zeigen. Damit dies gelingt, sollte man sich auf ein Interview sorgfältig vorbereiten.

Vorbereitung auf ein Interview im Asset Management – zu beachtende Aspekte und Fragen

Fachliche und unternehmensspezifische Vorbereitung

- Welche Definitionen und Begriffe sind im Asset Management zentral?
  Kenne ich die wichtigsten Begriffe, und kann ich sie hinreichend beschreiben und zuordnen? (► Fachliteratur)
- Welche Modelle sind im Asset Management Standard?
  Sind mir die Modelle geläufig, und kann ich sie anwenden? (► Fachliteratur)
- Habe ich fundierte Kenntnisse in Kapitalmarkt- und Portfoliotheorie?
  In welchen Bereichen habe ich Schwächen, wo muss ich mein Wissen auffrischen?
  (► Fachliteratur)
- Welches Wissen ist für die ausgeschriebene Position besonders wichtig?
  Welche Informationen kann ich aus der Ausschreibung ziehen?
  (► Unternehmenshomepage/Stellenausschreibung)
- In welchem Bereich des Asset Managements liegen die Stärken des Unternehmens?
  Welchen Ansatz verfolgt das Unternehmen? Was ist sein Unique Selling Point?
  (► Unternehmenshomepage)
- Kenne ich die wichtigsten wirtschaftlichen und politischen Neuigkeiten?
  Kann ich diese Informationen interpretieren und daraus Schlüsse ziehen?
  (► Tagespresse/Nachrichten)

Persönliche Vorbereitung
- Gibt es einen roten Faden in meinem Lebenslauf, und kann ich diesen beschreiben?
- Kann ich wichtige Eck- und Wendepunkte in meinem Lebenslauf nachzeichnen und Lücken erklären? Kann ich meine Lebensentscheidungen begründen?
- Was waren die größten Herausforderungen in meinem Leben/Studium/Praktikum/Auslandssemester? Worin bestand die Herausforderung? Welche Eigenschaften haben mir geholfen sie zu bewältigen? Was habe ich dabei gelernt?
- Bei welchen Tätigkeiten erfahre ich die größte persönliche Zufriedenheit?
- Was treibt mich an, was sind meine übergeordneten Ziele?
- Was begeistert mich am Asset Management? Was reizt mich an der ausgeschriebenen Stelle?

Wenn man sich im Vorfeld eines Interviews mit diesen und den typischen Interviewfragen befasst, kann man Überraschungen und Stress in Vorstellungsgesprächen vermeiden. Und man lernt sich selbst und das eigene Denken kennen, seine Leidenschaften und Talente. Dies ist die wichtigste Voraussetzung, um authentisch zu sein.

Weiterbildung im Asset Management

Wer seine Zukunft im Asset Management sieht, muss sich stetig weiterbilden. Wie in vielen modernen Bereichen ist die Halbwertszeit des Wissens im Asset Management sehr kurz. Vor der Entscheidung für eine bestimmte Weiterbildung sollte man die eigenen Stärken und Entwicklungspotenziale genau analysieren und mit den Erfordernissen der angestrebten Tätigkeit im Asset Management abgleichen.

Ein guter Start ist ein Diplom in Betriebswirtschaftslehre, Volkswirtschaftslehre oder Wirtschaftsmathematik, verbunden mit der Spezialisierung auf Investment, Finance oder Bankwirtschaft. Noch stärkere Spezialisierungen bieten Programme mit den Abschlüssen als Master of Finance, Master of Quantitative Methods oder Master in Banking & Finance. Der besonders im angelsächsischen Raum geschätzte MBA (Master of Business Administration) ist nicht so spezialisiert und im Asset Management weniger gefragt. In eher theoretischen oder forschungslastigen Bereichen wie im Applied Research ist eine Promotion eine verbreitete Zusatzqualifikation. Viele Unternehmen unterstützen ihre Mitarbeiter bei einer Promotion finanziell und durch zusätzliche Freizeiten, wenn das Thema dem Unternehmen einen Nutzen bringt.

Auch nach der akademischen Laufbahn gibt es viele Möglichkeiten, sich weiterzubilden. Unternehmensintern werden oft Programme zur Entwicklung von Soft Skills sowie Schulungen für Kompetenzen wie Präsentationstechniken oder Kundenkommunikation angeboten. Zudem richtet sich eine Reihe zertifizierter anspruchsvoller Fortbildungsprogramme gezielt an Praktiker aus dem Asset Management und dem Investment Banking:

- Der **Chartered Financial Analyst (CFA)**, der vom CFA Institute in Virginia (USA) vergeben wird, ist weltweit angesehen. Das Programm ist in drei Level unterteilt, die jeweils nach einem Jahr mit einem schriftlichen Test abgeschlossen werden. Der CFA ist besonders für Young Professionals geeignet. Es lohnt sich, bereits als Trainee mit der ersten Phase des CFA zu beginnen. Viele CFA-Candidates werden dabei von ihren Unternehmen finanziell unterstützt. Nähere Informationen zum CFA findet man unter www.cfainstitute.org.
- Beim Programm zum **Chartered Alternative Investment Analyst (CAIA)** stehen Alternative Investments im Mittelpunkt. Das zweistufige Programm der Chartered Alternative Investment Analyst Associaton in Massachusetts (USA) vermittelt Investment-Professionals ein breites Wissen vor allem über Hedge-Fonds und Private-Equity-Investments in zwei Programmstufen. Für den Titel CAIA müssen zwei Examen absolviert werden. Alles Wichtige findet man unter www.caia.org.
- Der **Certified International Investment Analyst (CIIA)** ist das deutsche bzw. europäische Pendant zum CFA und wird von der Deutschen Vereinigung für Finanzanalyse und Asset Management (DVFA, www.dvfa.de) vergeben. Das berufsbegleitende Programm in drei Abschnitten, die jeweils mit einer Klausur abgeschlossen werden, berücksichtigt auch rechtliche und regulatorische Besonderheiten. Es richtet sich besonders an Fach- und Führungskräfte aus dem Portfolio- und Asset Management, aus Finanzanalyse und Research, Investment Banking sowie an Berufsgruppen mit Bezug zur Finanzbranche.

Ausstieg aus dem Asset Management – Performance oder Work-Life-Balance?

Die durchschnittliche Verweildauer im Asset Management beträgt fünf bis sieben Jahre. Der Kick aus Zeit- und Performancedruck verfliegt vielleicht oder weicht dem Verlangen nach einer besseren Work-Life-Balance. Auch der Wunsch nach einer beruflichen Neuorientierung kann ein Grund sein, dem Asset Management den Rücken zu kehren.

Es ist durchaus üblich, dass Vermögensverwalter auf die Kundenseite wechseln, zu Versicherungen, Pensionskassen oder Industrieunternehmen. Dies geht oft mit der Übernahme einer Management- oder Führungsaufgabe einher. In vielen Fällen bleiben die Asset Manager jedoch der Finanzbranche treu und wechseln von der Verwaltung institutioneller zur Verwaltung großer privater Vermögen. Besonders nach mehreren Jahren Erfahrung und mit der entsprechenden Seniorität ist die Kundenbetreuung im Private Banking eine interessante Veränderungsmöglichkeit. Für jüngere Asset Manager ist hingegen auch der Wechsel ins Investment Banking oder zu einem Brokerhaus eine spannende und herausfordernde Option.

Einstiegschancen ins Investment Banking und Asset Management in Zeiten der Finanzkrise

von Werner Klein und Thorsten Richter

Rekordverluste, Pleiten, Verstaatlichung - kein Zweifel: Die Finanzkrise hat tiefe Spuren auf den internationalen Kapitalmärkten hinterlassen. Trotz dieser Entwicklungen zählt der Finanzsektor nach wie vor zu den attraktivsten Arbeitgebern für Hochschulabsolventen. Eine besondere Stellung nehmen dabei seit vielen Jahren das Investment Banking und das Asset Management ein. Aber welche Auswirkungen haben die aktuellen Verwerfungen auf die Chancen von Hochschulabsolventen, in diesem Bereichen ihre Karriere zu starten?

Signifikante Auswirkungen der globalen Finanzkrise auf beide Branchen

Zuerst einmal ist festzustellen: Sowohl das Investment Banking als auch das Asset Management sind von der Krise an den internationalen Finanzmärkten stark betroffen. Im Investment Banking gibt es einerseits einen deutlichen Rückgang der Börsengänge und des M&A-Volumens. Auf der anderen Seite wurde der mit hohen Risiken verbundene und zuletzt tiefrote Zahlen schreibende Eigenhandel von den Marktteilnehmern stark zurückgefahren oder sogar eingestellt. Das Geschäft mit Hot Money - also Kredit-Derivaten, Hedge-Fonds etc. - ist fast zum Erliegen gekommen. Aber auch der Handel mit risikoärmeren Anlageklassen wie Aktien und Bonds hat vor dem Hintergrund sich deutlich vorsichtiger verhaltender Anleger nicht mehr den Umfang wie noch vor der Krise.

Ähnliches gilt für das Asset Management. Durch die Einbrüche an den Kapitalmärkten haben die Vermögenswerte in den Portfolien deutlich an Wert eingebüßt. Dieser Rückgang ist zwangsläufig auch mit dem Abzug von Kapital aus den Portfolios verbunden. Durch die Flucht der Anleger in risikoarme, margenschwächere Fondsprodukte oder in Bareinlagen ist international ein deutlicher Rückgang der verwalteten Vermögenswerte zu verzeichnen. Eine mögliche Tendenz für die Zukunft ist eine Zweiteilung des Marktes in Banken, die sich auf preiswerte Produkte wie Indexfonds konzentrieren und Anbieter der klassischen Portfolioverwaltung mit der Möglichkeit deutlich höherer Renditen.

Berufseinstieg auch für sehr gut qualifizierte Absolventen schwieriger

Wie auch für viele andere Bereiche des Finanzsektors bedeutet die Finanzkrise für das Investment Banking und Asset Management schmerzhafte Einschnitte, nicht zuletzt im Personalbereich. Neben Einstellungsstopps ist im Zeitraum 2008/2009 ein starker Personalabbau zu verzeichnen. Naturgemäß hat dies Einfluss auf die Einstiegschancen und -wünsche von Absolventen. Bisher rangierten Investment Banking und Asset Management bei vielen Studenten mit Faible für Finanzdienstleistungen ganz oben auf der Arbeitgeber-

Wunschliste, vor dem Hintergrund der Kapitalmarktkrise allerdings mit abnehmender Attraktivität. Und es bleibt abzuwarten, inwieweit sich diese Attraktivität durch sinkende Arbeitsplatzzahlen und auch die öffentliche Diskussion - besonders um den Stellenwert des Investment Bankings - weiter verändert.

Vielfach ist bei den Absolventen mit Berufsziel Investment Banking der Wille zum Engagement sowie die Qualifizierung sehr hoch. Dies geht konform mit dem hohen Spezialisierungsgrad und der überdurchschnittlichen Arbeitsbelastung, mit denen bereits Einsteiger konfrontiert werden. Die aktuell begrenzten Einstiegspositionen werden dazu führen, dass die Banken bei Neueinstellungen noch mehr auf die Qualität der Bewerber schauen können. Die ohnehin im Vergleich hohe Messlatte für Einsteiger wird also in der nächsten Zeit eher noch ein Stück höher liegen.

Weitere Veränderungen sind bei der Vergütung zu erwarten, die oft ein wesentlicher Anreiz für eine Karriere im Investment Banking oder Asset Management ist. Obwohl die Vergütung vor dem Hintergrund der hohen Qualifikationen und Arbeitsbelastung weiterhin attraktiv bleiben wird, werden die sehr hohen Bonusvolumina der letzten Jahre der Vergangenheit angehören. Die variable Vergütung wird sich hier - auch vor dem Hintergrund veränderter regulatorischer Rahmenbedingungen - weit stärker als bisher an Risiko- und Nachhaltigkeitsaspekten orientieren. Ausführliche Informationen werden im folgenden Artikel „Kapitalmarktkrise als Auslöser einer grundlegenden Neugestaltung der Vergütungssysteme“ gegeben.

Neue Form der Flexibilität gefordert

Aktuell findet eine Neujustierung von Asset Management und Investment Banking als Teil der Geschäftstätigkeit von Banken statt. In Zukunft wird es voraussichtlich zu einer deutlich engeren Verflechtung der beiden Bereiche mit den Marktfeldern Privatkunden und Firmenkunden kommen. Von Einsteigern wird daher eine größere Offenheit und Flexibilität den anderen Feldern des Banking gegenüber eingefordert werden. Aktuell bauen die Banken besonders die Bereiche im Kundengeschäft und Risikomanagement deutlich aus. Gerade in diesen Zeiten bieten sich daher für Absolventen, die nicht auf das Investment Banking und Asset Management festgelegt sind, interessante Möglichkeiten für die berufliche Entwicklung.

Weiterhin ist besonders im Investment Banking begrenzte regionale Konzentration und Konsolidierung zu erwarten: Die verbleibenden Investmentbanken konzentrieren ihre Geschäftsaktivitäten an wenigen zentralen Finanzplätzen. Viele Dependancen, die vor der Krise als Brückenköpfe in regionalen Märkten installiert wurden, fallen zunehmend Einsparungen zum Opfer. Für Absolventen bedeutet dies, dass von ihnen eine höhere Mobilität erwartet wird, da der Berufseinstieg zukünftig noch stärker als bisher in den großen Finanzzentren stattfinden wird.

Trotz allem: Beide Branchen bleiben Berufsfelder mit Zukunft
Ungeachtet der zurückliegenden Entwicklungen an den Kapitalmärkten ist das Investment Banking und Asset Management nicht tot. Beide Geschäftsbereiche werden ohne Zweifel auch in Zukunft ein integraler Bestandteil des Finanzsektors und damit auch ein attraktives Feld für Berufseinsteiger bleiben. In einer global vernetzten Wirtschaft haben die Kapitalmarktspezialisten eine zentrale Funktion, die nicht wegzudenken ist. Auch wenn es noch eine Zeit dauern wird, bis sich Börsengänge, Fusionsvolumina und Wertpapierhandel normalisieren, ist der Tiefpunkt der Entwicklung wohl durchschritten. Im Asset Management werden wieder hohe Renditen zu erzielen sein, wenn die Anleger nach der Flucht in risikoarme und entsprechend margenschwache Anlageformen mittelfristig an die Börse zurückkehren.

Und so düster das Bild aktuell erscheint - es gibt bereits Silberstreifen am Horizont. Die ersten Investmentbanken machen wieder Gewinne, und es ist davon auszugehen, dass eine Revitalisierung der Finanzmärkte im Laufe des Jahres 2009 auch zu einer deutlichen Zunahme der Einstiegspositionen für Absolventen spätestens im Jahre 2010 führen wird. Allerdings bleibt festzuhalten, dass sich das Geschäft der Banken deutlich verändert hat - für Absolventen aber, die sich darauf einstellen, wird die Finanzwelt auch in Zukunft gute Karrierechancen bieten.

Kapitalmarktkrise als Auslöser einer grundlegenden Neugestaltung der Vergütungssysteme

von Werner Klein und Thorsten Richter

Aus den Verwerfungen im Subprime-Markt ist eine handfeste Krise nicht nur des gesamten Finanzsystems, sondern auch der Realwirtschaften geworden. In der Finanzdienstleistungsbranche sind hierbei gerade die Finanzinstitute betroffen, die auf Investment Banking und Asset Management spezialisiert sind, da gerade deren Geschäftstätigkeit auf den Handel bzw. das Vermögensmanagement mit risikoreichen Finanzprodukten ausgerichtet ist.

Im Falle des Investment Bankings haben mittlerweile fast alle Institute den zuletzt stark verlustbehafteten Eigenhandel, also den Einsatz des Geldes der Bank ohne Kundenauftrag, stark zurückgefahren oder sogar eingestellt. In den USA haben sich auf Druck der Regierung die verbleibenden Investmentbanken in Geschäftsbanken umgewandelt und ihren bisherigen rechtlichen Sonderstatus aufgegeben.

Gleichwohl kann nicht die Rede davon sein, dass das Geschäftsfeld Investment Banking zum Auslaufmodell geworden ist. Denn auch in Zukunft wird eine global vernetzte Wirtschaft auf die Dienste der Kapitalmarktspezialisten angewiesen sein. Zwar werden hier zunächst nicht mehr die hohen Renditen vergangener Jahre zu erwarten sein, aber das Geschäft wird nach einer Revitalisierung der Kapitalmärkte mit größter Wahrscheinlichkeit wieder sehr profitabel sein. Deutliches Zeichen ist hier auch, dass im ersten Quartal 2009 einige Investmentbanken bereits wieder unerwartet hohe Gewinne gemeldet haben.

Vergütungssysteme im Umbruch

Sofort stellt sich hier die Frage nach den personalwirtschaftlichen Auswirkungen und insbesondere den Auswirkungen auf die Vergütungskonzepte, die traditionell eine besondere Bedeutung in diesen Geschäftssparten des Bankings haben. Grundsätzlich lässt sich sagen, dass die Vergütungssysteme im Investment Banking und Asset Management, ja im ganzen Finanzsektor, vor deutlichen Veränderungen stehen. Diese ergeben sich sowohl vor dem Hintergrund öffentlicher Diskussion und Kritik als auch bankenrechtlicher Prüfungen und neuer Auflagen. Im Kern wird hier der fehlende Zusammenhang zwischen tatsächlichem Unternehmenserfolg und individueller Bonusausschüttung kritisiert. In der Tat zeigt die bisherige Praxis der variablen Vergütung, dass diese mutmaßlich zu einem eher kurzfristig ausgerichteten und die Risiken der Finanzinstrumente nicht ausreichend beachtenden Verhalten der Banker beigetragen hat.

Die Psychologie des Bonus

Die variable Vergütung - der sogenannte Bonus - stellt einen besonders wesentlichen Bestandteil des Karrieremodells im Investment Banking oder Asset Management dar. Sie wird erfolgsabhängig zusätzlich zu Festgehalt und sonstigen Nebenleistungen gezahlt und ist ein zentrales Element bei der Rekrutierung und auch Bindung von Experten in diesen Geschäftsbereichen.

Um die Höhe der variablen Bonuszahlungen zu ermitteln, werden unterschiedliche Konzeptansätze in den Unternehmen verfolgt. Dabei werden für die Bemessung des gesamten Bonus-Pools auf Unternehmensebene typischerweise Erfolgsgrößen wie zum Beispiel Unternehmensergebnis, Bereichserfolg und Mitarbeiterleistung berücksichtigt. Die Modelle unterscheiden sich danach, wie diese Bemessungsgrundlagen verknüpft werden:

- Bei der **additiven Verknüpfung** werden mit Blick auf die jeweiligen Bemessungsgrundlagen separate Bonusbeträge ermittelt und addiert.
- Im Rahmen der **multiplikativen Verknüpfung** werden die Zielerreichungsgrade der einzelnen Bemessungsgrundlagen miteinander multipliziert, um den auszuschüttenden Bonusbetrag zu bestimmen.
- Bei einem **Bonus-Pool-Modell** ergibt sich aus der Unternehmensperformance, welcher Bonusbetrag auf Unternehmensbereiche und Mitarbeiter entsprechend ihrer Performance verteilt werden kann.

Aktuelle Towers-Perrin-Studien zeigen, dass im Unterschied zu anderen Branchen in den meisten Banken der Bonus-Pool-Ansatz vorherrscht.

Bisherige Bonuskultur stark von Leistungsträgern abhängig

Bonus-Pool bedeutet bei auf dem Finanzmarkt agierenden Unternehmen, dass das auf Basis des Unternehmensergebnisses bemessene Gesamtbonusvolumen von oben nach unten verteilt wird. Verdient das Unternehmen gut, ist nachvollziehbar, dass große Bonus-Pools bis auf Mitarbeiterebene ausgezahlt werden. Dass allerdings auch in schwierigen Ergebnissituationen nennenswerte Bonuszahlungen zur Ausschüttung kamen, war auf die nüchterne Kalkulation der Unternehmen in einem in den Erfolgsjahren sehr engen und umkämpften Arbeitsmarkt zurückzuführen: Wurde in einem Geschäftsjahr ergebnisabhängig kein Bonus gezahlt, bestand das Risiko, dass Leistungsträger das Unternehmen verlassen. Speziell im Banking nutzte die Konkurrenz normalerweise Schwächephasen gezielt zur Abwerbung von Spezialisten - im Investment Banking unter Umständen sogar von ganzen Teams. Um nach einem schlechten Jahr nicht auch noch Gefahr zu laufen, im nächsten und übernächsten nicht mehr genügend Experten mit erfolgskritischem Know-how und Kundenverbindungen an Bord zu haben, die den Umschwung schultern können, blieb den Unternehmen keine andere Wahl, als einen Bonus zu zahlen.

Der Markt entwickelte hierzu interessante Spielarten. Zusätzlich zum performancebasierten Bonus (oder anstelle desselben) waren Garantie- und Bindungs(Retention)-Boni durchaus üblich. Im einen Fall wurde einem neuen Mitarbeiter für das erste oder die ersten beiden Jahre ein fester Bonusbetrag zugesagt, im anderen Fall wurde bei ausgebliebener Performance ein Bonus zur Verhinderung von Abwanderungen gewährt. Schon allein aus diesem Kontext erforderten auch Verlustjahre nennenswerte Bonusvolumina.

Neuorientierung der Vergütung an Risikoaspekten und Nachhaltigkeit

Die anstehende Neuausrichtung der Vergütungssysteme im Finanzsektor hat inbesonders zum Ziel, das Risikobewusstsein der Banker zu stärken. Maßgeblich ist hier ein neues regulatorisches Umfeld: Auch wenn aktuell noch von keinem finalen rechtlichen Stand gesprochen werden kann, hat z. B. Anfang 2009 die Bundesanstalt für Finanzdienstleistungsaufsicht (BaFin) einen Entwurf zur Überarbeitung der Mindestanforderungen an das Risikomanagement (MaRisk) veröffentlicht und angemahnt, dass der variable Teil der Vergütung an dem langfristigen Erfolg des Instituts auszurichten ist. Auch der Ausschuss der Europäischen Bankenaufsichtsbehörden (CEBS) hat mittlerweile neue Vorgaben zur Vergütungspolitik verabschiedet, die bis Ende Herbst 2009 umgesetzt werden sollen. Im Vordergrund steht auch hier eine längerfristige Ausrichtung der Vergütungssysteme. Im Ergebnis werden deutlich angepasste Performance-Management-Konzepte sowie Begrenzungen der Bonushöhen erwartet.

Vor der Finanzkrise nochmals deutliche Gehaltssteigerungen in beiden Branchen

Da sowohl der Asset-Management- als auch der Investment-Banking-Bereich kaum lokal, sondern überwiegend international beziehungsweise sogar global geführt werden, wirken sich die an globalen Märkten üblichen Vergütungsmuster auch hierzulande auf beide Geschäftsfelder aus. Spezielles Kennzeichen ist in diesen Geschäftssegmenten die besondere Höhe sowie die deutlich volatilere Entwicklung der variablen Vergütung, die je nach Erfolgssituation sehr nennenswert nach oben oder unten schwanken kann.

Nach einer Auswertung von Towers Perrin zeigt sich dies auch für die Vergütungen der Jahre 2007 und 2008 - beides Jahre vor dem Höhepunkt der Finanzmarktkrise. Hier haben die Vergütungen sowohl im Asset Management als auch im Investment Banking nochmals einen guten Sprung nach oben gemacht. Allerdings hat sich die Gesamtvergütung - bestehend aus Grundvergütung und variablem Bonus - zwischen 2007 und 2008 in den beiden Geschäftsfeldern nicht einheitlich entwickelt: Insgesamt waren im Investment Banking deutlich höhere Sprünge in der Gesamtvergütung zu verzeichnen.

Asset Management						
Karrierestufe	2007			2008		
	Grundvergütung	Bonus	Gesamtvergütung	Grundvergütung	Bonus	Gesamtvergütung
Einsteiger	46.200	4.500	50.700	46.100	8.400	54.500
Young Professional (ca. 1 bis 2 Jahre Berufserfahrung)	57.400	10.500	67.900	58.600	14.800	73.400
Spezialist (ca. 2 bis 3 Jahre Berufserfahrung)	70.000	16.500	86.500	72.800	37.700	110.500
Experte (mehr als 5 Jahre Berufserfahrung)	96.000	48.000	144.000	99.000	74.700	173.700

Investment Banking						
Karrierestufe	2007			2008		
	Grundvergütung	Bonus	Gesamtvergütung	Grundvergütung	Bonus	Gesamtvergütung
Einsteiger	45.800	5.500	51.300	48.800	7.800	56.600
Young Professional (ca. 1 bis 2 Jahre Berufserfahrung)	52.800	7.400	60.200	56.800	19.800	76.600
Spezialist (ca. 2 bis 3 Jahre Berufserfahrung)	66.100	15.500	81.600	73.800	35.200	109.000
Experte (mehr als 5 Jahre Berufserfahrung)	82.600	26.800	109.400	100.700	69.000	169.700

Vergütung von Mitarbeitern im Asset Management und Investment Banking in den Jahren 2007 und 2008 nach Grundvergütung, Bonus und Gesamtvergütung, Durchschnittswerte in Euro[1]

Bereits für das Jahr 2007 zeigte sich ein Unterschied in der Vergütung der beiden Bereiche. Dabei lag die Gesamtvergütung, also die Grundvergütung inklusive Bonus, im Asset Management für fast alle betrachteten Karrierestufen jeweils über den Werten des Investment Banking. In den Gehaltsveränderungen für das Jahr 2008 näherte sich die Gesamtvergütung der beiden Geschäftsbereiche durch höhere Gehaltssteigerungen bei den Investmentbankern wieder an. Auf den ersten beiden betrachteten Karrierestufen verdienten die Investmentbanker mit 2.100 Euro bei den Einsteigern bzw. 3.200 Euro bei den Young

1 Anmerkung zum Lesen und zur Interpretation der Ergebnisse: Der für ein Jahr angegebene Bonus bezieht sich immer auf die im letzten Jahr gezeigte Leistung. Das bedeutet, die in 2008 gezahlten Bonussummen haben ihren Ursprung in 2007 und damit in der Zeit vor der Finanzkrise.

Professionals mehr als ihre Kollegen im Asset Management. Mit fortschreitender Karriereentwicklung allerdings liegen die Asset Manager vorn: Während Spezialisten 1.500 Euro mehr Gesamtvergütung als im Investment Banking bezogen, waren es bei den Experten 4.000 Euro.

Die Boni stiegen im Vergleich von 2007 zu 2008 in beiden Geschäftsbereichen grundsätzlich deutlich stärker an als das Grundgehalt. Auffallend sind besonders die hohen Steigerungen der Boni im Investment Banking. Sie reichten von 2.300 Euro auf Einstiegsniveau bis zu stattlichen 42.200 Euro auf der höchsten Stufe. Aber auch im Asset Management waren deutliche Steigerungen der variablen Vergütung zu beobachten: Bei Einsteigern lag diese mit 3.900 Euro sogar über den Werten im Investment Banking. Die größte absolute Steigerung beim Bonus hatten auch hier die Experten mit 26.700 Euro zu verzeichnen.

Haben Asset Manager mit steigendem Karrierelevel noch 2007 stets mehr Grundgehalt als ihre Kollegen im Investment Banking bezogen, stellt sich das Bild für 2008 differenzierter dar. Während Berufseinsteiger und Young Professionals im Investment Banking leicht über den Gesamtvergütungen im Asset Management liegen, ist es bei den Spezialisten und Experten umgekehrt.

In beiden Geschäftsbereichen existieren neben den kurzfristigen Leistungsanreizen bzw. Boni (Short-Term Incentives) ab dem Senior-Level und den Managementfunktionen zusätzlich häufig auch Long-Term Incentives, also längerfristige Anreize wie zum Beispiel Aktien oder Aktienoptionen.

Gehaltssprünge im Asset Management und im Investment Banking nähern sich an

Der Blick auf die absoluten Zahlen in der Gesamtvergütung zeigt deutlich, dass sich eine längerfristige Laufbahn in beiden betrachteten Geschäftsbereichen mehr als auszahlt. Die Gehaltssprünge zwischen den einzelnen Karrierestufen haben sich von 2007 zu 2008 angenähert, sind aber im Asset Management – mit Ausnahme des Aufstiegs vom Einsteiger zum Young Professional – noch immer höher. Liegt das Einstiegsgehalt für einen Junior Asset Manager 2008 bei 54.500 Euro, werden auf der nächsthöheren Karrierestufe im Durchschnitt bereits 73.400 Euro gezahlt. Auch das Erreichen der nächsten Karrierestufe wird von deutlichen Vergütungssprüngen begleitet. Seniors können sich über Gehaltsniveaus von 110.500 Euro freuen, im Bereich der Experten sind es sogar 173.700 Euro. Die deutliche Erhöhung zwischen diesen beiden Karrierestufen um insgesamt 63.200 Euro ist darauf zurückzuführen, dass die Finanzinstitute verstärkt Top Performer durch finanzielle Anreize an das Unternehmen zu binden versuchen.

Im Investment Banking fallen die Gehaltssprünge zwischen den Karrierestufen etwas geringer aus. So verdient ein Junior hier 56.600 Euro. Nach dem folgenden Karriereschritt beträgt die Vergütung rund 76.600 Euro. Mit 109.000 Euro als Senior und dann nahezu 170.000 Euro als Experte liegen die Gehaltsspannen in den oberen Hierarchieebenen niedriger als im Asset Management – vor allem die Entwicklung vom Young Professional zum Spezialisten wird hier monetär höher honoriert. Besonders ausschlaggebend ist auf dem höchsten Karrierelevel der Bonus, der im Investment Banking mit 69.000 Euro ungefähr zwei Dritteln der Grundvergütung entspricht und im Asset Management mit 74.700 Euro sogar drei Vierteln.

Fazit

Die Zahlen für 2007/2008 illustrieren nochmals die seit den 1990er-Jahren gestiegene Bereitschaft zur Erhöhung der variablen Vergütung. Außerdem sind sie vor dem Hintergrund einer im Jahre 2007 noch guten Geschäftsentwicklung auf den Kapitalmärkten zu lesen.

Für 2009 wird sich ein gänzlich anderes Bild abzeichnen. Vor dem Hintergrund deutlicher Restrukturierungen der Geschäfts- und Organisationsmodelle haben viele Investmentbanken und Asset Manager entweder einen Einstellungsstopp verkündet oder bauen sogar konkret Personal ab. Die sich dabei abzeichnende Neuausrichtung der Vergütungspakete wird die Berufseinsteiger unmittelbar zwar weniger treffen; jedoch ist mittel- bis langfristig von begrenzteren variablen Vergütungen auszugehen.

e-fellows.net

Das Online-Stipendium und Karrierenetzwerk e-fellows.net

Karriereleistungen

- maßgeschneiderte Praktikums- und Jobangebote sowie Zugang zu speziellen Angeboten der Partnerunternehmen
- Einladung zu Karriereveranstaltungen von e-fellows.net wie Career in Investment Banking & Asset Management, MBA Day und Startschuss Bachelor Wirtschaft (nähere Informationen siehe nächste Seite)
- ein eigenes Mentorenprogramm mit über 250 Mentoren unserer Partnerunternehmen
- persönliche Kontakte zu Unternehmensvertretern in der e-fellows.net community
- Gütesiegel für den Lebenslauf: Stipendiaten von e-fellows.net gehören zu den besten Nachwuchskräften in Deutschland.

Finanzielle und geldwerte Leistungen

- kostenlose Abos von Zeitungen und Zeitschriften, z. B. *Handelsblatt, Wirtschaftswoche, Junge Karriere, DIE ZEIT, ZEIT Campus* oder *Der Betrieb*
- 15 Euro monatlicher Zuschuss auf ausgewählte Telekom-Tarife für Festnetz und Internet bzw. Mobilfunk
- kostenlose Recherchemöglichkeiten in fachspezifischen, sonst kostenpflichtigen Datenbanken, z. B. WISO-Wirtschaftswissenschaften und Business Source Premier
- Rabatte für Seminare, zum Beispiel für Soft-Skill-Seminare des Meyer-Camberg Instituts sowie für GMAT-Vorbereitungskurse von Manhattan Review
- kostenlose Bücher aus der Reihe e-fellows.net wissen: Jährlich steht ein Gesamtkontingent von ca. 10.000 Exemplaren der Bücher *Perspektive Unternehmensberatung, Perspektive Investment Banking & Asset Management, Perspektive Patentanwalt, Perspektiven für Juristen* sowie *Der LL.M.* zur Verfügung.

Netzwerkleistungen

- ein Netzwerk aus Stipendiaten: In der exklusiven e-fellows.net community treffen sich e-fellows und tauschen ihr Wissen aus.
- In rund 100 City Groups kann man Kontakte zu anderen Stipendiaten seiner Hochschulstadt knüpfen und diese persönlich kennenlernen.
- In Online-Expertenforen stehen Vertreter der Partnerunternehmen und unabhängige Fachleute zu wechselnden, immer spannenden Themen wie „Investieren trotz Abgeltungssteuer“ oder „Bewerben in den USA, Großbritannien und Spanien" für Fragen zur Verfügung.

Mehr Informationen zu Leistungen, Auswahlverfahren und Bewerbung unter www.e-fellows.net/stipendium

Veranstaltungen von e-fellows.net (Auswahl)

Career in Investment Banking & Asset Management 2010

Worum geht es? Bei e-fellows.net Career in Investment Banking & Asset Management geben Experten aus Theorie und Praxis Einblicke in diese spannenden Branchen. Das Programm umfasst einen Fachvortrag sowie Auswahlgespräche für den Berufseinstieg oder Praktika.

Wann? Herbst 2010

Wo? Frankfurt am Main

Für wen? Herausragende Studierende und Hochschulabsolventen, die sich für ein Praktikum oder den Direkteinstieg ins Investment Banking und/oder Asset Management interessieren.

Weitere Informationen unter www.e-fellows.net/ib

MBA Day 2010

Worum geht es? Ausgewählte MBA-Interessierte treffen auf renommierte europäische Business Schools. Die Teilnehmer erhalten wertvolle Infos und Tipps zum MBA beim MBA-Forum, in Q&A-Sessions und (bei mindestens eineinhalbjähriger Berufserfahrung) in vorterminierten Interviews.

Wann und wo? 6. März 2010 (München), Herbst 2010 (Frankfurt am Main)

Für wen? Bewerben können sich Studierende im letzten Studienjahr sowie Hochschulabsolventen und Berufstätige. Für die MBA-Interviews wird eine Berufserfahrung von mindestens 18 Monaten vorausgesetzt.

Weitere Informationen unter www.e-fellows.net/mbaday

Startschuss Bachelor Wirtschaft 2010

Worum geht es? Ausgewählte Teilnehmer können sich bei renommierten Hochschulen und Unternehmen individuell über wirtschaftswissenschaftliche Master-Studiengänge und ihre Berufschancen nach dem Bachelor-Abschluss informieren. Ein breit gefächertes Rahmenprogramm gibt zudem wertvolle Tipps, zum Beispiel zu Auswahlverfahren oder Finanzierung.

Wann? 27. März 2010

Wo? Frankfurt Marriott Hotel in Frankfurt am Main

Für wen? Bachelor-Absolventen sowie Bachelor-Studierende ab dem dritten Semester mit mindestens „guten" Studienleistungen.

Weitere Informationen unter www.e-fellows.net/bachelor

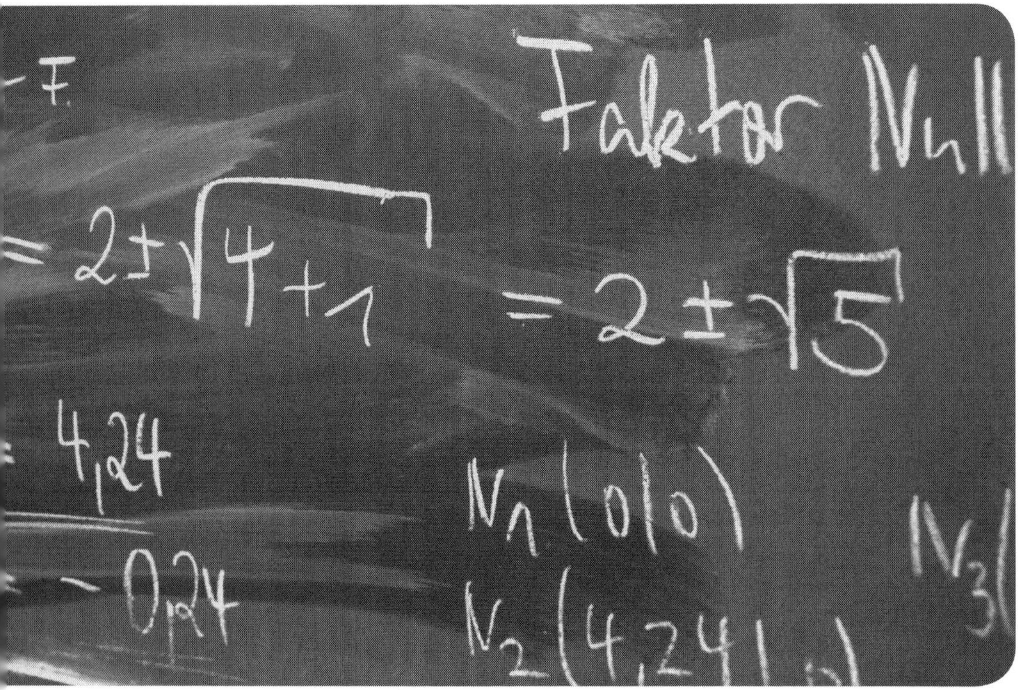

Theorieteil Investment Banking & Asset Management

120 Verfahren zur Unternehmensbewertung im Rahmen von M&A-Transaktionen
120 Die Bedeutung der Unternehmensbewertung bei M&A-Transaktionen
122 Multiplikatorverfahren zum Ersten: Comparable-Trading-Multiples-Verfahren
128 Multiplikatorverfahren zum Zweiten: Comparable-Transaction-Multiples-Verfahren
129 Beurteilung der Multiplikatorverfahren
130 Discounted-Cashflow-Verfahren (DCF-Verfahren)
132 Spezifische Analysen – der Leveraged Buy-Out
133 Zusammenfassung
135 Theoretische Grundlagen des Kapitalmarktes
135 Aktien und Anleihen
143 Investmentfonds
145 Derivative Finanzprodukte
155 Fallstudie zur Strukturierung eines Garantiezertifikates
158 Konzepte, Kennzahlen und Methoden im Asset Management
158 Verschiedene Investmentkonzepte
167 Kennzahlen und Methoden
172 Investment Performance Attribution

3. Theorieteil Investment Banking & Asset Management

Grau ist alle Theorie? Von wegen. Wer sich auf ein Bewerbungsgespräch vorbereitet, tut gut daran, seinen Wissensstand vorher aufzufrischen. Nachdem im vorangegangenen Kapitel die Karrieremöglichkeiten im Investment Banking und Asset Management dargestellt wurden, wird es nun konkret: Worum geht es inhaltlich in diesem spannenden Berufsfeld?

Eine umfassende Theorie zu bieten kann nicht Anspruch dieses Buchs sein, füllt doch die Literatur zum Investment Banking und Asset Management viele Regalmeter. Vielmehr soll anhand von typischen Arbeitsgebieten im Investment Banking und Asset Management ins Thema eingeführt werden. Wer sich weitergehend informieren möchte, findet am Ende jedes Unterkapitels nützliche Literaturhinweise. Folgende drei Themengebiete werden exemplarisch herausgegriffen und näher beleuchtet:

Unternehmensbewertung
Die M&A-Beratung ist eines der klassischen Felder im Investment Banking. Eine Schlüsselrolle spielt hierbei die Unternehmensbewertung. Prof. Dr. Marion Schulz stellt verschiedene Wege vor, mit denen man den Wert eines Unternehmens beziffern kann: verschiedene Multiplikatorverfahren, Discounted-Cashflow-Verfahren und Leveraged Buy-Out.

Grundlagen des Kapitalmarktes
Welche Kapitalmarktprodukte gibt es, wie bewerte ich Aktien, welche Chancen bieten Derivate oder strukturierte Produkte? Im zweiten Unterkapitel beantwortet Kolja Gauer diese Fragen. Die Konzepte, die den unterschiedlichen Produkten zugrunde liegen, werden übersichtlich dargestellt. Zum Abschluss lädt eine Fallstudie dazu ein, das erworbene Wissen zu überprüfen.

Konzepte, Kennzahlen und Methoden im Asset Management
Mit einer Einführung ins Asset Management schließt dieses Kapitel ab. Unser Autor Patrick Figge stellt verschiedene Investmentkonzepte und Fondsarten vor und benennt Kennzahlen und Methoden, mit denen die Leistung eines Fonds bewertet werden kann. So zeigt er unter anderem, wie man herausfinden kann, welchen Faktoren der Erfolg eines Fonds zuzuschreiben ist und welchen Anteil der Fondsmanager an der Performance hat.

Verfahren zur Unternehmensbewertung im Rahmen von M&A-Transaktionen

von Prof. Dr. Marion Schulz

Die Bedeutung der Unternehmensbewertung bei M&A-Transaktionen

Eine klassische Dienstleistung im Investment Banking ist die Beratung bei Unternehmensakquisitionen oder Unternehmensverkäufen und Verschmelzungen – die M&A-Beratung. Diese umfasst eine Fülle an Leistungen, die abhängig vom Mandat breiter oder enger gefasst sein können. Beispielsweise fallen die Käufer-, Verkäufer- oder Partnersuche, die Unterstützung bei der Festlegung der Verhandlungsstrategie, die Unternehmensbewertung oder die Analyse von Finanzierungsoptionen unter das Spektrum der angebotenen Dienstleistungen. Eine typische M&A-Transaktion, die der Verkäufer veranlasst, gestaltet sich folgendermaßen:

Analyse der Ausgangssituation	Identifikation potenzieller Käufer	Käuferansprache	Due Diligence	Vertragsverhandlungen und Abschluss
• Zielsetzung • Festlegung des Verhandlungskonzeptes • Datensammlung und -aufbereitung • (indikative) Unternehmensbewertung* • Erstellung eines Informationsmemorandums	• Markt-Screening nach Käufern (Long List) • Eingrenzung des Käuferkreises (Short List) • Einschätzung des Interesses der Käuferparteien	• Versand einer Kurzinformation (Teaser) an interessierte Parteien • Verschicken des Informationsmemorandums nach Unterzeichnung einer Vertraulichkeitserklärung • Einholen indikativer Angebote • Beurteilung der Angebote*	• Auswahl eines eingegrenzten Käuferkreises • Bereitstellung detaillierter Informationen im Datenraum • Unternehmensbewertung* • Präsentation des Managements • Expertengespräche • Standortbesichtigungen • Einholen bindender Angebote • Beurteilung der Angebote*	• Festlegung der Verhandlungsstrategie* • finanzielle, rechtliche und steuerliche Strukturierung* • definitive Käufer- und Angebotsbeurteilung* • Vertragsabschluss

* direkter oder indirekter Einfluss der Unternehmensbewertung als Teil der Entscheidungsgrundlage

Beispielhafter Ablauf einer Verkaufstransaktion[1]

1 In Anlehnung an Achleitner (2002), S. 153. Eine vom Käufer veranlasste Transaktion verläuft ähnlich. Vgl. dazu Hockmann/Thießen (2007), S. 209. In einem Datenraum werden sämtliche zur Durchführung der Sorgfältigkeitsprüfung (Due Diligence) notwendigen Dokumente bereitgestellt, wie z. B. Jahresabschlüsse, Steuerunterlagen, Verträge etc. In Expertengesprächen besprechen die jeweiligen Finanz-, Versicherungs-, Anwaltteams etc. Fragen, die nach Sichtung des Datenraums noch nicht geklärt werden konnten.

Die Unternehmensbewertung nimmt bei M&A-Transaktionen einen entscheidenden Stellenwert ein, da sie die Frage nach dem angemessenen Kauf- bzw. Verkaufspreis beantwortet. Die Aufgabe der Investmentbank ist in diesem Zusammenhang abhängig vom Stadium der Transaktion sowie von der Art des Mandats. Vor der Transaktion ermittelt die Investmentbank eine erste Preisindikation auf Grundlage öffentlich verfügbarer Informationen. Ist die Bank anschließend bei einem Verkaufsmandat tätig, stehen ihr in der Regel bereits von Anfang an alle notwendigen Bewertungsinformationen ihres Kunden zur Verfügung. Die Unternehmensbewertung dient dann der Beurteilung der Kaufpreisangebote und hat Einfluss auf die Festlegung der Verhandlungsstrategie. Während der einzelnen Prozessphasen kann dann die Bewertung immer wieder überprüft und gegebenenfalls angepasst werden. Im Rahmen eines Kaufmandats hingegen werden dem potenziellen Käufer im Verlauf des Transaktionsprozesses nach und nach genauere Informationen zur Verfügung gestellt. Die anfängliche Bewertungsindikation wird von der Investmentbank in enger Absprache mit ihrem Kunden im Verlauf eines Kaufmandats dann weiter verfeinert - zunächst anhand des Informationsmemorandums, das eine umfassende Darstellung des Verkaufsobjektes enthält, und anschließend mittels der in der Due Diligence zur Verfügung gestellten detaillierteren Informationen.

Natürlich stimmen die Preisvorstellungen von Käufer und Verkäufer meist nicht überein, und die letztendliche Einigung hängt stark vom Verhandlungsgeschick und der Verhandlungsmacht der beteiligten Parteien ab. Nicht zuletzt beeinflussen subjektive Einschätzungen der realisierbaren Synergien bei einem strategischen Zusammenschluss die Preisverhandlungen. Ziel der Bewertung ist es daher nicht, einen absoluten Wert, sondern vielmehr die subjektiven Grenzpreise zu ermitteln sowie eine Verhandlungs- und Argumentationsgrundlage zu liefern, um einen Interessensausgleich zu schaffen.

Wegen der Bedeutung der Unternehmensbewertung bei M&A-Transaktionen ist es bei einem Karriereeinstieg in das Investment Banking ratsam, sich mit den gebräuchlichsten Methoden zur Unternehmensbewertung und mit deren Einsatzmöglichkeiten vertraut zu machen, um im Vorstellungsgespräch gewappnet zu sein. Der folgende Beitrag soll interessierten Kandidaten als Hilfestellung dienen: Er stellt die in der M&A-Praxis am häufigsten verwendeten Verfahren kurz dar und untersucht ihre Einsatzmöglichkeiten. Dabei werden drei Arten von Verfahren behandelt. Die ersten beiden Arten, nämlich erstens die Multiplikatorverfahren (als kapitalmarktorientierte Methoden) sowie zweitens das Discounted-Cashflow-Verfahren (mit dem WACC-Ansatz), kommen in der Praxis verhältnismäßig oft zum Einsatz. Als drittes werden einige spezifische Analysen vorgestellt, die abhängig von der Transaktion durchgeführt werden.

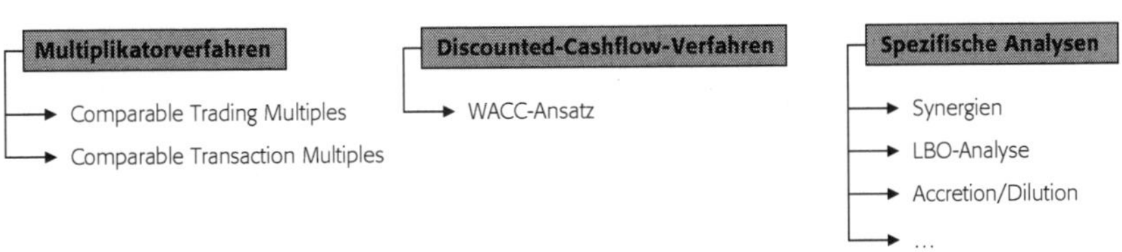

Überblick über häufige Bewertungsverfahren im M&A-Prozess

Da sie in der Praxis oft verwendet werden, liegt der Brennpunkt dieses Kapitels auf den Multiplikatorverfahren. Die Fragestellung aller Multiplikatorverfahren lautet: „Welche relative Marktbewertung ergibt sich auf Basis vergleichbarer Unternehmen oder vergleichbarer Transaktionen?“ Das bedeutet, der Unternehmenswert wird entweder aus dem Marktpreis vergleichbarer börsennotierter Unternehmen abgeleitet (Comparable-Trading-Multiples-Verfahren) oder aus dem Preis, der bei zeitnahen vergangenen Transaktionen für vergleichbare Unternehmen gezahlt wurde (Comparable-Transaction-Multiples-Verfahren).

Multiplikatorverfahren zum Ersten: Comparable-Trading-Multiples-Verfahren

Die erste Variante der Multiplikatorverfahren, das Comparable-Trading-Multiples-Verfahren, erfordert drei Schritte zur Unternehmensbewertung: die Auswahl vergleichbarer Unternehmen, die Festlegung der Bezugsgrößen und schließlich die Ableitung des Unternehmenswertes.

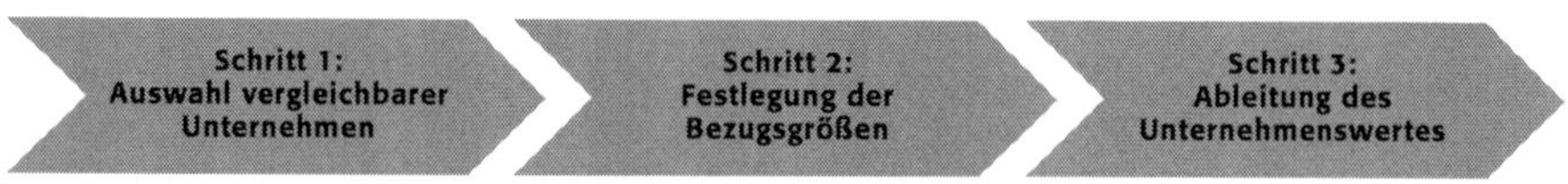

Bewertungsschritte des Comparable-Trading-Multiples-Verfahrens

Schritt 1: Auswahl vergleichbarer Unternehmen

Im ersten Schritt des Comparable-Trading-Multiples-Verfahrens werden geeignete börsennotierte Vergleichsunternehmen zur Zusammenstellung einer Peer Group bestimmt. Vergleichbar bedeutet hier, dass diese Unternehmen die gleiche Risikostruktur und die gleichen Wachstumsaussichten und Renditeerwartungen besitzen wie das zu bewertende Unternehmen. Zur Beurteilung ist im Vorfeld eine eingehende Analyse des Bewertungsobjektes und des entsprechenden Marktumfeldes notwendig. Häufig werden in der Praxis Unternehmen aus der gleichen Industriebranche ausgewählt, was gewährleisten soll, dass die Unternehmen dem gleichen operativen Risiko unterliegen. Man sollte die Unternehmen außerdem hinsichtlich ihres Umsatzes oder ihrer Marktkapitalisierung (als Indikator für die Unternehmensgröße), ihrer Margen und/oder anderer wichtiger Kennzahlen beurteilen.[2] Eine Peer Group könnte beispielsweise folgendermaßen aussehen:

2 Weitere Kennzahlen, die dem Vergleich dienen, sind beispielsweise Ausgaben für Forschung und Entwicklung, Investitionen, Verschuldungsgrad oder verschiedene bilanzielle Kennzahlen wie Nettoumlaufvermögen, Umschlaghäufigkeit der Vorräte, Umschlagsdauer der Forderungen oder Verbindlichkeiten etc.

Calendar year 2008					
Company Name	Local Currency	Sales (in Mio. Euro)	Sales Growths 2008–2010	Margins	
				EBITDA	EBIT
Company 1	GBP	207.4	2.5 %	15.8 %	14.5 %
Company 2	EUR	625.2	3.3 %	15.0 %	18.4 %
Company 3	EUR	529.6	0.6 %	12.7 %	11.8 %
Company 4	EUR	222.5	2.1 %	14.4 %	10.0 %
Company 5	USD	312.9	1.1 %	10.7 %	8.9 %
Company 6	EUR	654.4	4.3 %	18.6 %	12.1 %
Company 7	NOK	558.3	2.8 %	16.0 %	13.2 %
Company 8	SEK	489.4	5.5 %	18.2 %	12.6 %

Beispiel einer Peer Group

Bereits anhand dieser Daten wird deutlich, dass eine tatsächliche Vergleichbarkeit nur eingeschränkt möglich ist. Denn meist sind die Unternehmen der Peer Group hinsichtlich ihrer Risikostruktur doch stark unterschiedlich. Marktpositionierung, Produktangebot, Kundenportfolio, Steuerquote, Kapitalstruktur oder Erfolg und Qualität des Managements sind nur einige weitere Faktoren, die in diesem Zusammenhang die Vergleichbarkeit einschränken.[3]

Schritt 2: Festlegung der Bezugsgrößen

Im zweiten Schritt des Comparable-Trading-Multiples-Verfahrens werden aussagekräftige (Finanz-)Kennzahlen festgelegt. Aus diesen Kennzahlen wird eine Verhältniszahl – der Multiplikator – auf Basis der Börsenbewertung oder aber der Unternehmensgesamtbewertung, d. h. der Summe aus Börsenbewertung (Marktkapitalisierung oder Wert des Eigenkapitals) und Nettofinanzverbindlichkeiten, abgeleitet.

Multiplikator = **Börsenbewertung/ Unternehmensgesamtbewertung** / **Kennzahl**

Multiplikatorberechnung des Comparable-Trading-Multiples-Verfahrens

Die Kennzahlen sind meist Finanzkennzahlen des Unternehmens. Daneben gibt es aber noch weitere Kennzahlen, die abhängig vom Unternehmen und der Branche ebenfalls eine sinnvolle Bewertungsbasis bilden können. Hier eine Auswahl an typischen Finanzkennzahlen und möglichen weiteren Kennzahlen außerhalb des finanzwirtschaftlichen Bereichs:

3 Vgl. auch Krolle/Schmitt/Schwetzler (2005), S. 3.

	Entity (Erklärung siehe unten)	Equity (Erklärung siehe unten)
Finanzkennzahlen	• operativer Gewinn (EBIT) • operativer Gewinn vor Abschreibung (EBITDA) • Umsatz • investiertes Kapital	• Jahresüberschuss (Earnings) • Ergebnis vor Steuern (EBT) • Cashflow • Buchwert
Andere Kennzahlen	• Kunden-/Mitarbeiteranzahl • Website-Zugriffe pro Minute • Bettenbelegung etc.	

Typische Bewertungskennzahlen

Equity versus Entity Multiples

Einige der aufgeführten Kennzahlen beziehen sich auf Zahlungsströme, die sowohl den Eigenkapitalgebern als auch den Fremdkapitalgebern des Unternehmens (Entity) zustehen. Dazu gehören zum Beispiel Umsatz, EBITDA oder EBIT. Andere hingegen fließen nur an die Eigenkapitalgeber (Equity). Hierzu zählt unter anderem der Jahresüberschuss, da dieser nach Zinszahlungen, also nach den Zahlungen an die Fremdkapitalgeber, anfällt. Insofern ist darauf zu achten, dass sich Zähler und Nenner der Bewertungsgleichung (siehe Seite 123) auf die gleiche Größe beziehen. Der Unternehmensgesamtwert lässt sich dabei aus der Marktkapitalisierung (Wert des Eigenkapitals) zuzüglich der Nettofinanzverbindlichkeiten (Wert des Fremdkapitals) berechnen.

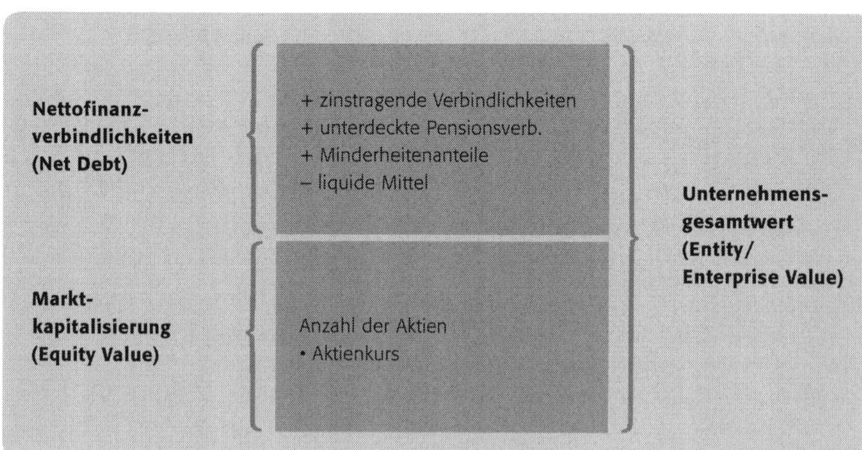

Equity Value vs. Entity Value

Damit errechnet sich beispielsweise der Umsatzmultiplikator als Quotient aus Unternehmensgesamtwert und Umsatz und gehört zu den Entity Multiples. Das Kurs-Gewinn-Verhältnis KGV (Price-Earnings-Ratio, P/E) berechnet sich aber als Quotient aus Marktkapitalisierung und Jahresüberschuss und ist den Equity Multiples zuzuordnen.

Beurteilung der Kennzahlen

Für eine Bewertung sollte man sich der jeweiligen Aussagekraft und der damit verbundenen Vor- und Nachteile der einzelnen Kennzahlen bewusst sein, um eine geeignete Auswahl und Interpretation sicherzustellen.

- **Jahresüberschuss:** Aus dem Jahresüberschuss wird das Kurs-Gewinn-Verhältnis abgeleitet. Dieses Verhältnis ist in der Praxis eine weit verbreitete und akzeptierte Kennzahl. Es berücksichtigt die unterschiedliche Ertragskraft von Unternehmen. Allerdings wird der Jahresüberschuss durch den Verschuldungsgrad und die Steuerquote des Unternehmens beeinflusst, sodass die Multiplikatoren der einzelnen Unternehmen stark schwanken können. Problematisch wirken sich zudem unterschiedliche Rechnungslegungsvorschriften und -wahlrechte aus, die einen verhältnismäßig starken Einfluss auf die Kennzahl haben. Zudem ist das Kurs-Gewinn-Verhältnis durch die Fungibilität einer Aktie beeinflusst. Das heißt Unternehmen, deren Aktien an der Börse weniger liquide sind, bei denen also ein Kauf oder Verkauf nicht immer sicherzustellen ist, haben häufig niedrigere Kurs-Gewinn-Verhältnisse. Dies nennt man Fungibilitätsabschlag.
- **EBT** (Earnings Before Tax): Diese Kennzahl eliminiert den Einfluss der Steuerquote auf die Bewertung, unterliegt ansonsten jedoch denselben Nachteilen wie der Jahresüberschuss.
- **EBIT** (Earnings Before Interest and Tax): Der EBIT eliminiert zusätzlich zur Steuerquote den Einfluss des Verschuldungsgrades, sodass er die rein operative Ertragskraft eines Unternehmens widerspiegelt. Um ein einheitliches Finanz- und Steuerrisiko zu reflektieren, sollten demnach nur Unternehmen mit ähnlicher Zinsdeckungs- und Steuerquote verglichen werden. Nachteilig ist, dass Abschreibungen bzw. die Anwendung von Abschreibungswahlrechten die Kennzahl verzerren können.
- **EBITDA** (Earnings Before Interest, Tax, Depreciation and Amortization): Auch der EBITDA betrachtet die rein operative Ertragskraft der Unternehmen. Er eliminiert aber zusätzlich die Verzerrungen durch Abschreibungen, da buchhalterische Abschreibungsdifferenzen nicht in der Kennzahl enthalten sind. Das bedeutet im Gegenzug, dass nur Unternehmen mit identischer Kapitalintensität bzw. gleichen Abschreibungsquoten verglichen werden sollten.
- **Umsatz:** Eine Orientierung am Umsatz gewährleistet eine weitgehende Unabhängigkeit von den Rechnungslegungsvorschriften der betrachteten Unternehmen. Die Datenbeschaffung ist bei dieser Kennzahl vergleichsweise einfach und ein Umsatz-Multiplikator ist auch bei negativer Ertragskraft von Unternehmen anwendbar. Allerdings werden Kostenstruktur und Ertragskraft völlig außer Acht gelassen, sodass diese Kennzahl nur eine erheblich eingeschränkte Aussagekraft besitzt. Sie sollte vor allem für Unternehmen herangezogen werden, die entweder keinen (operativen) Gewinn erwirtschaften oder deren Wert sich maßgeblich durch Marktanteile bestimmt.

- **Cashflow:** Auch der Cashflow wird auf den ersten Blick weniger stark durch unterschiedliche Rechnungslegungsvorschriften beeinflusst, da zum Beispiel Abschreibungen nicht einfließen. Auf den Cashflow wirken sich jedoch einerseits Verschuldungsgrad und andererseits Investitionen aus. Das ist problematisch, da Investitionen in das Anlagevermögen sehr unternehmensindividuell sind und stark variieren können. Außerdem sind die Veränderungen des Nettoumlaufvermögens (Working Capital) in der Cashflow-Berechnung enthalten, was ebenfalls aufgrund bilanzpolitischer Maßnahmen zu Verzerrungen innerhalb der Peer Group führen kann.
- **Buchwert:** Die Betrachtung des Buchwertes des Eigenkapitals kann genau wie der Umsatzmultiplikator für junge Unternehmen ohne Gewinn herangezogen werden. Die Datenbeschaffung ist ebenfalls relativ einfach. Allerdings ist die Kennzahl im Falle unterschiedlicher Kapitalstrukturen vorsichtig zu interpretieren. Sie sollte insbesondere dann zum Einsatz kommen, wenn ein direkter Zusammenhang zwischen Ertragslage und bilanziellem Eigenkapital besteht, was beispielsweise bei Banken oder Versicherungen der Fall ist.
- **Investiertes Kapital:** Diese Kennzahl wird maßgeblich durch das Nettoumlaufvermögen sowie durch das Anlagevermögen bestimmt. Bilanzpolitische Maßnahmen, die sich auf das Nettoumlaufvermögen oder das Anlagevermögen beziehen, stellen also ebenfalls ein Problem dar, auf das bei der Zusammenstellung der Peer Group geachtet werden muss.
- **Andere Kennzahlen:** In manchen Fällen kann es sinnvoll sein, Multiplikatoren außerhalb des finanzwirtschaftlichen Bereiches zu betrachten. So könnte zum Beispiel die Kundenanzahl bei der Bewertung eines Zeitschriftenverlages eine Rolle spielen oder die Zimmerauslastung bei der Bewertung eines Hotels. Dabei kommt es immer auf unternehmensindividuelle Gegebenheiten an, mit denen sich der Bewerter zuvor intensiv auseinandersetzen sollte.

Zusammenfassend sollte man bei der Bewertung in jedem Fall Sondereffekte bereinigen und Differenzen aufgrund unterschiedlicher Rechnungslegungsvorschriften anpassen. Dabei ist die Analyse des Geschäftsberichts und insbesondere dessen Anhangs von großer Bedeutung. Der hieraus resultierende hohe Analyseaufwand stellt den Bewerter nicht selten vor erhebliche Schwierigkeiten.

Periodenfestlegung

Da Börsenkurse zukünftig erwartete Geschäftsentwicklungen widerspiegeln, erfolgt auch die Bewertung anhand zukünftig erwarteter Kennzahlen. Üblicherweise wird auf erwartete Kennzahlen des aktuell laufenden und des darauffolgenden Geschäftsjahres zurückgegriffen. Häufig betrachtet man zusätzlich noch das letzte abgelaufene Geschäftsjahr oder die Geschäftsentwicklung der letzten zwölf Monate zu Vergleichszwecken, da diese Zahlen auf einer gesicherten Datenbasis beruhen und der Bewertungszeitpunkt noch nicht zu weit zurückliegt. Als Quelle der Zukunftsschätzungen dienen Datenbanken wie das Informationssystem I/B/E/S (Institutional Brokers' Estimate System), die durchschnittliche Kennzahlschätzungen unterschiedlicher Research-Analysten bereitstellen. Auch hier sieht sich der Bewerter mit zusätzlichen Schwierigkeiten konfrontiert, da sich die Kennzahlen einzelner Research-Analysten in ihrer Berechnungsmethodik unterscheiden können, welche zudem in der Regel nicht transparent ist.

Die Ableitung der Multiplikatoren aus dem zuvor gewählten Beispiel kann auf Basis der Kalenderjahre 2009 und 2010 nun folgendermaßen aussehen:

Company Name	in Mio. Euro		EV/Revenues		EV/EBITDA		EV/EBIT		P/E	
	Equity Value	Entity Value	2009 E	2010 E	2009 E	2010 E	2009 E	2010 E	2009 E	2010 E
Company 1	241.3	298.2	1.4x	1.4x	8.9x	8.7x	9.9x	9.5x	11.8x	11.0x
Company 2	468.9	932.1	1.4x	1.3x	7.3x	7.0x	8.1x	7.6x	9.6x	8.4x
Company 3	409.6	450.3	0.8x	0.7x	6.6x	6.5x	7.1x	7.0x	9.0x	8.5x
Company 4	210.9	255.7	1.0x	0.9x	7.9x	7.7x	11.2x	10.5x	12.8x	12.6x
Company 5	213.6	267.2	0.8x	0.8x	7.9x	7.7x	9.5x	9.1x	9.8x	9.2x
Company 6	660.7	923.4	1.2x	1.1x	8.6x	8.4x	11.5x	11.0x	12.0x	11.8x
Company 7	559.6	738.2	1.2x	1.0x	8.0x	7.8x	11.2x	10.1x	10.9x	10.2x
Company 8	462.5	629.4	1.2x	1.1x	9.1x	8.8x	10.4x	9.9x	10.9x	10.1x
Average			**1.1x**	**1.0x**	**8.0x**	**7.8x**	**9.9x**	**9.3x**	**10.9x**	**10.2x**
Median			**1.2x**	**1.1x**	**8.0x**	**7.8x**	**10.2x**	**9.7x**	**10.9x**	**10.2x**

Trading Multiples der Peer Group

Schritt 3: Ableitung des Unternehmenswertes

Mittels des Peer-Group-Vergleiches lässt sich schließlich das betrachtete Unternehmen bewerten. Eine Herangehensweise ist es, den Wert direkt aus den obigen Multiples abzuleiten. So ergibt sich für die nachstehenden beispielhaften Kennzahlen auf Basis des Medians eine Bewertungsspanne des Unternehmensgesamtwertes von 341 bis 378 Millionen Euro oder von 241 bis 278 Millionen Euro für den Wert des Eigenkapitals.

in Mio.Euro	Revenue		EBITDA		EBIT		Net Income	
	2009 E	2010 E	2009 E	2010 E	2009 E	2010 E	2009 E	2010 E
Target Company	310.0	325.0	43.4	45.5	37.2	39.0	24.8	26.0
• Multiple	1.2x	1.1x	8.0x	7.8x	10.2x	9.7x	10.9x	10.2x
Entity Value	**372.0**	**341.3**	**345.0**	**352.6**	**377.6**	**378.3**		
- Net Debt	100.0	100.0	100.0	100.0	100.0	100.0		
Equity Value	**272.0**	**241.3**	**245.0**	**252.6**	**277.6**	**278.3**	**270.3**	**263.9**

Bewertung des Beispielunternehmens[4]

4 Es empfiehlt sich, den Median anstatt des Durchschnitts der Multiples zu verwenden, um extrem hohe oder niedrige Werte der Peer Group geringer zu gewichten.

Eine andere Möglichkeit ist es, die Bewertung anhand einer Regression durchzuführen. Die abhängige Variable ist hierbei der Multiplikator. Als unabhängige Variable werden verschiedene Kennzahlen herangezogen. Anhand der Regressionsgeraden wird dann das Multiple abgeleitet, welches auf das zu bewertende Unternehmen anzuwenden ist. Wenn man als unabhängige Variable beispielhaft das Umsatzwachstum und die EBITDA-Marge sowie als abhängige Variable das EV/EBITDA 2009E Multiple betrachtet, dann ergibt sich eine Bewertungsspanne von 342 bis 377 Millionen Euro für den Unternehmensgesamtwert. Grafisch lässt sich diese Herangehensweise folgendermaßen darstellen:

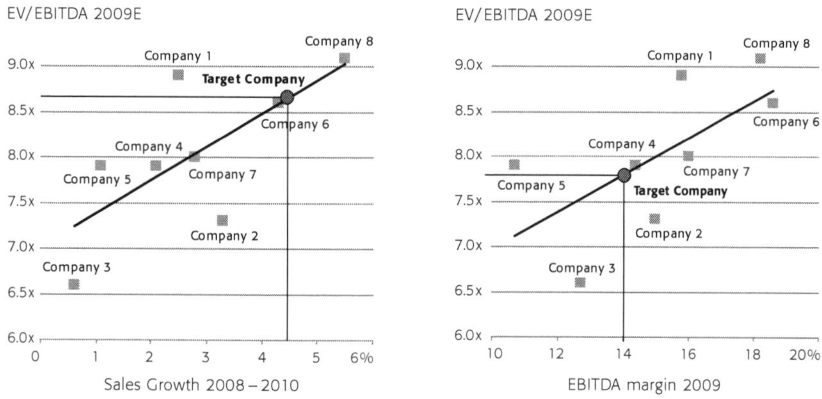

Regressionsbasierte Multiple-Bewertung

In bestimmten Fällen muss man noch Anpassungen auf den berechneten Unternehmenswert vornehmen. Der Erwerb über die Börse stellt grundsätzlich einen Erwerb von Minderheitsanteilen dar. Bei der Akquisition einer kontrollierenden Mehrheit der Anteile werden daher oft Kontrollzuschläge berücksichtigt. Ist das Bewertungsobjekt nicht börsennotiert, stellt sich im Gegenzug die Frage nach Fungibilitätsabschlägen aufgrund mangelnder Liquidität der Geschäftsanteile. Da die Höhe von Zu- und Abschlägen empirisch schwer zu bestimmen ist, liegt deren Festlegung im Ermessensspielraum des Bewerters. Dies verleiht der Bewertung eine gewisse Subjektivität.

Multiplikatorverfahren zum Zweiten: Comparable-Transaction-Multiples-Verfahren

Das Vorgehen beim Comparable-Transaction-Multiples-Verfahren ähnelt dem beim Comparable-Trading-Multiples-Verfahren. Der Unterschied ist, dass Vergleichsdaten aus Kaufpreisen vergangener ähnlicher Transaktionen abgeleitet werden. Die Bewertungsschritte an sich sind jedoch gleich. Zunächst wird eine Vergleichsgruppe vergangener Transaktionen ausgewählt, auf deren Grundlage die Multiples abgeleitet werden. Es wird jedoch nicht die Marktbewertung, sondern der Transaktionswert in Verhältnis zur gewählten Kennzahl gesetzt.

Multiplikator	=	Transaktionswert	/	Kennzahl

Multiplikatorberechnung des Comparable-Transaction-Multiples-Verfahrens

Auch für diese Kennzahlrecherche kann auf Datenbanken (wie die Informationsdienste Mergermarket oder Thomson ONE Banker) zurückgegriffen werden. Sie können aber meist eine schlichte Internetrecherche nicht ersetzen.

Transaktionsmultiplikatoren müssen sehr vorsichtig interpretiert werden. Ein Problem stellt bereits die vergleichsweise schwierige Zusammenstellung der vergleichbaren Transaktionen dar. Transaktionsdaten, die man für die Bewertung braucht, sind häufig nicht veröffentlicht; deshalb können allgemein nur wenige Transaktionen als Vergleichsmaßstab dienen. Außerdem unterliegen abgeschlossene Transaktionen oft Sondervereinbarungen, die für Außenstehende nicht ersichtlich sind (vertragliche Sonderregelungen, monetäre Managementanreize oder Ähnliches) und sich auch im Kaufpreis nicht widerspiegeln. Hinzu kommt, dass strategische Prämien und Kontrollzuschläge im Transaktionspreis bereits enthalten sind, ohne dass deren Höhe aus dem Preis isoliert werden kann.

Beurteilung der Multiplikatorverfahren

Das Multiplikatorverfahren stellt trotz der damit verbundenen Schwierigkeiten eine einfache und schnelle Bewertungsmethode mit hoher Akzeptanz in der Praxis dar. Ein Bewerter sollte sich der Schwächen und Probleme der Methode jedoch bewusst sein, um entsprechende Anpassungen vornehmen und schlüssig argumentieren zu können:

Vorteile	Nachteile
+ einfache und schnelle Wertermittlung + auch bei eingeschränkter Datenbasis anwendbar + Orientierung an Marktpreisen/ tatsächlich gezahlten Preisen + Industrie-/Branchentrends werden berücksichtigt + hohe Praxisakzeptanz	- Problem der Vergleichbarkeit - keine Abbildung von Unternehmensspezifika - gegebenenfalls pauschale Zu- und Abschläge erforderlich - Börsenkurse sind nicht notwendigerweise „faire" Werte - zum Teil stark unterschiedliche Multiplikatorwerte innerhalb der Peer Group - eingeschränkte Datenverfügbarkeit bzw. nicht transparente Informationslage - reiner Praxisansatz

Vor- und Nachteile der Multiplikatorverfahren[5]

5 Zur Problematik der Börsenkurse als faire Marktpreise vgl. auch Kroll/Schmitt/Schwetzler (2005), S. 7–9.

Aufgrund der doch erheblichen Probleme, die mit den Multiplikatorverfahren verbunden sind, eignen sich diese insbesondere zur Wertindikation, zur Plausibilisierung von Fundamentalwerten (DCF-Wert) oder zur ersten Identifikation von Fehlbewertungen am Markt. Für eine genaue und fundierte Bewertung sollte aber immer, sofern ausreichende Informationen vorhanden sind, auch das Discounted-Cashflow-Verfahren (DCF-Verfahren) angewendet werden.

Discounted-Cashflow-Verfahren (DCF-Verfahren)

Beim DCF-Verfahren geht es im Wesentlichen um die Prognose von Cashflows, die auf einen Bewertungsstichtag diskontiert werden. Schematisch lässt sich das Verfahren folgendermaßen grafisch darstellen:

$$\text{Unternehmensgesamtwert} = \frac{CF_1}{(1+WACC)^1} + \frac{CF_2}{(1+WACC)^2} + \dots + \frac{CF_5}{(1+WACC)^5} + \frac{CF}{WACC \cdot (1+WACC)^5}$$

Schematische Darstellung des DCF-Verfahrens[6]

Bewertung nach dem DCF-Verfahren

Der Detailplanungszeitraum sollte drei bis fünf Perioden betragen, in denen konkrete Perioden-Cashflows geschätzt werden. Es handelt sich hierbei um Zahlungsströme, die sowohl Eigen- als auch Fremdkapitalgebern zustehen – also um den Cashflow vor Finanzierung. Im nächsten Zeitabschnitt, der ewigen Rente, wird ein durchschnittlicher, nachhaltig erzielbarer Cashflow geschätzt, der aus der Detailplanungsperiode abzuleiten ist. Häufig wird hier auch mit einem sogenannten Exit-Multiple gearbeitet anstatt mit der ewigen Rente. Die Diskontierung der Cashflows erfolgt schließlich mit den gewogenen Kapitalkosten (Weighted Average Cost of Capital, WACC). Diese berücksichtigen die Eigen- wie auch die Fremdkapitalkosten des betrachteten Unternehmens und sind somit deckungsgleich mit den Cashflow-Größen des Zählers der Bewertungsgleichung. Berechnet werden die gewogenen Kapitalkosten aus

$$WACC = r_{EK} \cdot \frac{EK}{GK} \cdot r_{FK} \cdot (1-s) \cdot \frac{FK}{GK}$$

r_{EK} = Eigenkapitalkosten
r_{FK} = Fremdkapitalkosten
s = Steuerquote
EK = Eigenkapital
FK = Fremdkapital
GK = Gesamtkapital

6 Zum formalen Zusammenhang zwischen DCF-Verfahren und Kurs-Gewinn-Verhältnis vgl. beispielsweise Aders/Galli/Wiedermann (2000). Zu einer ausführlichen Diskussion des DCF-Bewertungsverfahrens vgl. zum Beispiel Ballwieser (2007) oder Drukarczyk (2003).

Aus der Darstellung wird bereits deutlich, dass für das DCF-Verfahren eine sehr detaillierte Planung des Unternehmens vorliegen oder während des Prozesses entwickelt werden muss, um die verschiedenen Cashflow-Positionen verlässlich abzuleiten. Insbesondere Planbilanzen und Planerfolgsrechnungen sowie Investitionspläne oder Kapitalstrukturentwicklungen des Unternehmens sind notwendige Informationen für die Schätzung der Cashflows.

Das DCF-Verfahren im Vergleich zum Multiplikatorverfahren im M&A-Prozess

Aus den hohen Informationsanforderungen des DCF-Verfahrens kann man direkt dessen Einsatzpotenziale innerhalb eines M&A-Prozesses ableiten. Während Multiplikatorverfahren insbesondere dann maßgeblich zum Einsatz kommen, wenn noch wenige Informationen über das Bewertungsobjekt vorliegen (also typischerweise vor einer Transaktion), gewinnt das DCF-Verfahren an Bedeutung, je weiter eine Transaktion fortschreitet. Die Käuferseite bekommt im Verlauf des M&A-Prozesses nach und nach immer detailliertere Informationen vom Verkäufer zur Verfügung gestellt, sodass die Bewertung ständig verfeinert werden kann. Spezifische Unternehmensentwicklungen wie Marktanteilsveränderungen, Kostenstruktur, Margenentwicklung etc. können in einem DCF-Modell abgebildet und filigran modelliert werden. Bei Unternehmen mit mehreren Geschäftsbereichen erfolgt eine Modellierung auch häufig auf Basis einer Bottom-up-Analyse[7], sodass auch einzelne Bereiche genau dargestellt werden können. Multiplikatorverfahren werden im späteren Prozessverlauf zwar ebenfalls noch herangezogen - sie dienen aber hauptsächlich dazu, den errechneten Cashflow-Wert nachvollziehbar zu machen, sowie zur Abbildung der aktuellen Marktlage.[8]

Ein weiterer Vorteil des DCF-Verfahrens ist die Möglichkeit, nicht nur unternehmensspezifische, sondern auch transaktionsspezifische Gegebenheiten einarbeiten zu können. Beispielsweise sind Kosten- oder Umsatzsynergien, die bei einer Fusion erwartet werden, perioden-, kennzahl- und bereichsbezogen abbildbar. Bei den Multiplikatorverfahren kann dies hingegen nur pauschal in Form von Zu- und Abschlägen berücksichtigt werden.

7 Eine Bottom-up-Analyse definiert eine Methodik, bei der die Unternehmensentwicklung detailliert beginnend beim Umsatz für einzelne Divisionen oder gar Produkte (Preis x Menge) bis zum Gewinn geplant wird. Es werden also nicht nur Zwischengrößen wie Cashflows prognostiziert, sondern der Verlauf sowohl aller wichtigen Gewinn- und Verlustpositionen als auch vieler relevanter Bilanzpositionen wird vorherzusagen versucht.

8 Wie eingangs erwähnt, stehen im Rahmen eines Verkaufsmandats bewertungsrelevante Informationen bereits zu Anfang der Transaktion zur Verfügung. Ein detailliertes DCF-Modell, anhand dessen die Kaufpreisangebote der potenziellen Käufer beurteilt werden, kann in diesem Fall bereits von Anfang an aufgesetzt werden.

Spezifische Analysen – der Leveraged Buy-Out

Neben den vorgestellten Standard-Bewertungsmodellen können während einer M&A-Transaktion noch zahlreiche weitere bewertungsnahe Analysen notwendig werden. So ist es beim Zusammenschluss zweier börsennotierter Unternehmen beispielsweise von Interesse, die potenzielle Verwässerung des Ergebnisses pro Aktie (Earnings Per Share, EPS) zu berechnen, um den Effekt auf den Einzelaktionär beziffern zu können (Accretion/Dilution). Genauso kann es für die beteiligten Parteien bedeutsam sein, mögliche Synergien getrennt zu identifizieren und als Stand-Alone-Wert zu ermitteln.[9]

Wenn die Investmentbank als Berater eines Private-Equity-Unternehmens tätig wird, führt sie in der Regel eine sogenannte Leveraged-Buy-Out-Analyse (LBO-Analyse) durch. Im Kern geht es darum, eine Unternehmensakquisition mit einem hohen Fremdkapitalanteil zu finanzieren, dann eine signifikante Wertsteigerung des Eigenkapitals und wenn möglich des Unternehmens[10] während der Halteperiode zu erzielen (in der eine möglichst umfangreiche Rückführung der Verbindlichkeiten durch das akquirierte Unternehmen erfolgt), um das Unternehmen schließlich erfolgreich weiterzuverkaufen. Ziel des Investors (also des Private-Equity-Hauses) ist es, die Rendite auf das anfänglich investierte Eigenkapital zu maximieren. Synergien spielen hierbei selten eine Rolle. Vereinfachend dargestellt erfolgt die Renditeanalyse bei einem LBO folgendermaßen:[11]

in Mio. Euro	Acquisition (Entry)	Sale (Exit)
EBITDA	43.4	48.0
Multiple	9.0x	9.2x
Entity Value	390.6	441.6
Debt Portion (70% at entry)	273.4	120.0
Equity Value	**117.2**	**321.6**
IRR (3 years)	**40.0%**	
IRR (4 years)	**28.7%**	
IRR (5 years)	**22.4%**	

Grundsätzliches Vorgehen bei der LBO-Bewertung[12]

9 Zur Bedeutung und Modellierung von Synergien vgl. Arzac (2005), S. 148–155. Zur Accretion/Dilution-Analyse vgl. Arzac (2005), S. 155 f.

10 Der Unternehmenswert wird gesteigert durch das Wachstum operativer Kenngrößen wie Umsatz oder EBITDA oder aber eine Veränderung der relativen Bewertung, d. h. der angewandten Multiples.

11 Eine detaillierte Beispielrechnung zum LBO-Verfahren findet sich bei Arzac (2005), S. 221–239.

12 IRR entspricht dem internen Zinsfuß – Internal Rate of Return.

Auch hier kommt in gewisser Weise die Multiplikatormethode zum Einsatz, da Entry- und Exit-Unternehmenswert mittels eines Multiplikators geschätzt werden. Eine Steigerung des EBITDA kann auf Wachstum, Kosteneinsparungen oder generelle operative Verbesserungen zurückgehen und gründet häufig auf Maßnahmen, die das Private-Equity-Haus in Zusammenarbeit mit dem Unternehmensmanagement entwickelt und realisiert. Die Erhöhung des Multiplikators kann sich zum Beispiel durch ein verändertes Marktumfeld ergeben oder auch durch die erfolgreiche Neupositionierung des Unternehmens. Nicht selten liegt jedoch der Exit-Multiplikator auf oder sogar unter dem Niveau des Entry-Multiplikators, was zulasten der Eigenkapitalrendite geht. Der anfängliche Fremdkapitalanteil von 70 Prozent sollte innerhalb der Haltedauer zurückgehen, da Verbindlichkeiten aus dem laufenden Cashflow des Unternehmens zurückgeführt werden. Dadurch steigt der Eigenkapitalanteil weiter und abhängig von der Haltedauer ergibt sich eine hochrentable interne Verzinsung des Eigenkapitals. Die Verzinsung ist umso einträglicher, je stärker der EBITDA gesteigert werden kann, je höher der erzielte Verkaufspreis ist, je mehr Fremdkapital zurückgezahlt werden kann und je schneller diese Punkte realisiert werden. In der Regel geht ein Private-Equity-Investor von einer Haltedauer von drei bis fünf Jahren aus, bei einer geforderten internen Eigenkapitalverzinsung von mindestens 20 bis 25 Prozent.

Im Verlauf der Haltedauer ist es entscheidend, die anfallenden Cashflows sehr detailliert zu modellieren, und zwar unter Berücksichtigung der strategischen Pläne des Unternehmens und des Private-Equity-Investors. Insofern sind die Informationsanforderungen bei dieser Bewertungsmethode mindestens so hoch wie beim DCF-Verfahren. Die freien Cashflows dienen der Rückführung der Finanzverbindlichkeiten, sodass zusätzlich noch die Finanzierungsstruktur und -konditionen sowie der Tilgungsplan des Fremdkapitals zu berücksichtigen sind. Die Datenanforderungen gehen daher im Prinzip noch über die des DCF-Verfahrens hinaus.

Im Zuge der Finanzkrise ist das Leveraged-Buy-Out-Geschäft allerdings stark eingebrochen.[13] Das liegt einerseits daran, dass es sehr schwer geworden ist, Banken zu finden, die den für eine Neuakquisition notwendigen Fremdkapitalanteil finanzieren. Andererseits ist es für die bereits akquirierten und finanzierten Unternehmen zunehmend problematisch, ihre doch erhebliche Zins- und Tilgungslast zu bedienen. Daher bleibt den Private-Equity-Häusern in dieser Situation häufig nichts anderes übrig, als Eigenkapital nachzuschießen oder – im Falle des Exits – die Beteiligung weit unter dem Einstandspreis zu veräußern. Beides geht jedoch zulasten der Eigenkapitalrendite.

Zusammenfassung

Die Unternehmensbewertung nimmt einen wichtigen Stellenwert im Rahmen von M&A-Transaktionen ein. Während die kapitalmarktorientierten Multiplikatorverfahren vor allem vor einer Transaktion und zu Beginn einer Transaktion alleinig angewendet werden, gewinnt das DCF-Verfahren an Bedeutung, je mehr Informationen im Verlauf einer Transaktion zur Verfügung stehen. Wenngleich Verhandlungsgeschick und Verhandlungsmacht

13 Vgl. Köhler (2008).

der beteiligten Parteien eine ebenso bedeutende Rolle bei der Wertfindung spielen, ist es für die beratende Investmentbank entscheidend, ein tiefgehendes Verständnis für die Bewertungsverfahren zu entwickeln. Nur wenn Vorteile und Schwachstellen der Verfahren bekannt sind, ist es dem Bewerter möglich, Ergebnisse korrekt zu interpretieren und im Sinne des Mandanten anzuwenden und zu verhandeln.

LITERATUR-TIPPS:

- Achleitner, Ann-Kristin (2002): *Handbuch Investment Banking*, Wiesbaden.
- Aders, Christian; Galli, Albert; Wiedemann, Florian (2000): „Unternehmenswerte auf Basis der Multiplikatormethode", in: *Finanzbetrieb*, 2. Jg., S. 197–204.
- Arzac, Enrique (2005): *Valuation for Mergers, Buyouts, and Restructuring*, New Jersey.
- Ballwieser, Wolfgang (2007): *Unternehmensbewertung: Prozess, Methoden und Probleme*, Stuttgart.
- Drukarczyk, Jochen (2003): *Unternehmensbewertung*, 4. Auflage, München.
- Köhler, Peter (2008): „Private Equity: Das Ende einer goldenen Ära", in: *Handelsblatt*, 25.12.2008.
- Hockmann, Heinz-Josef und Thießen, Friederich (Hrsg.) (2007): *Investment Banking*, Stuttgart.
- Koller, Tim; Goedhart, Marc; Wessels, David; Lessard, Jeffrey (2005): *Valuation: Measuring and Managing the Value of Companies*, 4. Auflage, New Jersey.
- Krolle, Sigrid; Schmitt, Günter und Schwetzler, Bernhard (Hrsg.) (2005): *Multiplikatorverfahren in der Unternehmensbewertung*, Stuttgart.
- Löhnert, Peter; Böckmann, Ulrich (2005): „Multiplikatorverfahren in der Unternehmensbewertung", in: Peemöller, Volker H. (Hrsg.): *Praxishandbuch der Unternehmensbewertung*, 3. Auflage, Herne/Berlin, S. 401–426.

Theoretische Grundlagen des Kapitalmarktes

von Kolja Gauer

Das folgende Kapitel richtet sich an Einsteiger, um einen ersten Überblick über die meistverbreiteten Anlageklassen am Kapitalmarkt zu ermöglichen. Ausführlichere Informationen zu den vorgestellten Anlageklassen sowie zu weiteren Themen wie der Portfoliotheorie, dem Capital Asset Pricing Model usw. bieten die in der Bibliografie aufgeführten Bücher.

Aktien und Anleihen

Sowohl bei der Gründung eines Unternehmens als auch im Anschluss daran muss der Geschäftsbetrieb der Gesellschaft finanziert werden. In Deutschland besteht bei Unternehmen mit den Rechtsformen der Aktiengesellschaft (AG) und der Kommanditgesellschaft auf Aktien (KGaA) die Möglichkeit, ihre Aktivitäten durch die Emission von Aktien zu finanzieren. Ein prominentes Beispiel für die eher seltene Rechtsform der KGaA ist der Darmstädter Pharmakonzern Merck.

Aktien sind börsengehandelte Wertpapiere, die einen Anteil am Grundkapital einer Gesellschaft verbriefen. Durch den Erwerb einer Aktie wird der Käufer zum Miteigentümer des Unternehmens. Aktionäre tragen somit bei ihrer Investition die Risiken, die mit dem Betrieb einer Unternehmung verbunden sind. Schlimmstenfalls kann die Insolvenz eines Unternehmens für den Aktionär den Totalverlust seines investierten Kapitals bedeuten. Im Falle einer Unternehmensliquidation werden die Vermögensgegenstände der Gesellschaft veräußert, um die Gläubiger zu bedienen. Erst nachdem alle Gläubigeransprüche bedient sind, haben Aktionäre Anspruch auf das gegebenenfalls verbleibende Vermögen.

Aus dem Erwerb von Aktien ergeben sich für den Anleger gewisse Rechte und Pflichten. Die Aktionärspflichten umfassen grundsätzlich die Leistungsverpflichtung der Einlage auf das Grundkapital. Nicht finanzielle Leistungen der Aktionäre an die Gesellschaft sind nur bei sogenannten Nebenverpflichtungsaktien von Bedeutung und kommen eher selten vor. Zumeist haben Aktionäre mehr Rechte als Pflichten:

Recht auf Anteil am Bilanzgewinn	Recht auf Anfechtung von Hauptversammlungsbeschlüssen
Teilnahme an der Hauptversammlung	Recht auf Antragstellung
Rederecht in der Hauptversammlung	Bezug junger Aktien (Bezugsrecht)
Stimmrecht in der Hauptversammlung	Anteil am Liquidationserlös
Auskunft durch den Vorstand	

Grundsätzliche Aktionärsrechte (Stammaktien)

Der tägliche Börsenhandel ermöglicht es Aktionären, jederzeit ihre Anteile zu veräußern oder aufzustocken. Die Aktienkurse ergeben sich dabei aus dem Prinzip von Angebot und Nachfrage, da jedem Käufer ein Verkäufer gegenübersteht. Der häufig verwendete Ausdruck, dass bei Börsencrashs „Geld vernichtet" wird, ist folglich nicht korrekt. Es findet lediglich eine Umverteilung des Kapitals statt, bei der diejenigen Anleger profitieren, die ihre Aktien rechtzeitig verkaufen.

Die Emission von Anleihen hingegen stellt für Unternehmen eine Alternative zu klassischen Bankkrediten dar. Durch den Kauf von Anleihen stellt der Investor, der in diesem Fall Gläubiger der Gesellschaft ist, dem Unternehmen Kapital zur Verfügung. Am Ende der Anleihenlaufzeit (z. B. nach zehn Jahren) erhalten die Gläubiger ihr Kapital zu 100 Prozent zurückerstattet. Außerdem werden regelmäßig Kuponzahlungen für die Überlassung des Kapitals geleistet. Dabei hängt die Höhe der Kuponzahlungen neben dem allgemeinen Marktzins von der Bonität des Unternehmens ab. Bei schlechter Bonität steigt für Anleger das Risiko, Kupon- und Tilgungsleistungen nicht oder nicht rechtzeitig vom Unternehmen gezahlt zu bekommen. Unternehmen mit schlechter Bonität müssen also relativ hohe Kuponzahlungen bieten, um das erhöhte Risiko zu kompensieren. Daher gilt der Grundsatz: Je schlechter die Zahlungsfähigkeit eines Unternehmens, desto höher die erforderlichen Kuponzahlungen.

Über Rating-Verfahren ermitteln spezialisierte Unternehmen die Bonität von Unternehmen und anderen Schuldnern. Die weltweit bedeutendsten Rating-Agenturen sind Moody's, Standard & Poor's (S&P) und Fitch Ratings. Beim Rating-Ergebnis, dem sogenannten Rating-Code, werden Buchstaben-Zahlen-Kombinationen verwendet, die sich bei den meisten Agenturen ähneln. So findet zum Beispiel bei Moody's und Standard & Poor's innerhalb der Klassifizierungen AA bis B eine Dreiteilung der Bewertungsklassen statt.

	Moody's	Standard & Poor's	Fitch Ratings	Bewertung
Investment Grade	Aaa	AAA	AAA	höchste Kreditqualität
	Aa1	AA+		
	Aa2	AA	AA	sehr hohe Kreditqualität
	Aa3	AA-		
	A1	A+		
	A2	A	A	hohe Kreditqualität
	A3	A-		
	Baa1	BBB+		
	Baa2	BBB	BBB	gute Kreditqualität
	Baa3	BBB-		
Speculative Grade	Ba1	BB+		spekulativ
	Ba2	BB	BB	
	Ba3	BB-		
	B1	B+		hoch spekulativ
	B2	B	B	
	B3	B-		
	Caa	CCC	CCC	Ausfall als reelle Möglichkeit
	Ca	CC	CC	Ausfall wahrscheinlich
	C	C	C	Ausfall immanent
	–	D	D	erfolgter Zahlungsausfall

Rating-Codes der bedeutendsten Rating-Agenturen

Darüber hinaus sind die Bewertungsklassen in Investment Grade und Speculative Grade unterteilt. Versicherungen und Pensionskassen ist es häufig per Gesetz oder aufgrund ihrer Statuten untersagt, Anleihen von Schuldnern zu erwerben, die ein bestimmtes Mindest-Rating nicht erreichen. Anleihen von Unternehmen, bei denen mit einer hohen Ausfallwahrscheinlichkeit zu rechnen ist, werden Junk Bonds oder auch (aufgrund der hohen Kuponzahlungen) High Yield Bonds genannt. Beispielsweise stufte Standard & Poor's die Unternehmensanleihen von Ford und General Motors im Mai 2005 auf Junk-Bond-Status herab.

Anleihen können mit festverzinslichen oder variabel verzinslichen Kuponzahlungen ausgestattet sein. Festverzinsliche Anleihen haben über die gesamte Laufzeit konstante Kuponzahlungen, die einmal pro Jahr oder auch unterjährig erfolgen können. Anleihen mit variabler Verzinsung werden auch Floater oder Floating Rate Note (FRN) genannt. Ihre Kuponzahlungen orientieren sich zumeist am Marktzins und werden in regelmäßigen Abständen angepasst. Eine weitere bekannte Variante sind die sogenannten Wandelanleihen, bei denen am Laufzeitende anstelle der Kapitaltilgung eine Rückzahlung in Form von Aktien des Schuldnerunternehmens erfolgt.

Kategorien von Aktien und Anleihen

Nach deutschem Aktienrecht können Unternehmen entweder nach dem Prinzip der Einheitsaktie verfahren und alle Aktionäre gleich behandeln oder unterschiedliche Aktienarten ausgeben. Es können Unterscheidungen nach Stimmrecht, Übertragbarkeit, Unternehmensanteil und Emissionszeitpunkt getroffen werden. Jede Aktie vereint mehrere der genannten Eigenschaften auf sich.

Unterscheidungskriterien	Aktienart	Merkmale
Stimmrecht	Stammaktien	• Stimmrecht auf Hauptversammlung
	Vorzugsaktien	• kein Stimmrecht auf Hauptversammlung • Bevorzugung z. B. bei Dividendenausschüttung • können mit Genehmigung der Hauptversammlung zu Stammaktien umgewandelt werden
Übertragbarkeit	Inhaberaktien	• Inhaber kann Rechte aus dem Aktienbesitz unmittelbar geltend machen • Übertragung sehr einfach
	Namensaktien	• Inhaber namentlich und mit Adresse bekannt • Übertragung schwieriger (nur mit Übertragungserklärung) • in USA und Japan weitverbreitet
	vinkulierte Namensaktien	• Sonderform der Namensaktie • Übertragung schwierig (nur mit Genehmigung der Gesellschaft) • werden genutzt, um unerwünschte Aktionäre vom Stimmrechtserwerb auszuschließen
Unternehmensanteil	Nennwertaktien	• lauten auf festen Anteil (in Geldeinheiten) am Grundkapital eines Unternehmens
	Stückaktien	• lauten auf prozentualen Anteil am Grundkapital eines Unternehmens
Emissionszeitpunkt	junge Aktien	• neu emittierte Aktien nach Kapitalerhöhung • werden zu alten Aktien, sobald sie in allen Rechten den bisherigen Aktien gleichgestellt sind
	alte Aktien	• Aktien aus früheren Emissionen

Aktienarten mit Kurzbeschreibung

Neben Unternehmensanleihen gibt es eine Vielzahl anderer Anleihearten und Schuldner: Auch Bund, Länder und Gemeinden sowie öffentlich-rechtliche Körperschaften können Emittenten von Anleihen sein. Zu den von solchen Emittenten ausgegebenen Wertpapieren gehören Staatsanleihen und andere Bundeswertpapiere. Durch sie werden Defizite im Länder- und Bundeshaushalt finanziert. Auch Bankschuldverschreibungen und Pfandbriefe, die von Finanzinstituten emittiert werden, zählen zur Anlageklasse der Anleihen.

Anleihenbezeichnung(en)	Kurzbeschreibung und ggf. Unterarten
Festzinsanleihe, Standardanleihe, Straight Bond, Plain Vanilla Bond	• feste Verzinsung über die gesamte Laufzeit • Nennwert wird am Fälligkeitstag zu 100 Prozent zurückgezahlt • eine der meistverbreiteten Anleihearten
Tilgungsanleihe, Auslosungsanleihe, Callable Bond	• feste Verzinsung über die gesamte Laufzeit • Rückzahlung des Nennwerts nicht am Fälligkeitstag, sondern über einen bestimmten Zeitraum • In der Regel wird eine tilgungsfreie Zeit mit anschließenden regelmäßigen Verlosungen über die Gläubigerrückzahlungen vereinbart.
Nullkuponanleihe, Zero Bond	• keine Kuponzahlungen • Performance resultiert ausschließlich aus der Differenz zwischen Rückzahlungskurs und Emissionskurs (Unter-Pari-Emission)
variabel verzinsliche Anleihe, Floating Rate Note (FRN), Floater	• variable Verzinsung, die während der Laufzeit angepasst wird • zumeist Orientierung an Geldmarktsätzen (z. B. LIBOR, EURIBOR) • Zinsunter-(Floor-Floater) oder Zinsobergrenzen (Cap-Floater) möglich • Mini-Max-Floater haben sowohl eine Zinsober- als auch eine Zinsuntergrenze. • Reverse-Floater profitieren von sinkenden Referenzzinssätzen.
Annuitätenanleihe, Annuity Bond	• Die Rückzahlung erfolgt in gleichen Beträgen bis zum Laufzeitende. • Die Zahlungsbeträge enthalten sowohl den Kupon als auch Teile der Tilgung.
Perpetual, Perpetuity, Konsolbond	• kein definiertes Laufzeitende und daher auch keine Tilgung • Anleger profitieren ausschließlich von den Kuponzahlungen, sofern keine vorzeitige Kündigung oder Tilgung durch den Schuldner erfolgt. • Zero-Perpetuals sind eine Kombination aus Zero Bonds und Perpetuals.
Stufenzinsanleihe, Step Up Bond	• über die Laufzeit ansteigende Kuponzahlungen • Zinstreppe wird bei Emission festgelegt • Es wird zwischen Step-Up- und Step-Down-Anleihe unterschieden, abhängig von der Richtung der Zinstreppe im Zeitverlauf.
Anleihe mit Step-Up-Kupon	• Höhe der Kuponzahlungen ist abhängig vom jeweils aktuellen Rating • Bei Herabstufung des Anleihen-Ratings steigt der Kupon und umgekehrt.
inflationsgebundene Anleihe, Inflation Linked Bond	• bietet Schutz gegen das Inflationsrisiko • Typischerweise wird der Nominalwert innerhalb einer definierten Zeitspanne entsprechend der Inflation angepasst.

Kurzbeschreibungen von Anleihenarten ohne Optionsrechte

Während in Deutschland die Mehrzahl der Anleihen von Banken und der öffentlichen Hand emittiert wird, finanzieren sich in den USA viele Unternehmen über Anleiheemissionen. Grundsätzlich handelt es sich bei Anleihen um mittel- bis langfristig laufende Wertpapiere, wobei Anleihen mit einer Laufzeit von bis zu vier Jahren noch als Wertpapiere mit kurzer Laufzeit bezeichnet werden. Anleihen mit vier- bis achtjähriger Laufzeit werden als mittelfristig eingestuft, mit mehr als acht Jahren Laufzeit als langfristig.

Anleihenbezeichnung(en)	Kurzbeschreibung und gegebenenfalls Unterarten
Wandelanleihe, Wandelschuldverschreibung, Convertible Bond	• Gläubiger haben das Recht, die Anleihe in Aktien des Schuldners zu wandeln. • Wandelzeitpunkt und Aktienanzahl sind bei Emission festgelegt. • kann fest oder variabel verzinst werden
Aktienanleihe, Equity Bond	• Der Schuldner hat das Recht, bei Fälligkeit anstelle des Nominalwertes eine bei Emission vereinbarte Anzahl an Aktien zu liefern. • Die Kuponzahlungen enthalten neben den Zinsen auch ein Entgelt für die Übernahme des Risikos als Stillhalter einer Put-Option.
kündbare Anleihen	• Kündigungsrecht des Schuldners oder Gläubigers
BOLO-Bond (Borrowers Option, Lenders Option)	• Nach einer Frist hat der Schuldner das Recht, den Kupon beliebig festzusetzen. • Die Gläubiger haben im Gegenzug das Recht zu kündigen.
Multiplier Bond, Bunny Bond	• Gläubiger haben das Recht, zwischen Kuponzahlung oder Anleihe derselben Ausstattung mit Nennwert in Höhe des Kupons zu wählen. • bietet eine Absicherung gegenüber dem Wiederanlagerisiko
Doppelwährungsanleihe, Dual Currency Bond	• Kuponzahlungen erfolgen in einer anderen Währung als die Rückzahlung des Nennwerts.
Losanleihe, Lottery Loan	• keine oder nur geringe Kuponzahlungen • Gläubiger erhalten Lotterieprämien, deren Anzahl und Höhe nach einem Verlosungsplan festgelegt wird.

Kurzbeschreibungen von Anleihenarten mit Optionsrechten

Renditeerzielung mit Aktien und Anleihen

Zur Bewertung von Aktien werden häufig Kennzahlen herangezogen, die Hinweise auf Über- oder Unterbewertungen der Wertpapiere geben können. Zur Kennzahlberechnung werden nur die erwarteten zukünftigen Werte herangezogen. Die errechneten Kennzahlen werden mit denen anderer Unternehmen aus derselben Branche verglichen.

Kennzahlbezeichnung	Berechnung
Kurs-Gewinn-Verhältnis (KGV), Price-Earnings-Ratio (PER; P/E-Ratio)	$KGV = \frac{\text{aktueller Aktienkurs}}{\text{erwarteter Gewinn der Aktie}}$
Kurs-Umsatz-Verhältnis (KUV), Price-Sales-Ratio (PSR; P/S-Ratio)	$KUV = \frac{\text{aktueller Aktienkurs}}{\text{erwarteter Umsatz der Aktie}}$
dynamisches KGV, Kurs-Gewinn-Wachstums-Verhältnis, Price-Earnings-to-Growth-Ratio (PEG)	$PEG = \frac{KGV}{\text{erwartetes prozentuales Gewinnwachstum}}$
Dividendenrendite, Dividend Yield	$\text{Dividendenrendite} = \frac{\text{erwartete Dividende}}{\text{aktueller Aktienkurs}} \cdot 100$

Kennzahlen zur Bewertung von Aktien

Während relativ niedrige KGVs und KUVs auf eine günstige Bewertung der analysierten Aktie schließen lassen, gilt bei der Dividendenrendite der Grundsatz: Je höher, desto besser. Aktien mit PEGs von kleiner eins werden als unterbewertet angesehen, mit PEGs von größer eins als überbewertet. Häufig wird auch das Ergebnis pro Aktie oder der Cashflow des Unternehmens zur Bewertung herangezogen.

Um die Performance von Aktien und Anleihen nachvollziehen zu können, ist es notwendig, sich erneut vor Augen zu führen, aus welchen Komponenten diese besteht. Sowohl Aktien als auch Anleihen unterliegen Kursschwankungen, was für die Performance-Berechnung von entscheidender Bedeutung ist.

Performance = **Kursentwicklung** + **Dividenden bzw. Zinsen**

Für die Kursentwicklung einer Aktie sind in erster Linie die allgemeine Konjunktur sowie die erwartete zukünftige wirtschaftliche Situation des Unternehmens ausschlaggebend. Bei Anleihen hingegen wird die Kursentwicklung maßgeblich von den Marktzinsen bestimmt. Die Kurse von Unternehmensanleihen werden zusätzlich von internen Ereignissen wie der Gewinnentwicklung oder Unternehmensrisiken beeinflusst. Anleihenkurse werden zumeist in Prozent angegeben und steigen bei fallenden Marktzinsen (und umgekehrt).

Neben der Kursentwicklung müssen gegebenenfalls anfallende Dividenden- und Zinszahlungen (Kupons) bei der Performance-Berechnung berücksichtigt werden. Bei dividendenstarken Aktien sowie bei Anleihen mit relativ niedriger Bonität und daher hohen Kuponzahlungen kann diese Komponente einen Großteil der Performance ausmachen oder Kursverluste kompensieren. Als Beispiel für letzteres können die Aktien der Deutschen Telekom AG dienen.

Bei Anleihen setzt sich die effektive Rendite aus den nominalen Zinszahlungen und dem Marktpreis zusammen. Bei einer in einem Jahr fälligen Anleihe mit vier Prozent Nominalzins und einem Kaufpreis von 102 Prozent beträgt die effektive Rendite beispielsweise rund zwei Prozent.

$$\text{Effektive Rendite} = \frac{\text{Kupon} + \frac{\text{Rückzahlungsbetrag - Marktpreis}}{\text{Restlaufzeit in Jahren}}}{\text{Marktpreis}} \cdot 100$$

Emission von Aktien und Anleihen

Die Emission von Aktien kann erstmalig in Form eines Börsengangs erfolgen, was auch als Initial Public Offering (IPO) bezeichnet wird. Ziel des Unternehmens ist es dabei, nach Möglichkeit alle zu emittierenden Aktien des Unternehmens unter einer möglichst großen Anlegergruppe zu platzieren. Außerdem soll ein angemessener, aber dennoch möglichst hoher Emissionspreis angesetzt werden, um einen hohen Emissionserlös zu erzielen. Grundsätzlich kommt der Erlös von Aktienemissionen dem emittierenden Unternehmen zugute und stellt eine Form der Eigenfinanzierung dar. Die Platzierung erfolgt zumeist unter Beratung und Vermittlung einzelner Investmentbanken (Corporate-Finance-Bereiche) oder Bankenkonsortien, die für ihre Dienstleistung einen prozentualen Anteil des Emissionserlöses erhalten. Zur Ermittlung des Emissionspreises werden verschiedene Methoden, wie z. B. das amerikanische oder holländische Auktionsverfahren, eingesetzt. Allgemein gesagt zahlt beim amerikanischen Verfahren jeder Bieter sein eigenes Gebot, beim holländischen Auktionsverfahren wird für alle Bieter der gleiche Preis festgesetzt. Außer bei Börseneinführungen können Aktien auch bei der Umwandlung der Rechtsform eines Unternehmens in eine Aktiengesellschaft (AG) oder Kommanditgesellschaft auf Aktien (KGaA) emittiert werden. Als dritte Möglichkeit kann das Grundkapital einer Gesellschaft aufgestockt werden, wobei neue sogenannte junge Aktien emittiert werden. Diese jungen Aktien werden in der Regel zunächst den bestehenden Altaktionären angeboten, um ihnen die Möglichkeit zu geben, ihren bisherigen Anteil am Unternehmen zu wahren. Dazu erhalten sie Bezugsrechte, die sie selbst ausüben oder an der Börse verkaufen können.

Die Opération Blanche ist eine Strategie bei der Ausübung von Bezugsrechten, bei welcher der Aktionär junge Aktien erwerben kann, ohne eigenes Kapital dafür aufbringen zu müssen. Dazu verkauft er so viele Bezugsrechte an der Börse wie notwendig, um mit dem Erlös die restlichen verbleibenden Bezugsrechte ausüben zu können, ohne zusätzliches Kapital aufbringen zu müssen. Durch die Anwendung der Opération Blanche verringert sich der Anteil des Aktionärs am Grundkapital des Unternehmens. Sein absoluter Anteil an der Gesellschaft erhöht sich hingegen aufgrund des Zukaufes junger Aktien.

Auch die Emission von Anleihen, die eine Form der Fremdfinanzierung darstellt, kann auf unterschiedliche Weisen erfolgen. Übliche Emissionsverfahren sind die Selbst-, Fremd- und die Daueremission sowie Versteigerungen und Tender-Verfahren. Bei Selbstemissionen tragen die Emittenten selbst das Absatzrisiko, während Banken lediglich als Zahlungsstelle fungieren. Über Selbstemissionen ausgegebene Wertpapiere werden auch direkte

Anleihen genannt. Das gängigste Emissionsverfahren sind Fremdemissionen, die durch Banken, Platzierungskonsortien oder Syndikate durchgeführt werden. Dabei bestehen drei Ausprägungen: Der Mittler kann als Geschäftsbesorger auftreten, womit sich seine Funktion auf Zeichnungs-, Vermittlungs- und Verwaltungstätigkeiten beschränkt. Es ist aber auch möglich, dass der Mittler die Platzierung kommissionsweise auf Rechnung des Emittenten ausführt und dafür eine Vergütung erhält. Oder aber der Mittler tritt als Selbstkäufer auf, der die Wertpapiere zum Übernahmekurs abnimmt und sie zum höheren Emissionskurs dem Publikum anbietet. Bei dieser letzteren Ausprägung übernimmt der Mittler ein hohes Risiko.

Anleihen, die über das Emissionsverfahren der Fremdemission begeben werden, sind auch als indirekte Anleihen bekannt. Unter Daueremissionen versteht man die laufende Weiteremission einer Anleihe unter gleichen Bedingungen. Anleihen können auch über Versteigerungen oder Tender-Verfahren platziert werden. Dabei unterscheidet sich das Tender-Verfahren von der Versteigerung dadurch, dass die Zeichner angeben, wie viel Nominal sie zu einem bestimmten Kurs bereit sind zu kaufen. Der Emittent bedient in diesem Fall alle Gebote, die über einem festgelegten Mindestkurs liegen. Aufgrund dieser Vorgehensweise ist das Emissionsvolumen beim Tender-Verfahren nicht von Beginn an festgelegt, sondern hängt vom Volumen der Gebote ab. Wie bei Aktien wird auch bei Anleihen zwischen dem amerikanischen und dem holländischen Auktionsverfahren unterschieden.

Für alle Emissionsverfahren gilt, dass Anleihen zu pari (100 Prozent), unter-pari oder über-pari emittiert werden können. Bei Unter-Pari-Emissionen wird dabei ein Abschlag (Disagio) vom Nennwert vorgenommen. Über-Pari-Emissionen werden mit einem Aufschlag (Agio) versehen, wodurch ihr Ausgabepreis über dem Nennwert liegt. Anleihen werden entweder als Einzelurkunde mit bestimmtem Nennwert ausgegeben oder als Sammelurkunde verbrieft.

Investmentfonds

Investmentfonds stammen aus dem angelsächsischen Raum und wurden erstmals Mitte des 19. Jahrhunderts aufgelegt. Sie bündeln das Kapital zahlreicher Anleger, um es dann gemäß den Anlagerichtlinien des jeweiligen Fonds in unterschiedliche Vermögenswerte anzulegen und professionell zu verwalten. Die Auswahl der einzelnen Titel überlässt der Anleger einem professionellen Management. Daher eignen sich Investmentfonds insbesondere für Anleger, die nicht über ausreichend Zeit oder Sachkenntnis verfügen, um über Direktinvestments aktiv zu werden.

Ein weiterer Vorteil von Investmentfonds ist die hohe Liquidität, dank der Anleger ihre Fondsanteile jederzeit zum entsprechenden Rücknahmepreis verkaufen können. Außerdem stellen Investmentfonds nach deutschem Recht Sondervermögen der Kapitalanlagegesellschaften (KAGs) dar, wodurch das Kapital der Anleger strikt getrennt vom Vermögen der Gesellschaft gehalten werden muss. Selbst im Falle einer Insolvenz der Kapitalanlagegesellschaft ist dadurch der Erhalt des Anlegerkapitals gewährleistet. Welche Typen von Investmentfonds es gibt, erläutert das Kapitel „Konzepte, Kennzahlen und Methoden im Asset Management“ ab Seite 158.

Insgesamt hat die Bedeutung von Fonds an den Kapitalmärkten über die vergangenen Jahre deutlich zugenommen. Der deutsche Fondsmarkt hat im internationalen Vergleich jedoch noch deutliches Nachholpotenzial. Im Jahr 2003 lag das pro Kopf investierte Fondsvermögen in der Bundesrepublik bei lediglich 5.181 Euro, während in Ländern wie Italien, Österreich, Frankreich und allen voran den USA mit 20.573 Euro pro Kopf deutlich mehr in Fonds investiert wurde. Aufgrund des hohen Fondsvermögens haben Investmentfonds bzw. deren Manager einen erheblichen Einfluss auf Unternehmen und die Entwicklung der Kapitalmärkte. Sie treten als Großinvestoren auf den Hauptversammlungen vieler Konzerne auf, um die Interessen der Fondsinhaber zu vertreten. Auch durch ihre Kapitalmarktaktivitäten beeinflussen Investmentfonds die Geschehnisse an den Börsen.

Neben der Marktkapitalisierung und damit der Größe eines Fonds ist der Anlagestil ein wichtiges Unterscheidungskriterium. Jeder Anlagestil folgt gewissen Grundsätzen und Überlegungen, die vor den Anlageentscheidungen auf Einzelwertebene überprüft werden. Der substanzorientierte Ansatz (Value-Ansatz) stellt die Unternehmensbewertung in den Mittelpunkt, der wachstumsorientierte Ansatz (Growth-Ansatz) das Gewinnwachstum. Das Analysehaus Morningstar verwendet zehn Faktoren, um den Anlagestil eines Investmentfonds festzustellen. Dabei beruht der Stil eines Fonds auf dem gewichteten Durchschnitt der Stilkennzahlen der zugrunde liegenden Wertpapiere.

Bestandteile und Gewichte der Value-Kennzahl		Bestandteile und Gewichte der Growth-Kennzahl	
prognostizierte Größe: Kurs-Gewinn-Verhältnis (KGV) (erwarteter Gewinn)	50 %	prognostizierte Größe: erwartetes langfristiges Gewinnwachstum	50 %
historische Größen:	**50 %**	**historische Größen:**	**50 %**
Kurs-Buchwert-Verhältnis	12,50 %	historisches Gewinnwachstum	12,50 %
Kurs-Umsatz-Verhältnis	12,50 %	Umsatzwachstum	12,50 %
Kurs-Geldfluss-Verhältnis	12,50 %	Geldflusswachstum	12,50 %
Dividendenrendite	12,50 %	Buchwertwachstum	12,50 %

Morningstar Style Model

Risiken bei der Fondsanlage

Wie bei jedem Investment sind auch mit der Anlage in Fonds Risiken verbunden: Investmentfonds unterliegen den gleichen Risiken wie der gesamte Kapitalmarkt.

Die Konjunktur hat dabei besonders großen Einfluss. Die gesamte Wirtschaft unterliegt zyklischen Schwankungen, die in der Regel drei bis acht Jahre andauern. Diese wiederum beeinflussen die Wertentwicklung der Vermögensgegenstände, in die Investmentfonds investieren. Beispielsweise können in Phasen des Abschwungs die Umsätze und Gewinne von Unternehmen stark belastet werden, was sich in sinkenden Aktienkursen widerspiegelt. In Aufschwungphasen hingegen steigen die Kurse von Aktien tendenziell wieder an.

Fonds, die in Rentenpapiere investieren, sind anderen Marktmechanismen ausgesetzt. Bei erwarteten Aufschwungphasen gehen die Marktteilnehmer von einer steigenden Inflationsrate aus, was sich in der Regel in steigenden Anleiherenditen und fallenden Kursen zeigt. Im Allgemeinen kann festgehalten werden, dass die Stärke der Schwankungen der Investmentfondspreise von der Volatilität der im Fonds enthaltenen Vermögenswerte bestimmt wird.

Außerdem gilt es, das Inflationsrisiko zu beachten. Dieses grundsätzliche Risiko des Kapitalmarktes beeinflusst die nominale Verzinsung und kann zu erheblichen Renditeeinbußen führen. Eine Möglichkeit, sich zumindest teilweise gegen das Inflationsrisiko abzusichern, besteht darin, auf Sachwerte wie Immobilien zu setzen (Immobilienfonds).

Bei Investmentfonds, die in hochspekulative Vermögensgegenstände investieren, müssen Anleger mit einer dementsprechend hohen Volatilität rechnen. Es ist durchaus möglich, dass ein solcher Fonds so stark an Wert verliert, dass seine Fortführung gefährdet ist. Außerdem können Fonds auch aufgrund eines geringen Fondsvermögens oder hoher Mittelabflüsse vom Markt genommen werden. Darüber hinaus haben Fondsanleger keinerlei Einfluss auf die Anlageentscheidungen des Fondsmanagements.

Anleger, die gleichzeitig in mehrere Fonds investieren, müssen sich des Risikos der Scheindiversifikation bewusst sein. Sie sollten sich gründlich über den Anlagebestand ihrer Fonds informieren, um zu vermeiden, dass mehrere ihrer Fonds dieselben Anlageziele gewählt haben. Auch bei Investitionen in Dachfonds sollte dieses Risiko berücksichtigt werden.

Derivative Finanzprodukte

Der Begriff „Derivat" stammt vom lateinischen „derivare" = „ableiten": Der Preis derivativer Finanzinstrumente ist von einem oder mehreren zugrunde liegenden Marktgegenständen abhängig beziehungsweise leitet sich von ihnen ab. Ein solcher Marktgegenstand wird Basiswert oder auch Underlying genannt. Konkret können Derivate als gegenseitige Verträge definiert werden, deren Preisbildung auf einer marktabhängigen Bezugsgröße basiert. Dabei können Wertpapiere wie beispielsweise Aktien oder Anleihen, marktbezogene Referenzgrößen (Zinssätze, Indizes) oder andere Handelsgeschäfte wie Rohstoff- oder Devisengeschäfte als Basiswerte dienen. Derivate können wiederum selbst Basiswerte von anderen Derivaten („zweiten Grades") sein. Es handelt sich bei Derivaten um eine vergleichsweise junge Anlageklasse, deren Bedeutung seit Mitte der Achtzigerjahre stark zugenommen hat. Die Branche ist vermutlich das am schnellsten wachsende Segment des modernen Finanzwesens. Nach ihrer Einführung bezogen sich Derivate zunächst hauptsächlich auf relativ einfache Marktrisiken wie Aktien- und Rohstoffpreise, bevor den Kontrakten später auch Kredit-, Wechselkurs- und Zinsänderungsrisiken zugrunde gelegt wurden. Prinzipiell sind heutzutage auch nichtökonomische Größen durch derivative Finanzinstrumente absicherbar. Ein Beispiel hierfür stellt die Absicherung von Wetterrisiken durch sogenannte Wetterderivate dar.

Derivate werden sowohl börslich als auch außerbörslich, Over The Counter (OTC), gehandelt. Der in Deutschland bedeutendste Handelsplatz für Derivate ist die EUWAX in Stuttgart. Auf internationaler Ebene sind die deutsch-schweizerische EUREX, die britische LIFFE, die in Chicago ansässigen CME und CBoT sowie die New Yorker NYBOT und NYMEX als wichtige Derivatebörsen zu nennen. Am Handel mit Derivaten nehmen neben Banken, Versicherungen, Fonds- und Kapitalanlagegesellschaften auch Privatanleger teil. Im Gegensatz zu institutionellen Investoren steht privaten Anlegern jedoch nicht die gesamte Bandbreite an Derivaten zum Handel zur Verfügung. Dies liegt hauptsächlich an Regulierungen der Finanzaufsicht.

Kategorien von Finanzderivaten

Der Finanzmarkt kann in Termin- und Kassamärkte unterteilt werden. Am Kassamarkt werden Direktgeschäfte getätigt, bei denen eine unmittelbare Bezahlung und Lieferung des Basiswertes erfolgt. Dagegen werden am Terminmarkt Geschäfte in der Zukunft „auf Termin" (Termingeschäfte) abgeschlossen, deren Handelsgegenstände keine physischen Waren oder Wertpapiere, sondern Verträge über zukünftig zu erfüllende Geschäfte sind. Diese Verträge werden als Derivate bezeichnet und lassen sich in drei Kategorien einordnen:

unbedingte Termingeschäfte (Festtermingeschäfte)	in der Gegenwart vereinbarte Konditionen im Kaufvertrag über zukünftige Geschäfte mit unbedingter Ausübung (kein Ausübungswahlrecht)
bedingte Termingeschäfte (optionsartige Termingeschäfte)	in der Gegenwart vereinbarte Konditionen im Kaufvertrag über zukünftige Geschäfte mit bedingter Ausübung nach Wahl eines der Vertragspartner (Ausübungswahlrecht)
Financial Swaps	Tauschverträge von Zahlungsverpflichtungen in der Zukunft und gegebenenfalls zusätzlich in der Gegenwart mit unbedingter Ausübung (kein Ausübungswahlrecht)

Kategorien von Finanzderivaten

Festtermingeschäfte

Vereinbarungen zwischen zwei Vertragsparteien über die zukünftige Lieferung eines Gutes zu einem bereits heute festgelegten Preis werden Festtermingeschäfte genannt. Es werden Kontrakte geschlossen, die für beide Parteien verbindlich (unbedingt) sind. Darin werden die folgenden Vertragspunkte geregelt:

- Lieferung bzw. Abnahme
- Vertragsgegenstand (Basiswert, z. B. Aktien, Anleihen, Rohstoffe, Währungen)
- Menge (Kontraktgröße) und Qualität
- Termin (festgelegter Zeitpunkt in der Zukunft)
- Preis (bereits bei Vertragsabschluss festgelegt)

Wenn solche Kontrakte in standardisierter Form an Terminmärkten gehandelt werden, lautet ihre Bezeichnung Future. Dagegen heißen außerbörslich oder bilateral (OTC) gehandelte Festtermingeschäfte Forwards. Die nicht standardisierten Forwards bieten den Vertragsparteien eine höhere Flexibilität, bringen jedoch zumeist eine geringere Liquidität mit sich. Als weiterer Nachteil bei OTC-Transaktionen können sich die fehlende Börsenaufsicht und Clearing-Stelle erweisen.

Für den Abschluss von Futures sowie in der Regel auch von Forwards sind keine Kosten in Form von Prämien fällig. Da Käufer wie Verkäufer die gleichen Rechte und Pflichten und somit ein symmetrisches Risiko tragen, ist eine solche Ausgleichszahlung nicht notwendig. Stattdessen müssen beide Vertragsparteien eine Vorschusszahlung leisten, die als Sicherheitsleistung dient. Sie wird Initial Margin oder Einschusszahlung genannt und beträgt nur einen Bruchteil des Kontraktwertes.

Swaps

Als Swaps werden bilaterale Vereinbarungen über den Tausch von Zahlungsströmen bezeichnet. Da Swaps individuell vereinbart werden, können die zugrunde liegenden Zahlungsströme fast beliebiger Natur sein. Häufig vorkommende Swaps sind beispielsweise Währungs-Swaps, Zins-Swaps, Devisen-Swaps oder Credit Default Swaps. Darüber hinaus wird in den Vereinbarungen geregelt, wie die Zahlungen berechnet werden und wann sie fließen.

Mithilfe von Swaps können gezielt finanzielle Risiken eines Portfolios abgesichert oder neue Risiken zur Renditeoptimierung in ein Portfolio aufgenommen werden. Die Risiken eines Swaps selbst sind für beide Vertragsparteien gleich verteilt (symmetrisch). Der Unterschied zu anderen Termingeschäften liegt darin, dass es dort nur einen einzigen Austauschtermin gibt. Einer der Hauptgründe für die Existenz von Swaps besteht darin, dass die Vertragsparteien ihre komparativen Kostenvorteile gegenseitig nutzen und somit beide ihre Kosten reduzieren können.

Optionen

Eine Option ist das verbriefte Recht, gegen Zahlung einer Optionsprämie eine bestimmte Menge von Vermögensgegenständen (Basiswerten) zu einem vorab festgelegten Preis (Strike) und zu einem festgelegten zukünftigen Zeitpunkt (europäische Option) bzw. innerhalb eines bestimmten Zeitraumes (amerikanische Option) zu kaufen (Kaufoption, Call-Option) oder zu verkaufen (Verkaufsoption, Put-Option). Im Falle einer ungünstigen Kursentwicklung des Basiswertes kann sich der Optionsrechtinhaber dazu entscheiden, sein Optionsrecht nicht auszuüben und sich somit vor Verlusten schützen. Der Verkäufer der Option, auch Stillhalter genannt, muss das Optionsrecht gegen sich wirken lassen und erhält für das veräußerte Recht die Optionsprämie. Anstelle der Lieferung des Basiswertes kann auch ein Barausgleich vereinbart werden. Im Gegensatz zu unbedingten Termingeschäften und Financial Swaps besteht bei Optionen für Käufer und Verkäufer somit ein asymmetrisches Risiko.

Das Optionsrecht besitzt einen bestimmten Wert, der in erster Linie vom Kurs des zugrunde liegenden Basiswertes abhängig ist. Dies soll anhand zweier einfacher Beispiele verdeutlicht werden: Bei einer Call-Option mit einem Strike-Preis von 100 Euro und einem aktuellen Basiswertkurs von 140 Euro errechnet sich der Wert der Call-Option wie folgt: 140 - 100 = 40 Euro. Steigt der Basiswertkurs weiter auf 150 Euro, nimmt auch der Call-Optionspreis weiter zu und beträgt 50 Euro. Mit Call-Optionen können Investoren also von steigenden Basiswertkursen profitieren. Umgekehrt lässt sich mit Put-Optionen von fallenden Kursen des Basiswertes profitieren. Hat eine Put-Option beispielsweise einen Strike-Preis von 130 Euro und notiert der zugrunde liegende Basiswert aktuell bei 100 Euro, so beträgt der Wert der Put-Option 30 Euro (130 - 100 = 30 Euro). Fällt der Basiswert auf 80 Euro, steigt der Put-Optionspreis auf 50 Euro.

Diese einfache Berechnung der Preisbildung kommt allerdings nur exakt am Laufzeitende zum Tragen. Die berechneten Spannen und die daraus resultierenden Werte sind sowohl bei Calls wie auch bei Puts als „innerer Wert" der Option bekannt. Entgegen der angeführten Beispiele ist es jedoch auch möglich, dass sich der Basiswertkurs in die jeweils ungünstige Richtung entwickelt. In einem solchen Fall kann der innere Wert einer Option auch bis auf mindestens null Euro sinken. Ab dem Zeitpunkt, an dem der Basiswertkurs dem Strike-Preis entspricht, weisen Optionen keinen inneren Wert auf. Dennoch sind Optionen während der Laufzeit auch in diesem Fall nicht wertlos, da sie neben dem inneren Wert noch den sogenannten Zeitwert besitzen. Dabei setzt sich der Zeitwert aus den Cost of Carry und der impliziten Volatilität zusammen. Als „Cost of Carry" bezeichnet man die Nettofinanzierungskosten für das Vorhalten des Basiswertes, als „implizite Volatilität" die erwartete zukünftige Volatilität.

Rendite-/Risikoprofil von Call-Optionen

Bei einer Call-Option befindet sich der Käufer in der sogenannten Long-Call-Position. Er zahlt eine Optionsprämie als Preis für die Option an den Verkäufer. Liegt der Kurs des Basiswertes am Ausübungstag oberhalb des Ausübungspreises, so besitzt die Call-Option einen inneren Wert und liegt im Geld (in the money). Der Käufer wird daher die Option ausüben, solange auch die gezahlte Optionsprämie kompensiert wird. Entspricht der Kurs des Basiswertes am Ausübungstag dem Ausübungspreis genau oder nahezu, wird von einer am Geld liegenden Option gesprochen (at the money). In diesem Fall wird der Käufer die Option nicht ausüben, da ihm daraus kein Vorteil entsteht. Die gezahlte Optionsprämie stellt für ihn daher einen (wenn auch geringen) Verlust dar. Sollte am Tag der Ausübung jedoch der Basiswertkurs unterhalb des Ausübungspreises notieren, liegt die Call-Option aus dem Geld (out of the money). Auch hier wird der Käufer sein Optionsrecht nicht ausüben, und die Optionsprämie markiert einen Verlust. Somit ist das Verlustrisiko des Käufers einer Call-Option auf die Höhe der Optionsprämie beschränkt. Im Gegensatz dazu sind die Gewinnchancen einer Call-Option unbegrenzt, da der Kurs des Basiswertes, welcher der Call-Option zugrunde liegt, theoretisch ins Unendliche steigen kann. Der Verkäufer hingegen hat ein spiegelbildliches Rendite-/Risikoprofil.

In der Regel treten Finanzinstitute als Verkäufer von Call-Optionen auf, die sich in der Short-Call-Position befinden. Übt der Käufer sein Optionsrecht aus, muss der Verkäufer den Basiswert an den Käufer liefern bzw. das Geschäft per Barausgleich vergelten (in the money). Für die Gewährung (Verkauf) des Optionsrechtes erhält der Verkäufer bei Abschluss des Geschäftes die Optionsprämie vom Käufer. In der Short-Call-Position sind die Gewinnchancen also auf die vereinnahmte Optionsprämie begrenzt, während die Verlustrisiken theoretisch unendlich hoch sind.

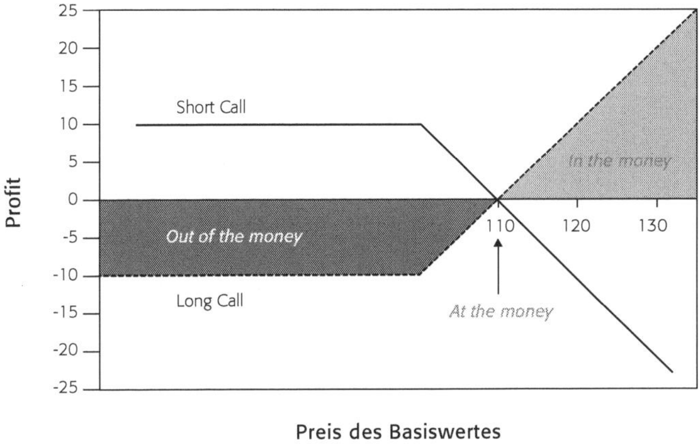

Auszahlungsstruktur einer Call-Option

Rendite-/Risikoprofil von Put-Optionen

Käufer von Put-Optionen befinden sich in der Long-Put-Position. Sie müssen eine Optionsprämie zahlen und haben das Recht, den Basiswert an den Verkäufer abzugeben, der zur Annahme verpflichtet ist. Auch bei Put-Optionen kann jedoch ein Barausgleich vereinbart werden. Da Käufer von Put-Optionen von fallenden Kursen des Basiswertes ausgehen, werden sie ihr Optionsrecht nur dann ausüben, wenn der Preis des Basiswertes unterhalb des Ausübungspreises liegt (in the money) und auch die Optionsprämie kompensiert. Liegt am Tag der Ausübung der Basiswertkurs jedoch oberhalb des Ausübungspreises, notiert der Put „out of the money". In diesem Fall und wenn die Put-Option „at the money" notiert, wird der Käufer die Option nicht ausüben. Die gezahlte Optionsprämie geht in beiden Fällen verloren. Das Verlustrisiko des Käufers eines Puts ist zwar auf die gezahlte Optionsprämie beschränkt, allerdings sind auch die Gewinnchancen in der Long-Put-Position limitiert. Der maximal mögliche Gewinn für den Käufer ist erreicht, wenn der Kurs des Basiswertes den Wert null annimmt. Im Unterschied zu Call-Optionen sind also die Gewinnchancen nicht unendlich, sondern auf den Ausübungswert beschränkt.

Die Verkäufer von Put-Optionen (Short-Put-Position) sind in der Regel Finanzinstitute. Sie vereinnahmen die Optionsprämie, welche ihren (maximalen) Gewinn darstellt, und haben ebenfalls ein begrenztes maximales Verlustrisiko. Auch bei Put-Optionen verlaufen die Auszahlungsstrukturen der Long- und Short-Position spiegelbildlich.

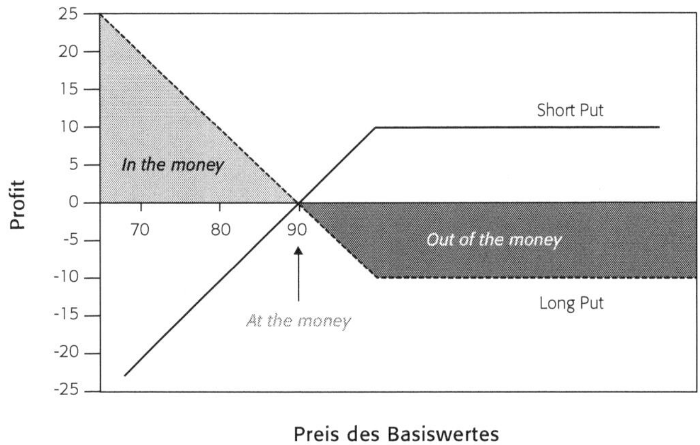

Auszahlungsstruktur einer Put-Option

Es ist wichtig anzumerken, dass die betrachteten Auszahlungsstrukturen nur am Ausübungstag gültig sind (europäische Option) und die Optionspreise während der Laufzeit Schwankungen unterliegen.

Preisbeeinflussende Faktoren bei Optionen

Es gibt sechs Hauptfaktoren, die den Preis von Optionen beeinflussen. Dabei handelt es sich neben dem festgelegten Ausübungspreis um den Basiswertkurs, die implizite Volatilität des Basiswertes, den risikofreien Zinssatz, die erwarteten Dividendenzahlungen und die Restlaufzeit. Da der Ausübungspreis unveränderlich ist, wird er in der folgenden Tabelle nicht berücksichtigt. Die Einflüsse der übrigen Faktoren (steigend) auf den Optionspreis sind in der Tabelle dargestellt. Bei einer negativen Veränderung des jeweiligen Faktors verkehrt sich auch der Einfluss auf den Preis der Call- oder Put-Option ins Gegenteil.

	Basiswertkurs	implizite Volatilität	Zinsen	Dividenden	Restlaufzeit
Faktorveränderung	▲	▲	▲	▲	▲
Einfluss auf den Preis einer Call-Option	▲	▲	▲	▼	▲
Einfluss auf den Preis einer Put-Option	▼	▲	▼	▲	▲

Preisbeeinflussende Faktoren bei Optionen

Die partiellen Ableitungen des Optionspreises nach den verschiedenen Modellparametern werden als Griechen (Greeks) bezeichnet. Sie helfen Anlegern und Tradern, ihre Portfolios zu gewichten, Risiken abzuschätzen und zu kontrollieren. All diese Sensitivitätskennzahlen müssen unter der Bedingung, dass alle anderen Einflussfaktoren unverändert bleiben, betrachtet werden (ceteris paribus). Zudem handelt es sich um sogenannte dynamische Kennzahlen, deren Wert sich im Zeitablauf ständig ändern kann.

Nutzungsmöglichkeiten derivativer Finanzprodukte

Es sind drei grundsätzliche Nutzungsmöglichkeiten von derivativen Finanzprodukten zu unterscheiden:

- **Absicherungsgeschäfte (Hedging):** Aufgrund der Ableitung vom Basiswert ist der Erwerb von Derivaten mit einem deutlich geringeren Kapitaleinsatz verbunden als ein entsprechendes Direktinvestment mit gleichem Partizipationsumfang an der Kursentwicklung des Basiswertes. Aufgrund dieses geringeren Kapitalbedarfs besteht bei Derivaten ein Hebeleffekt (Leverage-Effekt), der es Investoren ermöglicht, überproportional an den Kursbewegungen des Basiswertes zu partizipieren. Dieser Hebeleffekt wirkt sowohl bei steigenden als auch bei fallenden Kursen. Kapitalmarktteilnehmer nutzen diese Eigenschaften der Derivate, um ihre Portfolios abzusichern, indem sie Gegenpositionen zu ihren bestehenden Investments aufbauen. Dazu kaufen sie Derivate, welche von Basiswertbewegungen profitieren, die den Kursrichtungen ihrer bestehenden Investments entgegenlaufen. So kann beispielsweise ein Investment (long) in Aktien der Daimler AG mit Put-Optionen abgesichert werden.
- **Spekulationsgeschäfte:** Des Weiteren werden Derivate dazu eingesetzt, Differenzgewinne aus Kursschwankungen des jeweiligen Basiswertes zu erzielen. Investoren gehen bewusst ein höheres Risiko ein und versuchen von diesen Spekulationsgeschäften zu profitieren.
- **Chance auf Arbitragegewinne:** Als drittes Nutzungsfeld bieten Derivate die Chance auf Arbitragegewinne, die sich durch die Ausnutzung von Preisungleichheiten ergeben können. Hierbei werden typischerweise Preisdifferenzen genutzt, die sich zwischen Kassa- und Terminmärkten, zwischen verschiedenen Marktsegmenten (aufgrund komparativer Kostenvorteile) oder durch die Ausnutzung von rechtlich unterschiedlichen Behandlungen wirtschaftlich gleichwertiger Geschäfte ergeben. Ziel der Arbitrageure ist dabei die risikoarme Gewinnerzielung mittels Derivaten.

Risiken derivativer Finanzprodukte

Wie bei jedem Investment, so stehen auch bei Derivaten den Renditechancen gewisse Risiken gegenüber. Allerdings sind Terminmarkttransaktionen nicht unbedingt in jedem Falle risikobehafteter als Kassageschäfte. Transaktionen an Kassamärkten und Derivaten mit den entsprechenden Basiswerten liegen mikroökonomisch die gleichen Marktrisiken zugrunde. Jedoch ergeben sich Risikodifferenzen im direkten Vergleich zwischen Basiswert und dem entsprechenden Termingeschäft. Zu nennen ist beispielsweise die bei Derivaten intransparentere Preisbildung, welche insbesondere bei Privatanlegern zu einem erhöhten Komplexitätsrisiko beiträgt. Darüber hinaus kann entsprechend den vereinbarten Kontraktbedingungen das Risiko bestehen, entgegen der ursprünglichen Absicht bei

Fälligkeit zusätzliches Kapital aufwenden zu müssen. An dieser Stelle liegen daher erhöhte Kreditrisiken vor. Aufgrund des Hebel-Effektes der Derivate besteht ein größeres Risiko, bei fallenden Basiswertkursen überproportional zu verlieren, was bis zum Totalverlust und darüber hinaus führen kann (z. B. Nachschusspflicht bei Futures).

Zertifikate

In den vergangenen Jahren haben sich Zertifikate zu einer der populärsten und am schnellsten wachsenden Anlageklassen entwickelt. Dynamik und Innovationskraft des noch recht jungen Zertifikatemarktes spiegeln sich in den vielfältigen Investitionsmöglichkeiten wider. Mit Zertifikaten, die rechtlich Inhaberschuldverschreibungen darstellen, lassen sich nahezu alle Anlagestrategien und Rendite-/Risikoprofile abbilden. Die Investitionsmöglichkeiten decken ein breites Spektrum ab und reichen von defensiven Anlagen wie beispielsweise Discount-Zertifikaten bis zu eher spekulativen Produkten wie Sprint-Zertifikaten. Nicht nur bei steigenden Kursen stellen Zertifikate interessante Investmentalternativen dar. Mit entsprechenden Zertifikaten haben Anleger auch die Möglichkeit, von seitwärts tendierenden und sogar von fallenden Kursen zu profitieren. Neben den zahlreichen Anlagestrategien und der zumeist transparenten Struktur bieten Zertifikate eine große Vielfalt an möglichen Basiswerten: Neben Aktien und Indizes auch Fonds, Rohstoffe und Währungen. Abgesehen vom Basiswert und den Rückzahlungsmodalitäten sind die Laufzeit und das Bezugsverhältnis von entscheidender Bedeutung. Das Bezugsverhältnis legt die Menge des Basiswertes fest, beispielsweise die Anzahl der Aktien. Insbesondere wenn es sich beim Basiswert um einen Index handelt, beziehen sich Zertifikate häufig auf einen Bruchteil des Basiswertes, sodass auch problemlos kleinere Geldbeträge investiert werden können.

Bezüglich der Laufzeit von Zertifikaten gibt es zwei grundsätzliche Ausprägungen: Open-End-Produkte, bei denen kein Laufzeitende definiert ist, sowie Zertifikate mit einer begrenzten Laufzeit von zumeist einem bis sieben Jahren. Somit eignen sich Zertifikat sowohl für risikofreudigere Investoren, die sich zumeist kurzfristig engagieren wollen, als auch für sicherheitsorientierte Anleger, die oft mittel- bis langfristige Anlageziele verfolgen. Die Preisbildung erfolgt bei Zertifikaten nicht über Angebot und Nachfrage wie z. B. bei Aktien. Sogenannte Market Maker stellen permanent Brief- (Kauf) und Geldkurse (Verkauf) seitens des Emittenten. Die Spanne zwischen diesen Kursen kann je nach Zertifikat variieren und wird auch Spread genannt. Sie stellt eine Sicherheitsspanne und gleichzeitig eine Einkommensquelle für den Emittenten dar.

Charakteristika von Index-Zertifikaten

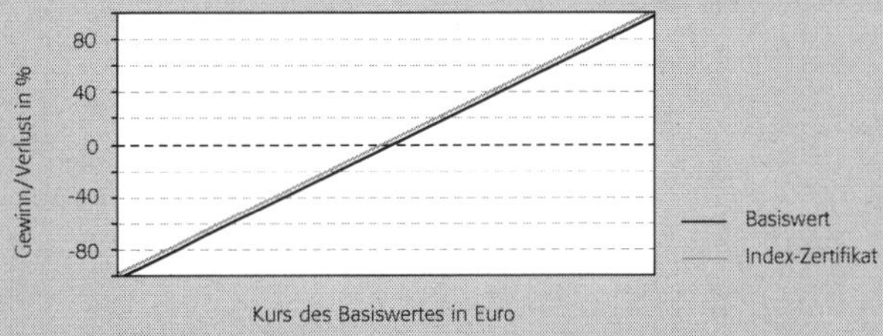

Konzept: Die Wertentwicklung des zugrunde liegenden Index wird fortlaufend eins zu eins widergespiegelt.

Basiswert: Indizes (häufig Aktienindizes)

Laufzeit: Open-End

Besonders geeignet: für langfristige Investments, bei Aufwärtsbewegung des zugrunde liegenden Index

Charakteristika von Bonus-Zertifikaten

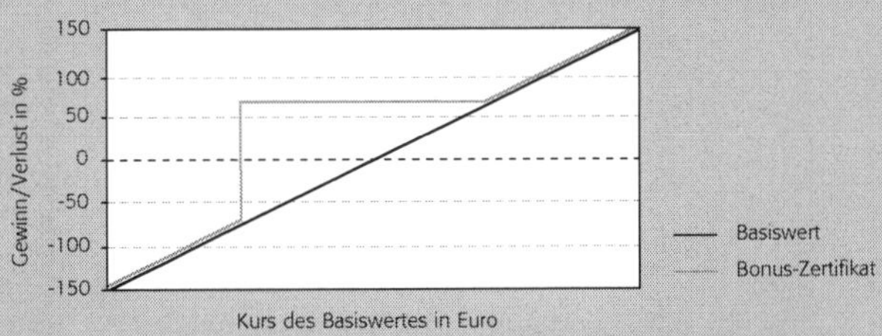

Konzept: Wenn der Basiswert während der gesamten Laufzeit die festgelegte Barriere nicht berührt, erhalten Anleger am Laufzeitende den Schlusskurs des Basiswertes plus eine Bonuszahlung. Wenn die Barriere berührt wird, erfolgt die Umwandlung in ein Tracker-Zertifikat, das die Kursentwicklung des Basiswertes exakt nachbildet.

Basiswert: Indizes, Aktien, Rohstoffe oder Währungen

Laufzeit: feste Laufzeit

Potenzial: Bonus plus Kurssteigerung des Basiswertes

Risiko: wie Direktinvestment in Basiswert; eine positive Rendite ist jedoch auch bei Kursverlusten des Basiswertes möglich, solange der Kurs nicht die Barriere berührt.

Besonders geeignet: bei moderat steigenden oder seitwärts tendierenden Kursen

Charakteristika von Discount-Zertifikaten

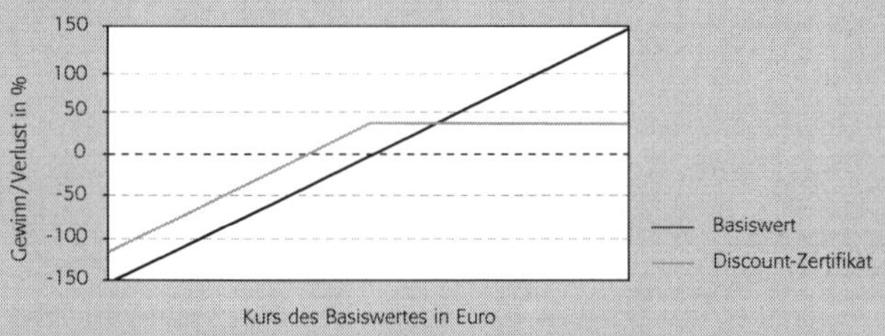

Konzept: Käufer von Discount-Zertifikaten erwerben den zugrunde liegenden Basiswert günstiger (Discount) als über die Börse. Im Gegenzug ist die Rendite von Discount-Zertifikaten auf einen Höchstbetrag (Cap) begrenzt.

Basiswert: Indizes, Aktien

Potenzial: begrenzte Maximalrendite durch Cap

Risiko: wie Direktinvestment in Basiswert minus Discount

Besonders geeignet: bei seitwärts tendierenden Kursen

Strukturierungsprozess

In der sehr dynamischen und innovativen Zertifikate-Branche gibt es vier hauptsächliche Quellen für Produktideen.

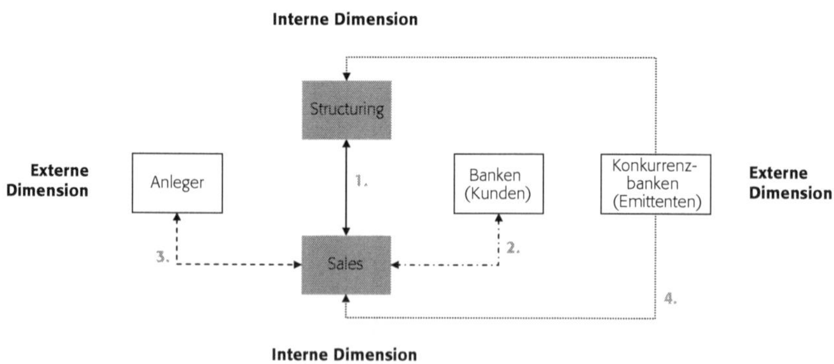

Schematische Darstellung von Strukturierungsprozessen

- **Kooperation zwischen Sales-Team und Structuring:** Die Salesmen haben aufgrund ihres täglichen Kundenkontaktes ein Gespür für Strukturen, die sowohl aktuell bei Anlegern beliebt sind als auch in das jeweilige Marktumfeld passen. Die Finanzingenieure bringen ein tiefes technisches Verständnis für die Umsetzbarkeit von Strukturen und die damit verbundenen Kosten mit.
- **Kundenaufträge:** Bei dieser auftragsmäßigen Form der Strukturierung werden die Wünsche und Vorstellungen des Kunden bestmöglich umgesetzt. Dies ist beispielsweise häufig der Fall, wenn Kreditinstitute wie Sparkassen oder Volks- und Raiffeisenbanken sogenannte Private-Lable-Produkte auflegen möchten.
- **Anregungen der Anleger:** Zumeist handelt es sich in solchen Fällen um institutionelle Anleger, die konkrete Produktwünsche vorbringen. Dies führt oft zu hoch individualisierten Produkten, die teilweise nur den Auftraggeber als Investor haben.
- **Konkurrenz:** Neue Produkte und Mechanismen, die sich bereits bewährt haben, werden oft innerhalb kurzer Zeit auch bei anderen Emittenten strukturiert und Anlegern angeboten.

Fallstudie zur Strukturierung eines Garantiezertifikates

Aufgabenstellung

In diesem Beispiel wird von einem performanceorientierten Garantiezertifikat ausgegangen, also einem Garantieprodukt, das während der Laufzeit keine Kuponzahlungen ausschüttet. Der Leser wird gebeten, sich in die Position eines Finanzingenieurs im Structuring zu begeben und ein Garantiezertifikat mit den folgenden Ausstattungsmerkmalen zu strukturieren. Gesucht wird die Zertifikatstruktur mit dem höchsten Renditepotenzial.

- Laufzeit: 7 Jahre
- Nennwert: 100,00 Euro
- Kapitalgarantie: 100%
- maximale Investition in die Performance-Komponente, um eine möglichst hohe Rendite zu erzielen.

Als aktuelles Zinsumfeld werden folgende Zinssätze angenommen:

Jahre	1	2	3	4	5	...7	...10
Zinssatz	4,52%	4,69%	4,74%	4,76%	4,79%	4,83%	4,90%

Mit den genannten Angaben sind alle Werte vorhanden, die für die erfolgreiche Strukturierung des gesuchten Garantiezertifikats notwendig sind. Im folgenden Abschnitt findet sich eine Musterlösung.

Lösungsansatz

Da es sich bei der gesuchten Zertifikatstruktur um ein Garantiezertifikat handelt, werden zur Sicherstellung des Kapitalerhaltes am Laufzeitende Anleihen (Zero Bonds) eingesetzt. Sie bilden die Sicherheitskomponente der Struktur.

Bearbeitungsschritt 1

Das Garantiezertifikat soll einen Nennwert von 100,00 Euro und eine Kapitalgarantie von 100 Prozent aufweisen. Es soll also der Nennwert von 100,00 Euro am Laufzeitende garantiert werden. Aufgrund der gewünschten Laufzeit von sieben Jahren ist der siebenjährige Zinssatz anzusetzen. Somit muss der gewünschte Garantiebetrag von 100,00 Euro mit dem siebenjährigen Zinssatz von 4,83 Prozent abdiskontiert werden, um den Betrag zu ermitteln, der zu Laufzeitbeginn in den Zero Bond investiert werden muss, um am Ende der Laufzeit von sieben Jahren den Nennwert von 100,00 Euro zu garantieren.

$$\text{Sicherheitskomponente (abdiskontierter Garantiebetrag)} = \frac{100}{1{,}0483^7} = 71{,}88 \text{ Euro}$$

Es müssen zu Laufzeitbeginn also 71,88 Euro in den Zero Bond investiert werden, um nach Ablauf von sieben Jahren die Rückzahlung des Nennwertes von 100,00 Euro aus den Mitteln der Sicherheitskomponente zu garantieren.

Bearbeitungsschritt 2

Es bleibt noch die Ermittlung des Betrages, der in die Performance-Komponente investiert werden kann. Hierzu muss lediglich der Betrag der Sicherheitskomponente vom zur Verfügung stehenden Kapital subtrahiert werden.

$$\text{Performance-Komponente} = 100 - 71{,}88 = 28{,}12 \text{ Euro}$$

Es stehen somit also 28,12 Euro für die Investition in die Performance-Komponente zur Verfügung, die in der Regel aus Optionen oder Futures besteht und das Renditepotenzial des Zertifikats darstellt.

Nun wird auch deutlich, dass mit der Laufzeit der Betrag steigt, der in die Performance-Komponente investiert werden kann, und sich somit das Renditepotenzial von Garantiezertifikaten erhöhen lässt, ohne an Sicherheit einzubüßen. Im Folgenden sind die resultierenden Investitionsbeträge in Abhängigkeit an die Laufzeit grafisch dargestellt.

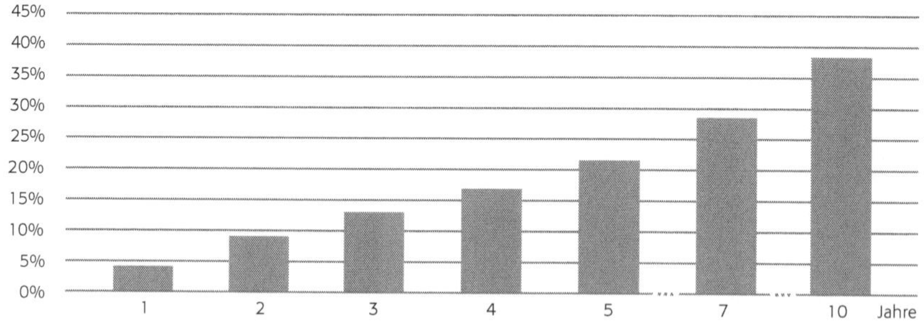

Resultierender Investitionsbetrag für die Performance-Komponente

Anstatt steigender Investitionen in Optionen oder Futures der Performance-Komponente können auch verschiedene Sicherheitsmechanismen eingesetzt werden, die zumeist über exotische Optionen dargestellt werden. So lässt sich das Rendite-Risiko-Profil des Zertifikates zusätzlich verbessern. Beispiele für solche zusätzlichen Komponenten sind Mindestkupon- oder Fixkuponzahlungen oder ein Höchststandssicherungsmechanismus, der gewährleistet, dass einmal erreichte Anlageerfolge nicht wieder verloren gehen können.

LITERATUR-TIPPS:

- Hull, John C. (2006): *Options, Futures, and Other Derivatives,* München.
- Vernimmen, Pierre (2005): *Corporate Finance - Theory and Practice,* Chichester, Hoboken.
- Steiner, Manfred und Bruns, Christoph (2007): *Wertpapiermanagement - Professionelle Wertpapieranalyse und Portfoliostrukturierung,* Stuttgart.
- Graham, Benjamin (2003): *The Intelligent Investor,* New York.
- Heidorn, Thomas (2002): *Finanzmathematik in der Bankpraxis - Vom Zins zur Option,* Wiesbaden.

Konzepte, Kennzahlen und Methoden im Asset Management

von Patrick Figge

Verschiedene Investmentkonzepte

Das Asset Management - zu Deutsch Vermögensverwaltung - kann man grob in drei Bereiche einteilen. Verbindendes Merkmal aller drei Kategorien ist, dass das Vermögen auf verschiedene Anlageformen verteilt werden kann (je nach Zielvorstellung).

Bei der **Selbstverwaltung** kümmert sich der Investor in Eigenregie um seine Finanzen und tätigt seine Investments selbst oder lässt sich dabei von einem Spezialisten, wie zum Beispiel einem Aktienbroker, helfen, der aber weisungsgebunden ist. Hierbei kommen, wie bei der Fremdverwaltung, die unterschiedlichsten Anlageklassen infrage.

Bei der **Fremdverwaltung** wird die Investmententscheidung von Finanzdienstleistern übernommen, welche auf Geheiß des Investors hin verschiedene Strategien beziehungsweise Anlageziele verfolgen. Der Investor gibt in diesem Fall einen Teil der Verantwortung ab, überlässt also sein Geld unter bestimmten Prämissen, wie eben zum Beispiel einer festgeschriebenen Anlagestrategie, dem Geschick des Finanzdienstleisters. Vor allem im Private Banking - das sind spezielle Services, welche Banken ausschließlich sehr wohlhabenden Investoren anbieten - oder bei der externen Verwaltung großer Geldsummen für Versicherungen oder Unternehmen findet dies Anwendung.

Auch bei **Einlagen in Investmentfonds** wird das Geld „fremd" verwaltet, und zwar von einem Fondsmanager. Dieser tätigt mit den Mitteln der Investoren Anlagen und verfolgt dabei bestimmte, vorher festgeschriebene Investmentziele und -strategien. Im Folgenden wird primär diese dritte Kategorie betrachtet, da sie in den meisten Fällen mit dem Begriff „Asset Management" gemeint ist.

Auf den kommenden Seiten werden einige gängige Fondstypen vorgestellt. Die Darstellung erhebt keinen Anspruch auf Vollständigkeit, da speziell in den letzten Jahren eine stets wachsende Anzahl an neuen Anlageinstrumenten entwickelt und auf den Markt gebracht wurde.

Exkurs: Das Barbestandsdilemma

von Kolja Gauer

Außer in die Anlageziele, die in den Anlagerichtlinien der Fonds festgehalten sind, können Fondsmanager nach dem KAGG (Gesetz über Kapitalanlagegesellschaften) bis zu 49 Prozent des Fondsvermögens in Form von Bankguthaben oder Geldmarktpapieren halten. Ausgenommen davon sind nur Geldmarkt- und geldmarktnahe Fonds. Grundsätzlich wird aber nur ein geringer Teil an Barreserven benötigt, um Anteilsrückgaben vorzunehmen und die Möglichkeit beizubehalten, flexibel auf Marktbewegungen reagieren zu können. Allerdings ergibt sich für das Fondsmanagement durch diese Regelung des KAGG auch die Möglichkeit, in Abschwungphasen des Marktes bewusst Kapital aus Investitionen zurückzuziehen. In einem solchen Fall würde der Barbestand zeitweise erhöht werden, um nicht weiter fallenden Kursen ausgesetzt zu sein und zu einem späteren Zeitpunkt wieder Wertpapierkäufe vorzunehmen. Diese Vorgehensweise kann möglicherweise Verluste vermeiden und sich positiv auf die Performance des Investmentfonds auswirken. So handelnde Fondsmanager würden sich also im Sinne der Fondsanleger verhalten und alle ihnen zur Verfügung stehenden Mittel ausschöpfen, das Kapital der Anleger zu erhalten und zu vermehren.

Andererseits zahlen Fondsanleger eine jährliche Managementgebühr von zumeist 0,8 bis 2,0 Prozent, wofür sie eine gute Leistung des Fondsmanagements sowie eine angemessene Performance des Fonds erwarten. Da beispielsweise Anleger von Aktienfonds mit ihrem Investment eine höhere Rendite erwirtschaften möchten als auf dem Geldmarkt, läuft ihren Interessen ein erhöhter Barbestand innerhalb ihres Aktienfonds zuwider. Darüber hinaus führen aktive Investoren auf der Ebene ihres Portfolios zumeist selbst ein Liquiditätsmanagement durch beziehungsweise reduzieren ihre Fondsanteile, wenn sie dies aufgrund der Marktlage für sinnvoll erachten. Aus ihrer Sicht müsste das Fondsmanagement im Rahmen der Anlagerichtlinien Aktien ausfindig machen, die das Potenzial aufweisen, sich entgegen dem allgemeinen Markttrend positiv zu entwickeln. Denn genau dafür zahlen die Fondsanleger Managementgebühren.

Aus diesem Dilemma ergibt sich die fast schon philosophische Frage nach dem Für und Wider einer Erhöhung des Barbestandes bei fallenden Märkten. Die Antwort darauf wird jeder Fondsinvestor für sich selbst ausfindig machen müssen.

Hedge-Fonds versus Mutual Funds

Hedge-Fonds sind private Investmentvehikel, die nicht jedem offen stehen. In den USA, dem größten Markt für Hedge-Fonds, dürfen nur sogenannte „qualifizierte Investoren“ in Hedge-Fonds einzahlen. Diese müssen über mehr als 200.000 US-Dollar Jahreseinkommen oder mehr als fünf Millionen US-Dollar Vermögen verfügen. Folgerichtig sind auch die niedrigsten Investmentsummen bei den Hedge-Fonds um ein Vielfaches größer als bei den Mutual Funds. Auch bei den Gebühren, die Investoren für die Fonds zahlen müssen, in denen sie involviert sind, unterscheiden sich diese zwei Anlagearten sehr voneinander.

Obwohl der Name „Hedge-Fonds“ aus dem Wort „to hedge“ hervorgeht (deutsch: absichern) und sich ursprünglich auf die Technik bezieht, drohende Kursverluste durch „hedging“ abzusichern, sind Hedge-Fonds keinesfalls risikoarme Anlageformen. Durch Verkaufsoptionen kann man bei Kursverlusten zu einem vorher bestimmten Preis verkaufen und damit das Risiko eines Wertverlustes gegen eine Optionsprämie absichern. Bei den meisten Hedge-Fonds wird jedoch versucht, durch Futures, Optionen und andere Derivate die Gewinne zusätzlich zu erhöhen. Durch Hebelkonstrukte wie zum Beispiel Leerverkäufe geht man weitaus größere Risiken ein als bei Mutual Funds – natürlich immer in der Bestrebung, den erwarteten Gewinn im Vergleich zum zusätzlichen Risiko überproportional zu steigern. Um Reglementierungen zu entgehen, sind viele Hedge-Fonds auf Offshore-Bankenzentren wie den Cayman Islands oder den Bermudas registriert.

Die meist beeindruckenden Statistiken der Hedge-Fonds sind aus zwei Gründen mit Vorsicht zu genießen: Zum einen müssen Hedge-Fonds keine Informationen publizieren; das unterscheidet sie von börsennotierten Unternehmen und anderen den Aufsichtsbehörden unterliegenden Anlageformen. Sie müssen nur die im Vertrag mit den Investoren festgelegten Auskünfte offenlegen. Die Hedge-Fonds können sich also aussuchen, welche Informationen sie veröffentlichen. Die öffentlich zugänglichen Informationen haben demzufolge meistens eine positive Ausrichtung.

Der zweite Effekt, der die Statistiken möglicherweise in einem besseren Licht erscheinen lässt, ist der Survivorship Bias. Er kommt dadurch zustande, dass unzählige Fonds bereits nach ein paar Jahren wieder geschlossen werden. Die Statistiken, die sich beispielsweise über fünf bis zehn Jahre erstrecken, geben alle Marktteilnehmer wieder, welche gute Ergebnisse erzielt haben. Selbst Fonds, die geschlossen werden, tauchen jahrelang mit hohen Gewinnen in den Statistiken auf, mit denen neue Anleger gewonnen werden sollen. Über einen Fonds, der aufgrund der eingegangenen Risiken Insolvenz anmelden muss, wird allerdings meist nicht einmal eine Pressenachricht geschrieben. Die Volatilität der Industrie wird demzufolge in den Statistiken meistens nicht abgebildet.

Im Gegensatz zu Hedge-Fonds sind Mutual Funds „offene“ Fonds. Hedge-Fonds sammeln eine gewisse Geldsumme ein und werden dann „geschlossen“. Weitere Investoren werden dann nicht mehr aufgenommen. Mutual Funds hingegen nehmen laufend neue Investoren auf. Auch der Ausstieg aus Mutual Funds ist meistens viel leichter als bei den privaten Investmentgesellschaften. Bei sogenannten Exchange Traded Funds (ETFs) werden die Anteilsscheine an den Fonds sogar an der Börse gehandelt, sodass ein Ausstieg jederzeit möglich ist. Der frühzeitige Ausstieg aus einem Hedge-Fonds, dessen Details vertraglich geregelt sind, ist meistens nicht oder nur mit hohen Verlusten möglich.

Die öffentlich zugänglichen Mutual Funds obliegen zudem einigen strengen Regulierungen, die allerdings in letzter Zeit mehr und mehr gelockert werden. Bei bestimmten Investmentmethoden wie dem Short-Selling (siehe Abschnitt „130/30-Fonds" ab Seite 166) oder Hebeleffekten sind Mutual Funds jedoch immer noch stark begrenzt.

Aktiv versus passiv gemanagte Fonds

Es gibt generell zwei verschiedene Arten, einen Fonds zu managen: aktiv oder passiv. Bei aktiv gemanagten Fonds wird versucht, besser als ein Vergleichswert zu sein. Bei Aktienfonds bemüht man sich beispielsweise, den entsprechenden Index zu schlagen. Wird vornehmlich in den DAX investiert, so versucht der Fondsmanager eine höhere Rendite zu erzielen als der DAX. Er gewichtet im Vergleich zum DAX einige Werte höher, wenn er der Meinung ist, dass diese überdurchschnittlich gute Renditen abwerfen werden. Bei Aktien, von denen erwartet wird, dass sie unterdurchschnittlich abschneiden, wird ein geringerer Anteil gehalten als der Vergleichswert impliziert.

Durch die Übergewichtung der erfolgreicheren Aktien und die Untergewichtung der weniger erfolgreichen Aktien wird somit die Benchmark „geschlagen". Legt beispielsweise bei einer DAX-Performance von +1,5 Prozent das Portfolio des Fonds um 3,5 Prozent zu, erzielt der Fonds durch die Auswahl der „besseren" Aktien eine Überrendite von 2 Prozent. Dieses „Mehr" an Gewinn ist der Grund, warum gern in diese Fondsklasse investiert wird. Abzüglich der Gebühren für den Fonds stellt diese Überrendite den Gewinn dar, der dem Investor durch das Investment in den aktiven Fonds bleibt.

Kontinuierlich besser als die Benchmark zu sein, ist jedoch für die meisten Fonds keinesfalls die Regel. Da natürlich nur im Falle einer überzeugenden Performance mit diesen Werten Werbung gemacht wird, besitzt der Großteil der verfügbaren Informationen eine stark zum positiven weisende Verzerrung. Eine neuere Studie kam zu dem Ergebnis, dass nur 25 Prozent der Rentenfonds und 40 Prozent der Aktienfonds über die letzten drei Jahre hinweg ihre Benchmark schlagen konnten.[1]

Passiv gemanagte Fonds hingegen weichen nur minimal von der unterliegenden Benchmark ab. Ein Extrembeispiel sind Indexfonds, welche genau die Bewegungen eines Index nachvollziehen. Generell versuchen alle passiv gemanagten Fonds, einen vorher definierten Vergleichswert so genau wie möglich zu „tracken" – also alle Auf- sowie Abwärtsbewegungen möglichst genau und zeitgleich nachzuvollziehen.

1 Studie des Vermögensverwalters Gecam, vgl. *Capital* (www.capital.de/finanzen/fonds/100013214.html, Stand: 03. Juli 2009).

Exkurs: Aktives und passives Fondsmanagement

von Kolja Gauer

Wie bereits erwähnt, gibt es eine fortwährende Diskussion darüber, welcher der beiden grundsätzlichen Managementansätze dem anderen überlegen ist. Für Anhänger beider Varianten gibt es Produkte, bei denen der entsprechende Managementansatz umgesetzt wird. Hier sollen beispielhaft für das aktive und passive Management die Eigenschaften von traditionellen aktiv gemanagten Investmentfonds und (passiv gemanagten) Exchange Traded Funds (ETFs) erörtert werden.

ETFs, die in ihrer Titelzusammensetzung den jeweils zugrunde liegenden Index nachbilden, bieten eine hohe Transparenz. Da die Gewichtung der Einzeltitel im ETF der Indexgewichtung entspricht, können Anleger, die ihr Kapital in ETFs investiert haben, mit einem Blick auf die Kursentwicklung des zugrunde liegenden Index sofort erkennen, ob ihr Investment gestiegen oder gefallen ist. Anleger, die sich für den Kauf eines ETFs auf einen bestimmten Index entscheiden, kennen in der Regel die Titelzusammensetzung dieses Index sehr genau. Somit herrscht jederzeit Klarheit über die dem ETF zugrunde liegenden Wertpapiere. Mittlerweile kann mit den passiv gemanagten Indexfonds in eine Vielzahl von Anlageklassen und Segmenten investiert werden. Neben Aktien- und Anleihenindizes stehen auch Rohstoff- und Themenindizes zum Beispiel auf Wasser oder alternative Energien für ETF-Anleger zur Verfügung.

Ein weiterer Vorteil der börsengehandelten ETFs ist die laufende Preisstellung, dank der ETFs jederzeit problemlos gehandelt werden können. So können Anleger sehr schnell investieren und bei Bedarf ihre ETFs auch rasch wieder verkaufen. Für Investitionen in Indizes wie den DJ Eurostoxx 50 oder den S&P 500 sind ETFs sehr gut geeignet und aktiv gemanagten Fonds häufig überlegen. In hocheffizienten Märkten wie in Europa oder Amerika gibt es kaum einen Investmentfonds, dessen Manager in den vergangenen fünf bis zehn Jahren konstant die Benchmark schlagen und eine Überrendite erwirtschaften konnte. Da Fonds kaum einen Mehrwert für die Investoren schaffen konnten, sind ETFs bei Investments in hocheffizienten Märkten gegenüber einem aktiven Fondsmanagement im Vorteil. Bei einer Nachkostenbetrachtung verstärkt sich dieser Vorteil der ETFs aufgrund ihrer günstigen Kostenstruktur in der Regel noch zusätzlich. Bei relativ selten gehandelten ETFs müssen Anleger jedoch unter Umständen einen breiteren Spread zwischen Brief- und Geldkurs hinnehmen. Aufgrund der genannten Vorteile der laufenden Preisstellung, der raschen Orderausführung sowie des fehlenden Ausgabeaufschlags eignen sich ETFs neben langfristigen Anlagen zum Vermögensaufbau auch für taktische Investments.

Die Stärken von aktiv gemanagten Investmentfonds liegen hingegen in ineffizienten Märkten, wie sie häufig in Schwellenländern vorliegen, sowie in Regionen, in denen es für Privatanleger schwierig ist, direkt zu investieren. Bei den Märkten im Nahen Osten beispielsweise gibt es keine klassischen ETFs für die gesamte Region, sondern lediglich Zertifikate oder Swaps auf einzelne Länder. Wie bei Fonds, die ihren Anlageschwerpunkt in Schwellenländern haben, können auch aktiv gemanagte Themenfonds von der Erfahrung ihres

Fondsmanagements profitieren und somit besser geeignet sein als ein passives Investment. Dies gilt in weiten Teilen auch für Investmentfonds mit einem Anlageschwerpunkt auf kleinen und mittelgroßen Unternehmen, den sogenannten Small Caps. Verfechter des aktiven Managements führen auch den häufig breiteren Diversifizierungsgrad klassischer Fondsanlagen als Vorteil an. Je nach Anlagerichtlinie können die Manager aktiv verwalteter Fonds ihre Investments aus einem breiten Anlageuniversum auswählen und somit eine Diversifikation innerhalb des Fonds schaffen. Gegenüber der laufenden Preisstellung bei ETFs werden je nach Fonds nur einmal täglich oder teilweise nur monatlich die Preise für ihre Anteile festgestellt.

Abschließend lässt sich zusammenfassen, dass sich aktiv und passiv verwaltete Anlagen nicht ausschließen, sondern effektiv zusammenwirken können, wenn sie situationsgerecht eingesetzt werden. Inzwischen verschwimmen jedoch die Grenzen zwischen rein aktiven und passiven Investments. Neue Produkte wie aktiv verwaltete ETFs oder die sogenannten intelligenten ETFs versuchen die Vorteile beider Managementansätze zu kombinieren. Bislang liegen noch nicht genügend historische Performance-Daten solcher Produkte vor, anhand deren die Wirksamkeit der neuen Konzepte überprüft werden könnte.

Aktiv verwaltete ETFs sind ebenso kontinuierlich börsenhandelbar wie klassische ETFs. Sie beziehen sich hingegen nicht auf einen Index, sondern auf aktiv gemanagte Fonds, welche die Strategie verfolgen, eine Benchmark (Index) zu schlagen. Anleger profitieren somit von den Vorteilen klassischer ETFs, beispielsweise der günstigen Kostenstruktur, und den möglichen Vorteilen eines aktiven Managements. Auch die Fondsmanager der zugrunde liegenden aktiv gemanagten Investmentfonds profitieren von diesen neuen Produkten, da durch sie die Kapitalzu- und -abflüsse des Fonds reduziert werden und sich das Portfolio somit leichter und kosteneffizienter verwalten lässt.

Intelligente ETFs basieren darauf, die Titel eines Index nicht mehr wie üblich nach ihrer Marktkapitalisierung zu gewichten, sondern fundamentale Kriterien wie Umsatz, Cashflow, Dividendenzahlungen und Buchwert für die Gewichtung anzusetzen. Mit dieser Neugewichtung der im Index enthaltenen Wertpapiere wird versucht, eine Überrendite gegenüber dem kapitalgewichteten Index zu erzielen. Entgegen dem Ansatz kapitalgewichteter Indizes werden gerade nicht diejenigen Titel überbewertet, die in der Vergangenheit hohe Renditen erbracht haben. Stattdessen sollen die Wertpapiere selektiert und übergewichtet werden, die gute Chancen haben, in der Zukunft eine Überrendite erzielen zu können.

Aktienfonds

Der Aktienfonds ist der Klassiker unter den Investmentfonds. Das Geld der Anleger wird vornehmlich in Aktien oder aktienähnlichen Werten investiert. Ein Vorteil der Anlage in Aktienfonds gegenüber der Direktanlage in Aktien (bei der man schließlich keine Gebühren bezahlen muss) ist die Streuung der Anlagen auf unterschiedliche Wertpapiere und damit die Diversifikation des Risikos.

Um dies mit der Direktanlage in Aktien zu erreichen, ist nicht nur entsprechendes Knowhow über die Korrelation der Aktien nötig, sondern man braucht auch ausreichende Mittel für den Kauf einer genügend großen Anzahl von Wertpapieren. Einzelinvestoren verfügen selten über diese Summen, können aber gemeinsam mit anderen Anlegern ihr Geld in Aktienfonds einzahlen und aus diesen Pools heraus eine angemessen hohe Anzahl an Aktien erwerben. Für den Anleger entfällt in diesem Fall zudem die schwierige Auswahl der Einzeltitel.

Garantiefonds und Rentenfonds

Deutsche Anleger gelten international als sehr konservativ und risikoscheu. Risikoreichere Strukturen sind in den USA oder Großbritannien bei Weitem populärer als in Deutschland. So ist es nicht verwunderlich, dass viele deutsche Anleger eher in risikoärmere Fonds wie Garantie- oder Rentenfonds investieren.

Bei Garantiefonds wird ein Teil des möglichen Gewinns dafür aufgewendet, Kursausschläge nach unten zu begrenzen. Die Fonds sind so strukturiert, dass man an einer Aufwärtsentwicklung der unterliegenden Werte so weit wie möglich teilnimmt. Bei einer Abwärtsbewegung wird garantiert, dass die Anleger ihre Investments zu 100 oder 90 Prozent zurückbekommen. Dies wird vor allem durch Optionsscheine bewerkstelligt. Aber auch andere Anlagen wie zum Beispiel festverzinsliche Wertpapiere kommen hierbei zum Einsatz. Man profitiert also nicht zu 100 Prozent von den Aufwärtsbewegungen der unterliegenden Werte, dafür ist aber auch der Verlust begrenzt. Ein gewisser Wert des Fondsinvestments ist also garantiert.

Rentenfonds werden häufig bei der Altersvorsorge eingesetzt. Sie investieren vornehmlich in festverzinsliche Wertpapiere und sind weniger schwankungsanfällig als vergleichbare Anlageformen.

Fokussierte Fonds

Bei der Fokussierung von Fonds wird versucht, nur in besonders lohnenden Segmenten aktiv zu sein. Häufig wird das Anlagekapital auf bestimmte Branchen oder eine Branchengruppe konzentriert. Man investiert beispielsweise nur in Aktien der Solarindustrie (Branche) oder allgemein in technologieintensive Branchen (Branchengruppe). Bei anderen Fonds werden die Gelder nur in bestimmten Ländern angelegt.

Großer Beliebtheit erfreuen sich momentan Fonds, welche in Entwicklungsländern anlegen und versuchen, von der rasanten Wirtschaftsentwicklung und eventuellen Unterbewertungen der dortigen Währung zu profitieren. Neben den Gewinnaussichten sind Entwicklungsländer-Fonds auch ein Weg, Investitionsbarrieren zu umgehen, welche es Einzelinvestoren oftmals erschweren, in bestimmten Märkten aktiv zu werden. Allerdings sind die Informationskosten gerade hier sehr hoch, weswegen es sinnvoll ist, diese dadurch zu teilen, dass nur die Fondsmanager sich über gute Anlagen informieren müssen - und durch die Gebühren die Kosten hierfür von allen Anlegern getragen werden.

Neben einer Fokussierung auf Branchen und Länder gibt es auch Fonds, die große Geldsummen einsammeln, um in Immobilien zu investieren, was Einzelanlegern oft aufgrund fehlender Mittel verwehrt ist. Commodity-Fonds konzentrieren sich auf Rohstoffe, Small-Cap-Fonds auf niedrig kapitalisierte Werte. Aggressive Wachstumsfonds investieren in noch unbekannte Aktien, in denen hohes Wachstumspotenzial steckt, andere Fonds investieren in Firmen mit vielversprechenden Kennzahlen, die in der Vergangenheit gute Gewinne abwarfen - in der Hoffnung, dass sich diese positive Entwicklung fortsetzt.

Da man bei fokussierten Fonds ganz bewusst auf Diversifikation verzichtet und versucht, durch Spezialisierung auf bestimmte Bereiche hohe Gewinne zu erzielen, kann das Risiko je nach Art des Fonds hoch sein.

Makrofonds

Bei Makrofonds schließt man „Wetten" auf gesamtwirtschaftliche Entwicklungen ab. Man versucht, Zinsentwicklungen vorherzusagen, aus Konjunkturentwicklungen Gewinne zu erzielen oder die Wirtschaftsentwicklung verschiedener Länder zu prognostizieren. Häufig werden auch Währungsgeschäfte getätigt. Um die makroökonomischen Entwicklungen zu prognostizieren, werden oft komplizierte, quantifizierbare Modelle entwickelt sowie halbautomatische Trading-Systeme verwendet.

Ein berühmtes Beispiel für einen Makrofonds ist der Long-Term-Capital-Management-Fonds.[2] Dieser konnte (nach einer Zeit mit spektakulären Gewinnen) infolge der asiatischen Finanzkrise ab 1997 nur durch fremde Hilfe gerettet werden. Das Eigenkapital des Fonds reichte nicht mehr, um die Schulden der Derivativgeschäfte zu decken, und nur durch eine konzertierte Aktion einiger Großbanken sowie eine Zinssenkung der US-Notenbank konnte die Lage stabilisiert werden. Stellvertretend für die gesamte Industrie wurde der Fonds dafür an den Pranger gestellt, die Krise mitverursacht oder zumindest verstärkt zu haben.

Venture-Capital-Fonds

Venture-Capital-Fonds investieren Gelder sehr früh in noch wenig ausgereifte Unternehmen. Innerhalb der Venture-Capital-Fonds kommt es zudem darauf an, zu welchem Zeitpunkt man sich engagiert. Early-Stage-Investments fließen in Geschäftsideen, welche noch kaum Form angenommen haben, Seed-Investments gehen an Unternehmen, die schon

2 Der LTCM-Fonds war ein Hedge-Fonds, die Strategie wird jedoch auch bei Mutual Funds angewandt.

weiter entwickelt sind. Bei vielen der Investments eines Venture-Capital-Fonds wird noch nicht einmal das eingesetzte Kapital an den Fonds zurückgezahlt. Bei den Unternehmen, bei denen das Engagement erfolgreich ist, sind Renditen jenseits der 100 Prozent allerdings keine Seltenheit.

130/30-Fonds

Wie oben erläutert, steht ein Investment in Hedge-Fonds nur den wenigsten Investoren offen. Zum einen aufgrund der wahrgenommenen Ungerechtigkeit dieser Beschränkung, zum anderen wegen des anhaltenden Lobbyismus der Industrie können nun auch die frei zugänglichen Mutual Funds Praktiken nutzen, die zuvor den Hedge-Fonds vorbehalten waren. Man kann also generell eine Annäherung dieser beiden Anlageinstrumente beobachten. So ist es seit der EU-Richtlinie UCITS-III auch der Mutual-Funds-Industrie erlaubt, Short Selling zu betreiben. Seitdem ist der etwas hölzern klingende Name der 130/30-Fonds in aller Munde.

Eine Long-Position kommt den standardmäßig an den Aktienmärkten getätigten Geschäften gleich. Für einen bestimmten Geldbetrag, den jeweils aktuellen Kurswert, wechselt die Aktie den Eigentümer und der Kaufpreis wird bezahlt. Zum Zeitpunkt des Verkaufs befindet sich der Verkäufer im Besitz der Aktie. Eine Long-Position halten bedeutet, dass man einen Bestand von Aktien eines bestimmten Aktienwertes im Depot hält. Verkauft man Aktien, welche man nicht im Depot hält, so wird eine Short-Position eingegangen. Man verkauft Aktien zum aktuellen Kurswert, liefert diese aber erst in der Zukunft zu einem vorab terminierten Zeitpunkt an den Käufer. Man „schuldet" gewissermaßen noch die Lieferung der Aktien. Eine Short-Position drückt also aus, dass man bis zum Fälligkeitsdatum die bereits verkauften Aktien noch am Aktienmarkt erstehen muss, um diese „liefern" zu können.

Beim Short Selling versuchen Fondsmanager, auch von fallenden Kursen an den Börsen zu profitieren. Es wird quasi auf einen Kursverlust der Aktien „gewettet", in denen man Short-Positionen aufbaut. Da nun sowohl von steigenden wie auch sinkenden Kursen profitiert werden kann, ist theoretisch eine weitere Risikodiversifizierung möglich, unter anderem auch gegen das mit Long-Only-Positionen nicht diversifizierbare Markt-/Konjunkturrisiko. Es ist jedoch auch Vorsicht geboten. Zum einen kommt es bei diesen noch recht neuen Strategien verstärkt auf die sogenannten Stock-Picking-Fähigkeiten des Fondsmanagers an (also auf seine Fähigkeit, die richtigen Aktien auszuwählen). Er muss nicht mehr nur besonders stark ansteigende Aktien identifizieren können, er muss auch diejenigen Aktien ausfindig machen, welche besonders stark im Kurs fallen werden. Dies erfordert andere Fähigkeiten als sie bisher gefragt waren, sodass viele Fondsmanager dieses Gespür erst noch erwerben müssen. Des Weiteren hat die 130/30-Anlagestrategie einen – durchaus erwünschten – Nebeneffekt: Bei einem Standard-Fondsportfolio ist man zu 100 Prozent dem Markt ausgesetzt, hält also eine 100-prozentige Marktposition. Beim 130/30-Fonds kann diese Exposure bis zu 160 Prozent ansteigen. Für jeden Euro der Assets under Management ist der Fonds mit 1,60 Euro am Markt vertreten. Dies soll folgendes Beispiel verdeutlichen:

Wie bisher werden bei 100.000 Euro Investmentkapital auch 100.000 Euro in Long-Positionen am Markt investiert. Jedoch werden auch Aktien im Wert von 30.000 Euro in Short-Positionen aufgebaut. Man „leiht" sich quasi bei einem Broker diese Aktien, welche zu einem späteren Zeitpunkt – an dem der Kurs hoffentlich niedriger steht – wieder zurückgegeben werden müssen. Mit dem Verkaufserlös dieser „geliehenen" Aktien werden für weitere 30.000 Euro Long-Positionen erworben. Somit befinden sich im Portfolio:

- 100.000 Euro Long-Positionen (aus dem Investmentkapital)
- 30.000 Euro Short-Positionen (von einem Broker „geliehen" und verkauft)
- 30.000 Euro Long-Positionen (aus dem Verkauf der Short-Positionen finanziert)

Dieser sogenannte Leverage-Effekt kann auf der einen Seite den Gewinn bei richtiger Aktienauswahl „hebeln", also verstärken. Auf der anderen Seite wird dadurch auch das Risiko beträchtlich erhöht. Sollte gerade in der heutigen Marktlage, in der sich Anleger besonders gern gegen Kursverluste absichern wollen, ein gewiefter Finanzdienstleister etwas anderes behaupten, sei an die Erkenntnis erinnert: „There is no such thing as a free lunch."

Kennzahlen und Methoden

Wie in allen Bereichen der Geldanlage ist auch im Asset Management die Leistungsbewertung anhand quantifizierbarer Kennzahlen von herausragender Wichtigkeit. Speziell um Anlageoptionen im Voraus bewerten zu können, ist es wichtig, gewisse Methoden und Konzepte zu verstehen.

Assets under Management
Die Größe eines Fonds (wie auch die Größe eines Finanzdienstleisters, der mehrere Fonds auflegt) wird mit der Kennziffer „Assets under Management" (AuM) beschrieben. Sie bezeichnet das gesamte Kapital, das in den Fonds eingezahlt und momentan von diesem angelegt werden könnte. Gelder, die wieder ausbezahlt wurden, sind also nicht mehr inbegriffen. Dagegen sind in den Fonds eingezahlte Gelder, die momentan nicht investiert sind, in der Kennzahl enthalten. Letzteres ist vor allem bei der Gewinnberechnung wichtig. Gemessen wird hier meist der ROI (Return on Investment), zu dessen Berechnung meist das AuM herangezogen wird. Sollten die investierten Gelder eine stattliche Überrendite abwerfen, jedoch ein großer Anteil der AuM noch gar nicht investiert sein (dies ist vor allem bei Venture-Capital-Fonds in der Anfangsphase der Fall), dann ist der ROI vergleichsweise niedrig. Schließlich wirft nur ein Teil des Fondskapitals Gewinn ab, während der andere Teil nicht investiert wird, sondern auf niedrig verzinsten, schnell zugänglichen Investmentvehikeln ruht und auf seinen Einsatz wartet.

Die Aussagekraft des AuM kann in etwa mit dem Umsatz bei produzierenden Unternehmen gleichgesetzt werden. Das AuM misst ebenfalls die Größe eines Fonds, trifft jedoch noch keine Aussage über dessen Erfolg beziehungsweise Gewinnsituation. Auf der anderen Seite impliziert das AuM durchaus Konsequenzen für den Gewinn. So benötigen manche Strategien eine gewisse kritische Masse an Kapital, wie zum Beispiel das Erkaufen von Firmenanteilen, die hoch genug sind, um einen Einfluss auf die Leitung der Firma zu erlangen. Auch unter Diversifikationsgesichtspunkten ist eine gewisse Mindestgröße ratsam. Je größer zudem das gemanagte Kapital ist, desto niedriger können die Gebühren ausfallen, da es ab einem bestimmten Niveau immer weniger Verwaltungskosten bedarf, um zusätzliche Mittel in einen Fonds zu integrieren. Es kann jedoch nicht vereinfachend gesagt werden, dass per se der Fonds so groß wie möglich sein sollte. Ab einer bestimmten Schwelle übersteigen die Komplexitätskosten größerer Fonds die Einsparungen aufgrund der Größeneffekte.

Gewinn

Wie bei allen anderen Anlagearten ist auch bei Investmentfonds die Messung und Beurteilung des Gewinns zentral. Bei Fonds ist diese aufgrund der Vielfalt an Strategien meist noch ungleich schwieriger. Neben der Glättung volatiler Ergebnisse muss man einen passenden Vergleichswert aussuchen oder kreieren sowie jeweils das spezifische Risiko der Anlage in die Gewinnbewertung mit einfließen lassen.

Zwar werden die Gebühren (Fees), die für die Vermögensverwaltung gezahlt werden müssen, nicht immer direkt in der Kennzahl oder dem Modell berücksichtigt, mit dem der Gewinn ermittelt wird. Dennoch sollte man diese bei der Gewinnermittlung immer im Auge behalten. Die Fees, die für die Anlage des Vermögens abgeführt werden müssen, schmälern schließlich den Gewinn, den ein Investor später ausgezahlt bekommt. Die Gewinne, die im Vergleich zur Benchmark erzielt werden, müssen also genügend groß sein, um auch die Gebühren für den Finanzdienstleister bezahlen zu können, der den Fonds auflegt.

Je nachdem, wie aktiv ein Fonds gemanagt wird, muss zudem berücksichtigt werden, dass die durch bessere Auswahl der Wertpapiere erzielte Über-Performance ausreichen muss, um die Transaktionskosten zu tragen, die beim Kauf und Verkauf von Wertpapieren anfallen.

Compound Annual Growth Rates

Die Compound Annual Growth Rate (CAGR) wird häufig dazu verwendet, die Performance verschiedener Fonds zu vergleichen. Die CAGR gibt dabei nicht die tatsächliche Wachstumsrate der Investitionen wieder, sondern ist vielmehr ein Maß für das durchschnittliche jährliche Wachstum über einen spezifischen Zeitraum. Auch bei der Berichterstattung der Fonds nach außen werden CAGRs veröffentlicht.

Die CAGR wird berechnet, indem man das gesamte prozentuale Wachstum in einem festgelegten Zeitraum mit dem Kehrwert der Periodenanzahl in diesem Zeitraum potenziert.

$$CAGR = \left(\frac{V_T}{V_0}\right)^{\frac{1}{t}} - 1$$

CAGR = Compound Annual Growth Rate
V_0 = Wert der Investition am Anfang eines bestimmten Zeitraums
V_T = Wert der Investition am Ende dieses Zeitraums
t = Anzahl der Perioden in diesem Zeitraum

Das CAGR-Konzept wurde in der Praxis vor allem deswegen als Standard eingeführt, weil es sich sehr gut dazu eignet, verschiedene Investitionen über vorgegebene Zeiträume hinweg zu vergleichen. Bei seiner Berechnung ist jedoch in der Formel die Annahme impliziert, dass die jeweilige Investition in einem bestimmten Zeitraum mit einer gleichbleibenden Rate anwächst. Dies ist in der Realität natürlich nicht gegeben. Die Berücksichtigung unterschiedlicher Volatilitäten des Wachstums muss also über parallel angewandte Kennzahlen und Instrumente erfolgen. Wie fast alle derartigen Vergleichswerte ist die CAGR zudem ein historisches Maß, welches zur Prognostizierung zukünftiger Entwicklungen möglicherweise ungeeignet ist.

Besonders zu beachten ist bei der CAGR, dass sie leicht durch die Wahl des betrachteten Zeitraums manipuliert werden kann. Der Wert ist empfindlich gegenüber dem Anfangswert der Investition. Je niedriger dieser ist, desto größer fällt der von der CAGR angezeigte Zuwachs aus (zum Beispiel wenn man als Anfangsperiode eine Periode mit historischem Tiefstwert wählt).

Beispiel für die Berechnung der CAGR: Bei einem Investment wird am 01. Januar 2005 ein Betrag von 100.000 Euro angelegt, der Anlagehorizont umfasst drei Perioden. Das Investment ist am Jahresanfang jeweils auf die folgenden Werte angestiegen:

Jahr	Wert des Portfolios
2005	100.000 Euro
2006	170.000 Euro
2007	180.000 Euro
2008	210.000 Euro

Über die gesamte Laufzeit hinweg ergibt sich für die CAGR:

$$\text{CAGR} = \left(\frac{210}{100}\right)^{\frac{1}{3}} - 1 = 0{,}2806 = 28{,}06\,\%$$

Die Aussage dieses Wertes: Wäre die Investition in den drei Jahren mit konstanter Rate gewachsen, betrüge diese Rate 28,06 Prozent. Daraus ergeben sich folgende theoretischen Endwerte der Investition zum jeweiligen Jahresende:

2006: 100.000 € • 1,2806 = 128.060 €
2007: 128.060 € • 1,2806 = 163.993 €
2008: 163.993 € • 1,2806 = 210.000 €

Die tatsächlich aufgetretenen jährlichen Wachstumsraten betrugen nie 28,06 Prozent. Von 2005 auf 2006 betrug das Wachstum beispielsweise 70 Prozent, von 2006 auf 2007 nur ca. 6 Prozent. Über den gesamten Zeitraum von 2005 bis 2008 betrachtet, ist die Investition jedoch, unter der Annahme eines konstanten Wachstums, um einen Mittelwert von 28,06 Prozent gewachsen.

Fonds-Benchmarks

Fonds unterscheiden sich sehr stark voneinander, deshalb sagen absolute Renditewerte meist wenig aus. Da die Kennzahlen vor allem dazu verwendet werden sollen, die Leistung der Fondsmanager zu beurteilen, muss man auch abschätzen können, welcher Teil des Gewinns auch ohne den Fondsmanager angefallen wäre, zum Beispiel aufgrund der positiven Marktentwicklung. Fonds-Benchmarks sind eine Art Vergleichswert, an dem sich die Fondsmanager messen lassen müssen. Je nachdem, in welche Wertpapiere investiert wird, wird eine Benchmark festgelegt, die es zu „schlagen“ gilt. Bei einem deutschen Aktienfonds, der hauptsächlich in hoch kapitalisierte Unternehmen investiert ist, ist zum Beispiel der DAX eine passende Benchmark. Legt der DAX um vier Prozent zu, so ist eine Fonds-Performance von vier Prozent nicht zufriedenstellend. Der Investor zahlt den Vermögensverwalter schließlich dafür, mehr aus dem Geld zu machen, als auch ohne ihn problemlos möglich wäre.

Benchmarks müssen immer adäquat zum eingegangenen Risiko, den Anlageklassen sowie weiteren Faktoren gewählt werden. Bei einem Fonds, der in Rohstoffe, Aktien aus den USA und Deutschland sowie in die BRICs[3]-Staaten investiert, sollte man die Benchmark dementsprechend so wählen, dass alle Investmentschwerpunkte widergespiegelt werden. Folglich sollte die Benchmark ein gewichteter Korb aus einem Rohstoffindex, dem DAX für deutsche Aktien, dem S&P500[4] für die amerikanischen Aktien sowie einem Maß für die Entwicklung der BRICs-Werte sein. Eine geeignete Benchmark zu finden ist offensichtlich nicht leicht - schon gar nicht, da Fondsmanager natürlich daran interessiert sein könnten, absichtlich eine Benchmark zu definieren, die sie leichter schlagen können als eine „fair“ festgelegte.

Risikoadjustierte Performance-Messung

Klassischerweise wird das Risiko bei der Performance-Messung dadurch einbezogen, dass neben den (zu erwartenden) Gewinnen auch die Standardabweichung der Renditen berücksichtigt wird. Häufig wird die Sharpe Ratio als risikoadjustiertes Performance-Maß verwendet:

$$SR_i = \frac{r_i - r_f}{\sigma_i}$$

SR_i = Sharpe Ratio für einen Fonds i
r_i = Rendite des Fonds i
r_f = risikofreie Rendite
σ_i = Standardabweichung der Renditen des Fonds i

Die risikofreie Verzinsung r_f gibt die Verzinsung wieder, welche ohne Risiko - also sicher - erzielt werden könnte. Häufig wird hierfür die Verzinsung von Staatsanleihen oder anderen festverzinslichen Wertpapieren mit nahezu keinem Risiko verwendet. Die Differenz im Zähler gibt also die Rendite des Fonds wieder, welche im Vergleich zu einer risikofreien

3 Die sogenannten BRICs-Staaten sind Brasilien, Russland, Indien und China.

4 Amerikanischer Aktien-Index, der die 500 am höchsten kapitalisierten, börsennotierten Firmen enthält.

Anlage zusätzlich erzielt wird. Setzt man diese in Bezug zum Risiko (ausgedrückt durch die Standardabweichung der Renditen im Nenner), so erhält man die zusätzlich erzielte Rendite pro „Risikoeinheit". Dies gilt als erstes Maß, um auszudrücken, ob die Performance des Fonds groß genug ist, um für das übernommene Risiko zu entschädigen.

Eine Sharpe Ratio, die deutlich höher als 1 ist, gilt als positiv. Hier deckt die Überrendite der risikobehafteten Anlage das eingegangene Risiko. Aus einer Sharpe Ratio zwischen 0 und 1 kann man schließen, dass zwar im Vergleich zur risikofreien Anlage eine Mehrrendite erzielt wurde, diese jedoch nicht ausreichend groß war, um für das zusätzliche Risiko zu entschädigen. Bei einer negativen Sharpe Ratio hat die Anlage sogar weniger Rendite als die risikofreie Anlage erzielt.

Aufgrund ihrer einfachen Berechnung wird die Sharpe Ratio in der Praxis immer wieder verwendet, ist jedoch auch starker Kritik ausgesetzt. Die Annahme normalverteilter Renditen beispielsweise trifft für Hedge-Fonds noch weniger zu als bei einzelnen Aktienpapieren oder der Marktentwicklung. Eine Alternative zur Sharpe Ratio stellt beispielsweise der Excess Return on Value at Risk (ERVaR)[5] dar. Diese Kennzahl setzt die erzielte Überrendite im Vergleich zur risikolosen Anlage ins Verhältnis mit dem Standard Value at Risk.

$$ERVaR_i = \frac{r_i - r_f}{VaR_i}$$

$ERVaR_i$ = Excess Return on Value at Risk eines Fonds i
r_i = Rendite des Fonds i
r_f = risikofreie Rendite
VaR_i = Value at Risk des Fonds i

Der Value at Risk ist ein Maß für den Verlust eines Investments, der mit einer vorgegebenen Wahrscheinlichkeit 1-α in einem bestimmten Zeitraum nicht überschritten wird.

Beispielsweise könnte man bei einem Konfidenzniveau von 97,5 Prozent zu dem Ergebnis kommen, dass der Verlust 1.000.000 Euro nicht übersteigt. Anders ausgedrückt: Nur in 2,5 Prozent aller denkbaren Fälle liegt der Verlust über diesem Wert.

Wenn man von normal verteilten Renditen ausgeht, kann der VaR_i relativ einfach berechnet werden. Bezeichnet z_α das α-Quantil der Standardnormalverteilung, wird der Value at Risk berechnet über

$$VaR_i = -(r_i + z_\alpha \cdot \sigma_i)$$

Auch bei einer anderen Annahme zur Verteilung der Renditen lässt sich der VaR_i über die jeweiligen Quantile der Verteilung berechnen.

5 Dowd, Kevin (2000): „Adjusting for Risk: An Improved Sharpe Ratio", in: *International Review of Economics and Finance*, Vol. 9, No. 3, S. 209–222.

Compliance

In einer Branche, in der gigantische Geldsummen im Auftrag von Institutionen oder Drittpersonen verwaltet werden, sind selbstverständlich Richtlinien unumgänglich, die bestimmen, wie mit diesem fremden Geld umgegangen werden soll. So legen beispielsweise die Global Investment Performance Standards (GIPS) genau fest, auf welche Art und Weise die Leistungskennzahlen berechnet werden dürfen, um Missbrauch und unlautere Werbung zu vermeiden. Die Einhaltung der GIPS ist freiwillig, jedoch ist die Rechnungslegung beziehungsweise Berechnung der Kennzahlen nach GIPS mittlerweile größtenteils zum Standard geworden und gilt als Qualitätsmerkmal. Die Zahlen werden dadurch vergleichbarer und es wird schwerer, diese zu manipulieren.

Auch die Abläufe innerhalb einer Asset-Management-Firma sind meist streng reglementiert. So dürfen die Daten der Klienten nicht ohne Weiteres die Abteilungsgrenzen innerhalb des Finanzdienstleisters passieren (zum Beispiel von der Trading-Abteilung zur Verkaufsabteilung). Des Weiteren sind eigene Kapitalanlagen und die der Klienten in gewissen Bereichen und Umfängen voneinander zu trennen. Wie bereits erläutert sind natürlich manche Industriebereiche wie Hedge-Fonds weitaus weniger strikt reglementiert.

Tagesaktuelle Bewertung

In der Fondsindustrie werden alle Investments täglich mit dem aktuellen Marktwert bewertet. Nach Abschluss eines Handelstages werden also Gewinne oder Verluste des Fonds ausgewiesen, da alle Wertpapiere und Anlagen mit dem Wert einfließen, mit dem sie zuletzt gehandelt wurden. Schwieriger ist die Bewertung bei weniger liquiden Investments, die nicht jeden Tag gehandelt werden, bei denen also nur ab und an zu einem neuen Kurs gehandelt wird. Diese müssen nach bestimmten Richtlinien zum Fair Market Value geschätzt, also prinzipiell ebenfalls jeden Tag neu bewertet werden. Der tägliche Kurswert, falls kein tatsächlicher vorhanden ist, muss also geschätzt werden. Diese Praxis dient generell der Transparenz am Markt und soll der Verschleierung von Verlusten vorbeugen. Das Konzept geriet in jüngster Zeit jedoch stark in die Kritik und wird zu den Ursachen gezählt, welche die Subprime-Krise verschlimmerten. Nicht nur fehlten lange Zeit neue Kurse für die plötzlich illiquide gewordenen Märkte; die Abwärtsspirale wurde auch noch dadurch verstärkt, dass immer mehr Banken, Fonds und Finanzdienstleister tagtäglich die Bewertung ihrer Portfolios nach unten korrigieren mussten.

Investment Performance Attribution

Attribution kann ganz einfach als Handlung beschrieben werden, die ein Ergebnis bestimmten Ursachen zuordnet. Beispielsweise kann so die Performance eines Portfolios (= Ergebnis) zurückgeführt werden auf die externen Effekte, Handlungen und Entscheidungen des Fondsmanagers (= Ursachen), welche zu diesem Ergebnis führten.

Die meisten Bewertungskriterien geben Aufschluss darüber, **wie gut** die Wertentwicklung absolut oder im Vergleich zum eingegangenen Risiko oder einer Benchmark ist. Die Investment Performance Attribution versucht eine Antwort darauf zu geben, **warum** eine Wertentwicklung besonders gut oder schlecht ausgefallen ist. Lag es daran, dass der Fondsmanager besonders gut beim Stock Picking, der Auswahl einzelner Aktien, war? Wurde in die richtigen Branchen investiert? War die Über- oder Untergewichtung der einzelnen Anlageklassen der Erfolgsgarant? War es gar ein Einflussfaktor, der nicht vom Fondsmanager abhängt, also ein Umstand, der sich nicht wiederholen wird und somit die Leistung des Fondsmanagers in ein anderes Licht rückt?

Gerade im Asset Management ist dieser Ansatz, die Wertentwicklung eines Investments auch in Hinblick auf deren Ursachen zu analysieren, sehr interessant. Schließlich basiert das Asset Management gerade darauf, die Investitionsentscheidungen spezialisierten Firmen zu überlassen. Um zu beurteilen, ob sich die damit anfallenden Gebühren für den Kapitalgeber lohnen, muss gerade die Frage beantwortet werden, was genau der Fondsmanager geleistet hat. Auch für die Asset-Management-Firma ergeben sich erhebliche Optimierungspotenziale, wenn klarer wird, wo genau ihre Stärken und Schwächen liegen. So kann auch ganz gezielt die Anlagestrategie verbessert werden, wenn sich zum Beispiel herausstellt, dass die Branchengewichtung zu Verlusten geführt hat, während die Ländergewichtung für den Großteil des Gewinns verantwortlich war.

Im Gegensatz zu den anderen Disziplinen der Performance-Messung und -Bewertung ist die Investment Performance Attribution noch ein relativ neues Gebiet, das gerade in den letzten Jahren mit immer neuen Methoden und Erkenntnissen weiterentwickelt wurde und wird. Noch hat sich kein einheitliches Modell durchgesetzt. Zudem ist es ohnehin nicht möglich, ein allgemeingültiges Modell zu entwickeln, da beispielsweise für die unterschiedlichen Anlageklassen ganz andere Ursachen für die verschiedenen Ergebnisse untersucht werden müssen. Das Brinson-Modell ist eines der am weitesten verbreiteten Basismodelle, auf dem viele Performance-Attribution-Modelle aufbauen (siehe Kasten auf der folgenden Seite).

Quadrant 1 stellt nichts anderes als das Benchmark-Portfolio selbst dar. Quadrant 4 repräsentiert das zu analysierende Portfolio. Sowohl die Gewichtung des Portfolios als auch die Rendite der Wertpapiere im Portfolio fließt ein. Quadrant 2 und 3 geben nun darüber Aufschluss, wie die im Vergleich zur Benchmark zusätzliche Rendite (oder die im Vergleich zur Benchmark geringere Rendite) zustande kam.

Quadrant 2 simuliert ein Portfolio, bei dem die Gewichtung der Sektoren aktiv ist, das heißt der Portfoliomanager versucht, durch Abweichung von der Benchmark-Gewichtung Überrenditen zu erzielen. Innerhalb der Sektoren wird jedoch die Benchmark-Gewichtung nachempfunden, was durch die Verwendung der Sektor-Renditen widergespiegelt wird. In Quadrant 3 wird ein Portfolio abgebildet, bei dem zwar die Sektor-Gewichtung der Benchmark nachempfunden wird, jedoch innerhalb der Sektoren durch Über- oder Untergewichtung einzelner Wertpapiere innerhalb dieser Sektoren versucht wird, die Benchmark zu schlagen.

	Portfolio Sektor-Rendite	**Benchmark** Sektor-Rendite
Portfolio Sektor-Gewichtung	Quadrant 4 Portfolio $\sum_i w_i^p \cdot r_i^p$	Quadrant 2 aktive Sektor-Gewichtung $\sum_i w_i^p \cdot r_i^b$
Benchmark Sektor-Gewichtung	Quadrant 3 aktive Auswahl der Aktien $\sum_i w_i^b \cdot r_i^p$	Quadrant 1 Benchmark $\sum_i w_i^b \cdot r_i^b$

i Sektor

w_i^p Gewichtung des Sektors i im Portfolio

w_i^b Gewichtung des Sektors i in der Benchmark

r_i^p Rendite des Sektors i im Portfolio
(= Rendite der gewählten Wertpapiere, die dem Sektor i zugeordnet ist)

r_i^b Rendite des Sektors i in der Benchmark
(= Rendite der Wertpapiere der Benchmark, die dem Sektor i zugeordnet ist)

Um herauszufinden, zu welchen Teilen der Gewinn des zu analysierenden Portfolios aus Entscheidungen stammt, verschiedene Sektoren oder verschiedene Wertpapiere innerhalb der Sektoren zu gewichten, zieht man die jeweiligen Quadranten-Werte voneinander ab. Die gesamte relative Performance ergibt sich aus der Benchmark-Performance und der Portfolio-Performance.

Branchengewichtungseffekt = Quadrant 2 - Quadrant 1
Wertpapiergewichtungseffekt = Quadrant 3 - Quadrant 1
Gesamte relative Performance = Quadrant 4 - Quadrant 1

Beispiel:

Sektor	**Benchmark**		**Portfolio**	
	Gewichtung	Rendite	Gewichtung	Rendite
Automobilindustrie	40%	2%	20%	2%
Konsumgüter	60%	5%	80%	9%
Gesamt	100%	3,8%	100%	7,6%

Die jeweiligen Gesamtrenditen ergeben sich aus den gewichteten Einzelrenditen.

Branchengewichtungseffekt (Quadrant 2 - Quadrant 1):

$$\sum_i w_i^p \cdot r_i^b - \sum_i w_i^b \cdot r_i^b = (20\% \cdot 2\% + 80\% \cdot 5\%) - (40\% \cdot 2\% + 60\% \cdot 5\%) = 0{,}6\%$$

Wertpapiergewichtungseffekt (Quadrant 3 - Quadrant 1):

$$\sum_i w_i^b \cdot r_i^p - \sum_i w_i^b \cdot r_i^b = (40\% \cdot 2\% + 60\% \cdot 9\%) - (40\% \cdot 2\% + 60\% \cdot 5\%) = 2{,}4\%$$

Gesamte relative Performance (Quadrant 4 - Quadrant 1):

$$\sum_i w_i^p \cdot r_i^p - \sum_i w_i^b \cdot r_i^b = (20\% \cdot 2\% + 80\% \cdot 9\%) - (40\% \cdot 2\% + 60\% \cdot 5\%) = 3{,}8\%$$

Anhand der obigen Rechnung wird also die Überrendite im Vergleich zur Benchmark verschiedenen Gründen zugeschrieben. Es wurden statt der 3,8 Prozent der Benchmark mit dem Portfolio 7,6 Prozent Rendite erzielt: 0,6 Prozent aufgrund der abweichenden Branchengewichtung und 2,4 Prozent aufgrund der Auswahl der Wertpapiere innerhalb der Sektoren. Die gesamte Überrendite beträgt jedoch 3,8 Prozent. Durch Branchengewichtungseffekt und Wertpapiergewichtungseffekt werden aber nur 3 Prozent erklärt. Die restlichen 0,8 Prozent resultieren aus dem sogenannten Interaktionseffekt (Quadrant 4 - Quadrant 3 - Quadrant 2 + Quadrant 1). In der Praxis existiert jedoch keine eindeutige Interpretation dieses Effekts, der aus der Interdependenz der anderen Effekte resultiert.

Aus dem Ergebnis lässt sich nun erklären, woher die zusätzliche Rendite des Portfolios kam: Zum einen wurden 0,6 Prozent zusätzliche Rendite erzielt, da der Fondsmanager die renditestärkere Konsumgüterindustrie stärker gewichtet hat. Der weitaus größere Zugewinn, nämlich zusätzliche 2,4 Prozent zur Benchmark-Rendite, wurde jedoch durch die Fähigkeit erwirtschaftet, innerhalb einer Branche die Wertpapiere mit überdurchschnittlich guten Renditen vorauszusagen. So wurden in der Konsumgüterindustrie statt 5 Prozent (Benchmark) ganze 9 Prozent Rendite erzielt. Bei der Automobilindustrie hingegen wurde keine Überrendite erzielt (2 Prozent Rendite sowohl in der Benchmark als auch im Portfolio).

LITERATUR-TIPPS:

- Kostenlose Artikel und Informationen zum Thema Asset Management:
  Bundesverband Investment & Asset Management e. V.
  www.bvi.de
- Mehr zum Thema Investment Performance Attribution:
  Spaulding, David (2003): *Investment Performance Attribution - A Guide to What It Is, How to Calculate It, and How to Use It*, New York.

Erfahrungsberichte

178 Carsten Bachmann: Portfoliomanagement und Immobilienfonds – eine spannende Kombination

180 Sascha Berger: Praktika als wichtige Entscheidungshilfe für oder gegen das Investment Banking

182 Sascha Daab: Emission verbriefter Derivate – mein Einblick ins Investment Banking

184 Hans Ulrich Elsner: Dienstleistungsunternehmen als Alternative zum klassischen Investment Banking

186 Stefan Elste: Geschlossene Fonds – ein Arbeitsfeld mit vielen Entwicklungsmöglichkeiten für engagierte Einsteiger

188 Julia Fasching: Vom Capital-Markets-Trainee zur Fondsmanagerin im Asset Management

190 Markus König: Ein Praktikum als Sprungbrett ins Investment Banking

192 Klaus Maurer: Private Equity – Trotz Finanzkrise ein höchst interessanter Job

194 Daniel Meffert: Ein Tag im Oil Trading – kein Gewinn ohne Risiko

4. Erfahrungsberichte

Wie in den vorausgegangenen Artikeln schon mehrmals anklang, können nur persönliche Praxiserfahrungen wie Praktika wirklich zeigen, ob man für das Investment Banking und/oder Asset Management geeignet ist – oder umgekehrt, ob die beiden Branchen für einen selbst infrage kommen.

Von Personen, die schon Praktika absolviert oder den Berufseinstieg geschafft haben, kann man allerdings auch viele nützliche Erfahrungen und Tipps für seinen eigenen Weg mitnehmen. Wie haben andere das Bewerbungsverfahren gemeistert? Welche Fragen wurden ihnen gestellt? Warum haben sie sich genau für diesen Arbeitgeber und dieses Tätigkeitsfeld entschieden? Mit welchen Aufgaben und Herausforderungen sind sie in ihrer täglichen Arbeit konfrontiert? Worin liegt in ihren Augen der Reiz dieses Berufs, wo sehen sie allerdings auch Schattenseiten?

Viele Fragen – auf die man in den kommenden Berichten Antworten findet. Studierende und Berufstätige geben einen Einblick in ihre breit gefächerten Tätigkeiten. So berichtet Carsten Bachmann zunächst über sein Praktikum im Investment Banking, im Zuge dessen er seiner Leidenschaft für Immobilien nachgehen konnte. Sascha Berger erzählt ebenfalls von seinen Praktikumserfahrungen im Investment Banking – und wie diese seine Berufsentscheidung beeinflusst haben. Wie man sich ein Praktikum bei Goldman Sachs in London vorstellen kann, zeigt Sascha Daab auf. Hans Ulrich Elsner legt dar, dass es für Investment-Banking-Begeisterte auch Alternativen bei Dienstleistungsunternehmen gibt. Der Fondsmanager Stefan Elste beschreibt, was das Arbeitsfeld der geschlossenen Fonds so spannend macht, bevor Julia Fasching von ihrem Weg vom Capital-Markets-Trainee zur Fondsmanagerin im Asset Management berichtet. Markus König zeigt anhand seines Lebenslaufes, dass der Weg vom Praktikanten zum festangestellten Analysten nicht weit ist. Dass der Bereich Private Equity trotz Finanzkrise sehr reizvoll und spannend ist, macht der Bericht von Klaus Maurer deutlich. Abschließend gewährt der Oil Options Trader Daniel Meffert Einblicke in seinen herausfordernden Berufsalltag.

Die Erfahrungsberichte sind natürlich nur exemplarisch für die diversen Tätigkeitsfelder in beiden Branchen und den damit verbundenen Erfahrungen zu sehen. Dennoch können sie dem einen oder anderen von Ihnen helfen, eine Entscheidung zu treffen und diese auch erfolgreich in die Tat umzusetzen.

Carsten Bachmann

Praktikant
Deutsche Bank AG/RREEF Alternative Investments

Portfoliomanagement und Immobilienfonds – eine spannende Kombination

Seit ich denken kann, interessiere ich mich für Immobilien. War es anfangs hauptsächlich der architektonische Aspekt, rückte mit Voranschreiten des Studiums zunehmend die Immobilieninvestition in den Fokus meines Interesses. Das lag vor allem an den vielfältigen und interdisziplinären Aufgaben, die eine Tätigkeit in diesem Bereich mit sich bringt.

Der Reiz des Portfoliomanagements

Besonders attraktiv erschien mir dabei das Portfoliomanagement innerhalb einer Fondsgesellschaft. Dieser Bereich ist wahrscheinlich einer der spannendsten und zugleich herausforderndsten im Immobiliengeschäft, für den sich ein Student mit Interesse für Immobilienmärkte entscheiden kann. Um diesen Bereich praktisch zu erleben, habe ich mich bei RREEF Alternative Investments beworben, dem globalen Alternative Investment Manager der Deutschen Bank. Meine Wahl fiel auf RREEF, weil ich hier die Möglichkeit sah, meinem großen Interesse für internationale Immobilienmärkte nachgehen zu können.

Besonders ansprechend war für mich das vielfältige und breite Aufgabenspektrum dieser Position. Neben der Fondssteuerung und Performance-Planung gehört insbesondere der An- und Verkauf von Immobilien zu den Aufgaben eines Immobilienfondsmanagers. Hier ist es wichtig, gut über die steuerlichen und rechtlichen Besonderheiten eines Immobilieninvestments Bescheid zu wissen. Hilfreich für den Einstieg war für mich sicherlich mein auf die Immobilienwirtschaft spezialisiertes Studium. Außerdem konnte ich bereits bei einem internationalen Maklerhaus und zwei weiteren Unternehmen erste Erfahrungen in der Immobilienakquisition, dem Projektmanagement und weiteren immobilienspezifischen Themen sammeln.

Bewerbung im Asset Management

Nach kurzer Rücksprache mit der HR-Abteilung begann ich im September 2007 mit der Vorbereitung meiner Bewerbung. Nachdem ich meine Bewerbungsunterlagen fertiggestellt hatte, stellte ich diese in das Online-Bewerbungssystem ein. Wenige Tage später erfolgte die Einladung zu einem Vorstellungsgespräch mit einem der Director in Frankfurt. Das Interview dauerte etwa 90 Minuten und war inhaltlich geprägt von fachlichen Fragen über:

- die von RREEF ausgegeben Fonds
- den Markt für Immobilienfonds
- die derzeitige Marktsituation
- gängige Immobilienbewertungsverfahren

Weitere Themen betrafen meinen Lebenslauf, meine persönliche Motivation und den Grund für die Bewerbung bei der Deutschen Bank. Insgesamt lief das Interview sehr fair ab und fand in einer freundlichen, ungezwungenen Atmosphäre statt. Eine Woche nach dem Gespräch erhielt ich dann eine Zusage.

Meine Vorbereitung zu dem Interview basierte auf einer intensiven Marktrecherche über die größten Immobilientransaktionen des vergangenen halben Jahres. Außerdem war es sehr hilfreich, im Vorfeld des Bewerbungsgesprächs durch die Fondsberichte der jeweiligen Produkte geblättert zu haben.

Praktikum im Portfoliomanagement

Nachdem ich den Auswahlprozess und das Interview gut überstanden hatte, begann ich im Februar 2008 mein sechsmonatiges Praktikum. Wie bereits erwähnt, ist die Tätigkeit äußerst vielseitig, wodurch dem Praktikanten die Möglichkeit geboten wird, sehr viel zu lernen. Das Portfoliomanagement bildet quasi das Entscheidungs- und Verantwortungszentrum des Fonds, wodurch Fragestellungen und Projekte aller Disziplinen im Tagesgeschäft zu bearbeiten sind. Neben Themen aus der Akquisition können auch Belange aus dem Bereich des Asset Managements oder des Property Managements Gegenstand der Arbeit sein. In meinen Augen sind es gerade diese unterschiedlichen Berührungspunkte, die den besonderen Reiz an dieser Position ausmachen.

Das sollte ein Student mitbringen

Wer diesen Job anstrebt, sollte in erster Linie ein Studium einer Wirtschaftsfachrichtung gewählt haben. Besteht der Wunsch, speziell im Portfoliomanagement von Immobilienfonds tätig zu werden, ist es obendrein absolut empfehlenswert, sich immobilienspezifische Vorkenntnisse anzueignen. Diese kann man entweder durch ein auf die Immobilienwirtschaft spezialisiertes Studium oder in Form einer vorherigen Ausbildung erwerben.

Neben den fachlichen Kenntnissen und sehr guten Englischkenntnissen ist Verantwortungsbewusstsein eine der Tugenden, die ein Interessent unbedingt mitbringen sollte. Man muss sich stets bewusst sein, dass man Gelder von Dritten verwaltet und sollte daher mit Professionalität, Sorgfalt und Weitsicht handeln - auch als Praktikant.

Wenn alle Voraussetzungen erfüllt sind, hat der Student mit einem Praktikum im Portfoliomanagement die einmalige Chance, in einen der vielfältigsten Jobs überhaupt einzutauchen und sowohl fachlich als auch persönlich viel für seinen zukünftigen Werdegang mitzunehmen.

Sascha Berger

Senior Consultant
PricewaterhouseCoopers AG WPG

Praktika als wichtige Entscheidungshilfe für oder gegen das Investment Banking

Auf Umwegen ins Investment Banking

Eigentlich war es purer Zufall, dass ich im fünften Semester meines BWL- und Chemie-Studiums an der TU München zu einem Bewerbungsgespräch für ein Praktikum bei einer großen Investmentbank nach Frankfurt eingeladen wurde. Ich hatte mich eigentlich in London bei verschiedenen Private-Equity-Fonds beworben, wo ich mich mit meinem halb naturwissenschaftlichen Profil und meinem BWL-Schwerpunkt Finanzierung gut aufgehoben fühlte. Auf Umwegen wurde meine Bewerbung auch nach Frankfurt weitergeleitet und ich saß schließlich in einem der bekannten Frankfurter Bankentürme. Dort packte mich der Ehrgeiz, denn schließlich galt es fünf Interviewer von mir und meinen Kenntnissen zu überzeugen. Am Ende bekam ich einen der begehrten Praktikumsplätze im Bereich M&A.

Investment Banking: Mehr als nur ein Job

Wie ich dann schnell während meines fast dreimonatigen Praktikums merkte, sind Einblicke ins Innenleben eines Investmentbanker-Tagesablaufs nicht nur enorm lehrreich, sondern auch notwendig, um einen späteren Kulturschock bei einem möglichen Einstieg zu vermeiden. Investment Banking ist nicht einfach ein Job; es ist eine Entscheidung für einen Lebensstil, in dem enorme Leistungsbereitschaft und eine klare Fokussierung auf monetäre Bezugsgrößen zusammenkommen. In diesem Beruf kann man im wahrsten Sinne des Wortes viel verdienen, aber man sollte ihm auch vieles unterordnen können.

Das merkte ich gleich an meinem ersten Tag, an dem wir bis spät in die Nacht erste Projektaufgaben aufteilten und meine Chefin die Deadline für meine ersten Ergebnisse auf Sonntagvormittag legte. Zwischendurch bestellten wir auf Kosten der Abteilung Sushi, das wir vor unseren Bildschirmen aßen. So in etwa verbrachte ich dann auch tatsächlich den Rest meines Praktikums. Ich lernte viel über Excel-Modelle, Telefonkonferenzen und Börsengänge – und auch, wie klar das Banking das Leben der Kollegen bestimmt: Im Spätsommer feierte ein Kollege die Einrichtung seiner Küche – zwei Jahre nach dem Einzug hatte er es endlich geschafft, seine große und perfekt gelegene Wohnung mit einer passenden Küche auszustatten. Während unsere Abteilung noch bei ihm feierte, telefonierte er bereits wieder voller Elan von der Terrasse aus mit einem Kunden.

Meine zweite Erfahrung im Investment Banking

Dieser unbedingte Wille zum Erfolg und der große Einsatz reizten mich, im folgenden Sommer ein weiteres Praktikum anzuschließen, dann allerdings in der New Yorker Niederlassung. Auch wenn hier andere Charaktere und neue Herausforderungen warteten, war die Arbeit im Grunde vergleichbar: Komplexe Unternehmenstransaktionen mussten in Excel-Modellen abgebildet werden, Auswirkungen quantifiziert sowie Szenarien und Ergebnisse dem Team und später dem Kunden nachvollziehbar kommuniziert werden. Wenige Male flog ich direkt zum Kunden; den größten Teil meiner Zeit verbrachte ich vor dem PC oder in einem der vielen Meeting Rooms. Durchaus auch am Wochenende, zumindest dann, wenn Daten vom Kunden erst am Freitag geliefert wurden, der Kunde am Sonntagnachmittag einen Zwischenstand in einer Telefonkonferenz klären wollte, oder ich schlicht meine Aufgaben für die kommende Woche mit etwas mehr Ruhe vorbereiten wollte.

Praktika als Entscheidungshilfe

Investmentbanker zu sein heißt, Investment Banking zu leben. Hier gibt es wenig Freiraum für sonstige Aktivitäten. Wer sich im Banking im wahrsten Sinne des Wortes zu Hause fühlt, ist dort goldrichtig. Wer Zweifel hat, sollte seine Wünsche ernsthaft überdenken oder sie zumindest einem echten Realitätstest unterziehen. Praktika sind die dafür am besten geeignete Methode. Sicherlich sind der begrenzte Zeithorizont und die begrenzte Verantwortungsübernahme im Praktikum nicht 100-prozentig mit einer späteren unbefristeten Vollzeitstelle zu vergleichen, dennoch ist es die verlässlichste Entscheidungshilfe.

Bei Praktika einen bleibenden Eindruck hinterlassen

Investmentbanken bevorzugen Einsteiger, die sich im Innenleben einer Investmentbank zuvor bewiesen haben. Wer hochwertige Praktika erfolgreich absolviert hat, zeigt zum einen, dass er schnell, zielorientiert und unter Stress anspruchsvolle Analysen durchführen kann. Zum anderen hat er damit auch die nötige Fähigkeit unter Beweis gestellt, Einzelkämpfertum und Teamfähigkeit zu vereinen. Zuletzt, und nicht zu unterschätzen, ist der gezeigte Team Fit: Da die Projekte in kritischen Phasen durchaus sehr zeitintensiv und stressig sein können, ist der persönliche Umgang im Team untereinander umso wichtiger. Mit den Kollegen wird man die weitaus überwiegende Zeit in der Woche verbringen. Wer in Praktika gezeigt hat, dass er gut ins Team passt, hat sich später eine unter Umständen unangenehme Erfahrung erspart. Mit diesen Referenzen ist man dann dem möglichen Traumjob insgesamt einen entscheidenden Schritt näher.

Meine Entscheidung für eine andere Branche

Auch für mich stellte sich nach meinen Praktika die Frage nach dem Berufseinstieg, der mir vom verantwortlichen Managing Director angeboten wurde. Zwischenzeitlich hatte ich weitere Praktika in der Strategieberatung absolviert. Ich entschied mich schließlich gegen einen Einstieg ins Investment Banking. Insgesamt fühlte ich mich persönlich hinsichtlich der Aufgaben, der Arbeitsorganisation und dem Kollegenkreis in der Beratung besser aufgehoben, sodass ich zunächst in der Strategieberatung einstieg und später in die Valuation & Strategy Practice von PwC wechselte. Ohne Praktika hätte ich diese Entscheidung so fundiert und bewusst nicht treffen können.

Sascha Daab

Praktikant
Goldman Sachs International, London

Emission verbriefter Derivate – mein Einblick ins Investment Banking

Das Auswahlverfahren

Nach meinem Grundstudium stellte ich fest, dass mir Finance und Finanzmathematik am meisten Spaß machten und ich mein Wissen in diesen Gebieten vertiefen wollte. Um neben der Theorie auch einen Einblick in die Praxis zu bekommen, hielt ich ein Praktikum in der Kapitalmarktabteilung einer großen Investmentbank für die beste Möglichkeit.

Den ersten Kontakt zu Goldman Sachs stellte ich auf den Banking Days 2008 in Karlsruhe her, einer Recruiting-Veranstaltung, die jedes Jahr von der Hochschulgruppe R.I.S.K. e.V. organisiert wird. Dort durfte ich nach der Bewerbung mit Lebenslauf und kurzem Anschreiben bereits das erste Interview mit meinem zukünftigen Teamleiter führen. Es folgten mehrere telefonische Interviews, teils auf Englisch und teils auf Deutsch. Schließlich wurde ich einen Tag nach London eingeladen, wo ich mehrere Interviewrunden mit meinem Team und Kollegen aus benachbarten Teams führen musste. Die Fragen bezogen sich hauptsächlich auf das Verständnis der gehandelten Produkte und die dahinter stehende Theorie (z. B. das Black-Scholes-Modell). Zudem wurde ich auch mit Brainteasern und allgemeinen Fragen zum Lebenslauf und zu meiner Motivation konfrontiert. Die Anzahl an Interviews war sehr groß, um möglichst viele der zukünftigen Kollegen kennenzulernen und zu sehen, ob der Personal Fit stimmt. Schließlich konnte ich mich über eine Zusage für ein Praktikum von August bis Dezember 2008 freuen.

Das Team und der Arbeitsalltag

Mein Team war zuständig für die Emission verbriefter Derivate in Europa mit den Schwerpunkten Deutschland und der Schweiz. Unter verbrieften Derivaten versteht man börsengehandelte Finanzprodukte wie z. B. Bonuszertifikate oder Call-Optionen auf Aktien. Vor der Emission steht zunächst die Entscheidung, welche und wie viele Produkte am Markt platziert werden sollen. Danach werden die Produkte strukturiert, in die vorhandenen Systeme eingepflegt und an die Börse gebracht. Des Weiteren wird ein Teil der Produkte, sogenannte Rollprodukte wie Mini Futures oder Rolling Turbos, börsentäglich oder in anderen Abständen an veränderte Marktbedingungen angepasst. Viele der Abläufe sind automatisiert und müssen konsequent überwacht und optimiert werden. In diesem Zusammenhang gilt es, viele verschiedene technische Problemstellungen zu identifizieren und zu lösen.

Als Praktikant war ich von Anfang an voll in das Team und die vorhandenen Aufgaben integriert. Dazu gehörten zum einen der Umgang mit den Informationssystemen Reuters und Bloomberg sowie die ständige Kommunikation mit den Teamkollegen, den Händlern und dem Vertrieb. Hinzu kam die Implementierung neuer automatisierter Lösungen in VBA und SQL in Zusammenarbeit mit dem Technikteam. Die Kenntnisse über die Produkte und Programmiersprachen, die mir am Anfang noch gefehlt hatten, konnte ich mir mit der Unterstützung meiner Kollegen sehr schnell aneignen.

Der Tagesablauf

Mein Arbeitstag begann, wie in den Handelsräumen einer Investmentbank üblich, vor Börseneröffnung um 7 Uhr und endete nach Börsenschluss. Nach meiner Einarbeitungsphase bestand die erste Tagesaufgabe darin, diejenigen Produkte, die täglich vor Börsenbeginn angepasst werden (Mini Futures und Rolling Turbos), zu kontrollieren und gegebenenfalls bei Zwischenfällen einzugreifen. Danach stand die Erstellung verschiedener Analysen über die aktuelle Marktlage, die eigenen Produkte und die der Wettbewerber an.

Im weiteren Verlauf des Tages arbeitete ich an verschiedenen, oft parallel laufenden Projekten, wie z. B. an der Erstellung eines vollautomatisierten Reports über die täglichen offenen Positionen der emittierten Bonuszertifikate. Nebenher bekam ich sehr viele E-Mails und war dafür mitverantwortlich, ein Auge darauf zu haben, dass alles reibungslos ablief. Wichtig war dabei, multitaskingfähig zu sein und auch in stürmischen Zeiten bzw. unter Druck sehr gute Ergebnisse zu liefern. Gegen Ende meines Praktikums durfte ich auch selbst einfache Produkte strukturieren und die Vorschläge an unsere Händler und Teamkollegen weiterleiten. In der Regel endete mein Tag gegen 20 Uhr, je nach Aufgaben und Projekten, die ich gerade bearbeitete.

Fazit

Alles in allem konnte ich während meines Praktikums viele Einblicke in die Arbeit in einer Investmentbank gewinnen. Die vier Monate waren eine sehr spannende und herausfordernde Zeit mit einer enormen Lernkurve, sowohl was die Produkte als auch deren technische Implementierung betraf. Dabei wurde mir bewusst, dass vieles, was in der Theorie sehr einfach aussieht, in der Praxis nicht immer leicht umzusetzen ist. Für meine Zukunft kann ich mir eine Karriere im Investment Banking sehr gut vorstellen, wenngleich mir momentan ein quantitativeres und weniger technisches Aufgabenfeld vorschwebt.

Wer sich für ein Praktikum im Investment Banking interessiert, sollte sich möglichst früh nach dem Grundstudium bewerben. Bei den Auswahlgesprächen muss man auf Fragen zu den Kapitalmärkten und den von der jeweiligen Abteilung gehandelten Produkten vorbereitet sein. Egal, in welcher Abteilung man anfangen möchte – man sollte sich auch auf einen herausfordernden und manchmal sehr langen und anstrengenden Arbeitsalltag einstellen.

Hans Ulrich Elsner

Director Strategy
arvato AG

Dienstleistungsunternehmen als Alternative zum klassischen Investment Banking

Von der Unternehmensberatung zu einem Dienstleistungsunternehmen
Die ersten beiden Jahre meiner Berufskarriere war ich in der Unternehmensberatung tätig. Was mir dort jedoch fehlte, war die Möglichkeit, den Erfolg eines Unternehmens langfristig mitzubestimmen. Hinzu kam mein Interesse für den Bereich Investment Banking, das mich schließlich zu einem Wechsel bewog. Ich stieg aber nicht, wie man vermuten könnte, bei einer (Investment-)Bank ein, sondern beim Medien- und Kommunikationsdienstleister arvato. Derartige Firmen stehen als mögliche Arbeitgeber in der Regel nicht weit oben auf der Liste von Studenten, die sich für Investment Banking interessieren. Sie können für solche Absolventen jedoch durchaus interessant sein, gründet sich doch ihr Erfolg auch auf zwei Pfeilern, die die Fähigkeit zum aktiven Portfoliomanagement erfordern: Skaleneffekte durch Wachstum und Kundenbindung durch integrierte Wertschöpfungsketten. Das Portfoliomanagement wird bei arvato in der Strategieabteilung koordiniert. Sie ist das unternehmensseitige Gegenstück zu den Investmentbanken und betreut Zu- und Verkäufe von Firmen genauso wie mögliche Zusammenschlüsse oder Kooperationen.

Die Tätigkeit in der Strategieabteilung von arvato bietet mir die Chance, in Zusammenarbeit mit den anderen Unternehmensbereichen die mittel- und langfristige Ausrichtung des Konzerns kontinuierlich zu hinterfragen und weiterzuentwickeln. Meine Aufgaben umfassen dabei sowohl das Tätigkeitsfeld eines klassischen Strategieberaters als auch das Portfoliomanagement bis hin zur Durchführung von M&A-Prozessen. Meine bisherige Tätigkeit als Unternehmensberater kommt mir dabei zugute, da ich die entsprechenden Methoden und meine Erfahrung vom ersten Tag an gewinnbringend einsetzen konnte.

Bewerbungsverfahren
Beim Bewerbungsverfahren war ich ähnlichen Erwartungen ausgesetzt wie in der Unternehmensberatung. Zahlenverständnis, Präsentationserfahrung und die Fähigkeit, sich schnell in neue Sachverhalte einzuarbeiten, wurden von den Recruitern getestet. Der dreistufige Auswahlprozess begann mit einem Lebenslaufinterview am Telefon, in der meine grundsätzliche Eignung auf Basis meiner Erfahrungen geprüft wurde. Danach folgte eine erste Interviewrunde mit Mitarbeitern aus der Strategie- und Personalabteilung. Hier ging

es sowohl um die persönliche als auch um die fachliche Eignung. Das Interview endete mit einer kurzen Fallstudie. In der zweiten Runde wurde geprüft, wie ich mich im Alltag der Strategieabteilung schlagen würde. Dazu musste ich unter anderem eine Präsentation vorbereiten, einen Businessplan erstellen und mich in Konfliktsituationen beweisen.

Meine Arbeit als Strategiemanager

Nach meiner erfolgreichen Bewerbung wartete ein spannender und fordernder Arbeitsalltag im unmittelbaren Umfeld des Vorstands auf mich. Wegen meiner Berufserfahrung hatte ich von Anfang an Projektverantwortung und meist auch die fachliche Führung der Projektteams inne. Meine Aufgaben verteilen sich zu etwa einem Drittel auf Strategiearbeit in Projekten gemeinsam mit den operativen Bereichen, zu einem weiteren Drittel auf Projekte im Umfeld des Portfoliomanagements. Das letzte Drittel der Tätigkeit ist geprägt von Ad-hoc-Aufgaben (von der Recherche über Präsentationserstellung bis hin zum Vorbereiten und Halten von Vorträgen). Strategiearbeit ist dabei eher langfristig angelegt und vergleichbar mit der Tätigkeit eines Strategieberaters in einem Beratungsunternehmen. Die Projekte haben eine Laufzeit von etwa drei Monaten und sind im Umfeld des jeweiligen Bereichsvorstands angesiedelt. Hier beschäftige ich mich mit Themen wie Marktpotenzialanalyse, Markteintrittsstrategien oder Restrukturierung.

Portfoliomanagement, mein zweiter Tätigkeitsschwerpunkt, umfasst sowohl den Kauf als auch den Verkauf von Unternehmen bzw. Unternehmensteilen. Aufgabe der Strategieabteilung ist dabei das Projektmanagement über den ganzen Transaktionsprozess hinweg. Als Projektverantwortlicher kann ich hier eine Transaktion von der ersten Überlegung bis zur Unterschrift unter den Vertrag und dem nachfolgenden Closing begleiten, also deutlich länger als es im klassischen Investment Banking möglich ist. Hinzu kommt die Bewertung aller eingehenden Investitionsmöglichkeiten auf ihre grundsätzliche Eignung, bevor sie an die jeweils passenden Bereiche weitergeleitet werden. Hier hat die Strategieabteilung eine Schlüsselposition zur Identifikation interessanter Targets. Dazu gehört auch die Kontaktpflege mit Investmentbanken und -beratungen, um die aktuellen Schwerpunkte des eigenen Portfoliomanagements zu platzieren.

Chancen und Herausforderungen

Den Reiz der Tätigkeit als Strategiemanager sehe ich darin, dass man sehr intensiv mit vielen verschiedenen Ansprechpartnern auf der Entscheidungsebene zu tun hat. Als Berufseinsteiger oder Young Professional hat man so die Chance, an wichtigen Entscheidungsprozessen maßgeblich mitzuwirken. Zugleich werden wichtige und weitreichende Kontakte geknüpft, die für die weitere Karriere entscheidend sein können.

Eine Kehrseite ist natürlich die oftmals hohe Arbeitsbelastung, die wegen der Kurzfristigkeit vieler Projekte nicht gut planbar ist. Zudem beseht keine unmittelbare Einbindung in operative Funktionen und keine enge Zusammenarbeit mit der obersten Führungsebene, was für einen späteren Wechsel von Bedeutung sein kann. Die Tätigkeit als Strategiemanager bleibt nichtsdestotrotz eine sehr spannende Aufgabe, die meiner Meinung nach unternehmerisch denkenden Absolventen mit einer Affinität zu Investment Banking und Strategie mehr als eine Überlegung wert sein sollte.

Stefan Elste

Fondsmanager
MPC Münchmeyer Petersen Portfolio Advisors GmbH

Geschlossene Fonds – ein Arbeitsfeld mit vielen Entwicklungsmöglichkeiten für engagierte Einsteiger

Die Welt geschlossener Fonds

Neben Investitionen in offene Kapitalanlagen bietet sich die Möglichkeit, in die Produktvielfalt geschlossener Fonds zu investieren. Geschlossene Fonds werden zur Finanzierung von definierten, in der Regel größeren Investitionen wie z. B. Immobilien, Schiffen, Flugzeugen etc. aufgelegt. Bei einem der führenden Emissionshäuser in diesem Marktsegment – der MPC Capital AG – arbeite ich seit über drei Jahren in der Fondskonzeption sowie dem laufenden Management für Multi-Asset-Fonds sowie Private-Equity-Dachfonds.

Fondskonzeption

Der Bereich Konzeption ist eine sehr projektbezogene und aus meiner Sicht überaus spannende Tätigkeit. Die Analyse neuer potenzieller Investitionsmöglichkeiten führte mich zum Beispiel ans andere Ende der Welt und zu Fragestellungen wie: „Ist die Erderwärmung ein menschenverursachtes Problem oder doch ein natürliches Phänomen?“

Bei allen neuen Projekten gilt es zunächst, die Geschäftsidee und alle darin involvierten Partner einer tiefgehenden Prüfung zu unterziehen. Hier müssen Kalkulationen zur Wirtschaftlichkeit des Projekts erstellt werden. Eine Fondskalkulation aus Anlegersicht, die die steuerlichen und rechtlichen Gegebenheiten des geplanten Fondskonstrukts berücksichtigt, ist hier das Herzstück. Weiterhin sind die Partner auf ihre Expertise und Kompetenz hin zu beurteilen. Ferner sind sowohl das Projekt selbst als auch die Partner auf potenziell bestehende Risiken hin zu untersuchen. Aus der Gesamtheit der Informationen ergibt sich ein Chancen-Risiko-Profil des möglichen Fonds. Entscheidet sich das Projektteam, dass diese Geschäftsidee für unsere Kunden attraktiv sein wird, wird sie umgesetzt, und es geht in Vertragsverhandlungen mit den Partnern. Bei erfolgreichen Verhandlungen mit dem Ergebnis der Projektakquisition und/oder Zusammenarbeit mit den Partnern geht es anschließend in die Prospektierung. Die Geschäftsidee, Wirtschaftlichkeitskalkulation, Verträge und sonstigen rechtlich nötigen Angaben werden hier in einem Emissionsprospekt verarbeitet. Die Aufgabe für mich als Projektmanager ist es, in dieser Phase alle involvierten Parteien wie Vertragspartner, Wirtschaftsprüfer, Rechtsanwälte und Prospektverfasser so zu koordinieren, dass innerhalb eines vorher definierten Zeitraums ein Fondsprospekt entsteht und zum Vertrieb freigegeben werden kann. Aufgaben wie Aufbereitung vertriebsunterstützender Maßnahmen und Informationen runden die Projektarbeit ab.

Fondsmanagement
Die Tätigkeit im Fondsmanagement schließt direkt an die Konzeption an. So gilt es, für jeden Fonds ein funktionierendes System der Informationsversorgung einzurichten. Die laufenden Daten und Informationen zu den Projekten sind aktuell zu verarbeiten und anleger- und managementgerecht aufzubereiten. Ein wesentlicher Teil meiner Tätigkeit entfällt insofern auch auf die Kommunikation mit den Vertragspartnern. Mindestens genauso wichtig ist eine gute Kommunikation mit den Anlegern. Diese werden von uns regelmäßig und umfassend über die Geschäftsentwicklungen informiert. Ein tiefgehendes Verständnis zu den aktuellen Marktentwicklungen und potenziellen Investitionsgelegenheiten ist dabei sowohl in der Konzeption wie auch im Management von großer Bedeutung. Die laufende Analyse von Angeboten wie die Lektüre der Fachpresse zählen damit zu meinem täglichen Geschäft. Nicht zuletzt bei Themen wie Jahresabschlusserstellung und -prüfung bin ich als Fondsmanager mit involviert.

Was die Arbeit so spannend macht
Die Beschreibung kann sicherlich nur einen verkürzten Einblick in das ganze Tätigkeitsgebiet geben. Sonderprojekte und -analysen fallen oft an und bereichern damit den ohnehin schon abwechslungsreichen Arbeitstag. Insbesondere ermöglicht mir die Position, täglich neu einen tiefen Einblick in verschiedenste Projekte und Industrien zu erhalten und schärft damit mein Auge für wirtschaftliche Zusammenhänge. Dass die Arbeit in Konzeption und Management sich dabei nicht auf ein „Werkeln im stillen Kämmerchen" reduziert, sondern gerade durch starkes Teamwork und Koordination verschiedenster Schnittstellen geprägt ist, empfinde ich als besonderen Pluspunkt. Die auf diese Weise erworbenen Kenntnisse und Fähigkeiten bieten dabei auch eine gute Grundlage zur weiteren Entwicklung, ob inner- oder außerhalb des Unternehmens.

Was man mitbringen sollte
Die Branche der geschlossenen Fonds ist durch ihre Investitionsobjekte sehr nah an der Realwirtschaft orientiert. Ein guter Mix an (außer-)universitär erworbenen Qualifikationen, die ein Verständnis wirtschaftlicher Zusammenhänge erleichtern, kann hier die Einstiegschancen stark erhöhen. Die Anforderungen für einen Bewerber sind vielfältig. Fachlich gilt es einerseits, über ein fundiertes gesellschafts- und steuerrechtliches Verständnis zu verfügen und gleichzeitig dies auch aus der wirtschaftlichen Perspektive betrachten und umsetzen zu können. Gute Englischkenntnisse und Auslandserfahrung sind aufgrund der internationalen Bezüge oftmals ebenso von hoher Bedeutung. Von Vorteil ist es, wenn man ein hohes Maß an sozialer Kompetenz einbringen kann. Kommunikations- und Teamfähigkeit sind durch die stark vernetzten Aufgabenbereiche ein wesentlicher Faktor für eine erfolgreiche Arbeit. Sich in einer der unzähligen Studentenorganisationen wie AIESEC, ELSA oder AIEGEE engagiert zu haben, ist insofern sicherlich sehr hilfreich und auch zur persönlichen Entwicklung meiner Meinung nach sehr zu empfehlen.

Julia Fasching

Fondsmanagerin
Caja Ingenieros Gestión

Vom Capital-Markets-Trainee zur Fondsmanagerin im Asset Management

Entscheidung für einen Einstieg ins Investment Banking

Bereits im zweiten Abschnitt des BWL-Studiums interessierte ich mich für Themen rund um den Kapitalmarkt, weshalb ich mich für Corporate Finance und Portfoliomanagement als einen meiner Schwerpunkte entschied. Noch während der Diplomarbeit bewarb ich mich bei mehreren Banken und Finanzdienstleistungsunternehmen und bekam schließlich die Zusage für ein Trainee-Programm im Treasury einer österreichischen Großbank. Diese Art des Berufseinstiegs war rückblickend gesehen eine sehr gute Entscheidung, da ich mein Fachwissen aus dem Studium durch diverse Schulungen erweitern konnte. Zudem war es mir möglich, in relativ kurzer Zeit ein Netzwerk innerhalb des Unternehmens aufzubauen. Als wichtig empfinde ich, dass Berufseinsteiger als Trainees nicht nur mehrere Stationen in einem Unternehmen durchlaufen, sondern möglichst früh schon Verantwortung übernehmen können. Als Trainee war ich bereits einer festen Abteilung zugeordnet und konnte dennoch in viele fachlich verwandte Bereiche hineinschnuppern.

Berufliche Weiterentwicklung: Wechsel ins Asset Management

Nach zwei Jahren, in denen ich unter anderem für die Neuproduktentwicklung zuständig war und bei internationalen Projekten im Bereich Treasury mitarbeitete, wechselte ich ins Front Office. Ich wollte mich intensiver mit den Märkten auseinandersetzen und nahm eine Stelle innerhalb der gleichen Bankengruppe im Institutional Sales an. Dabei entwickelte und verkaufte ich strukturierte Produkte und OTC-Derivate an institutionelle Kunden. Schließlich bewog mich ein Umzug aus privaten Gründen ins Ausland zu einem externen Wechsel. Neben einer weiteren Tätigkeit im Sales kam für mich ein Wechsel ins Asset Management als interessante Alternative infrage. In meiner vorherigen Tätigkeit zählten viele Fondsmanager zu meinen Kunden, und ich bekam aus gemeinsamen Produktentwicklungen und Gesprächen vor Ort einen guten Einblick in deren Tätigkeit. So verlief der Einstieg auf der „anderen Seite“ des Geschäfts relativ reibungslos. Während man im Sales in erster Linie kundengetrieben arbeitet, gibt es im Fondsmanagement deutlich mehr Möglichkeiten, seine Tätigkeit aktiv zu steuern. Letztendlich ist als Fondsmanager die eigene Meinung über die Entwicklung der Märkte und das Treffen von darauf basierenden Entscheidungen gefragt.

Ein typischer Arbeitstag als Fondsmanagerin

Normalerweise beginnt mein Tag mit dem Lesen aktueller Nachrichten und von Research-Berichten, die wir täglich von Brokern/Analysehäusern zugeschickt bekommen. Neben den einzelnen Unternehmensnachrichten sind dabei insbesondere makroökonomische Entwicklungen und das Antizipieren entsprechender Marktbewegungen relevant. Eine weitere wichtige Aufgabe ist das tägliche Follow-up der gemanagten Fonds. Dabei wird die Rendite der Fonds des Vortages errechnet, um diese später mit der Bewertung des Back Offices vergleichen zu können.

Je nach Marktentwicklung führe ich entsprechend Transaktionen im Portfolio durch. Da die Fonds jedoch meist längerfristig zusammengestellt werden, kommt es in der Regel nicht jeden Tag zu Veränderungen. Allerdings werden oft kurzfristigere Derivatetransaktionen ausgeführt, mittels derer z. B. Intraday- oder Hedge-Positionen eingegangen werden. Je nach Größe der Fondsgesellschaft handelt der Fondsmanager selbst oder es gibt einen Handelstisch, der die Transaktionen durchführt.

Ferner analysiere ich täglich Unternehmen, die ich für eine Investition in Erwägung ziehe sowie Fonds von Drittgesellschaften für einen Dachfonds. Zu vielen dieser Fondsgesellschaften habe ich laufend Kontakt. Neben Informationen per E-Mail erhalte ich Anrufe, mittels derer ich über Neuheiten informiert werde oder Marktentwicklungen diskutiert werden. Teilweise besuchen mich Vertreter der Fondsgesellschaften oder ich fahre zu einer Due Diligence vor Ort. Ab und zu nehme ich an fachrelevanten Vorträgen und Veranstaltungen teil. Neben diesen Tätigkeiten sollte ich auch im Blick haben, welche neuen Produkte die Konkurrenz anbietet und wie sich unsere Fonds im Vergleich entwickeln. Entsprechende Statistiken oder Rankings bekomme ich von unserer Support-Abteilung geliefert. Mein Aufgabengebiet umfasst auch die Erstellung von monatlichen Berichten über die Entwicklung der gemanagten Fonds, von Präsentationen für Managementkommittees sowie die Beantwortung von Fragen zu den Fonds seitens unseres Vertriebs.

Anforderungen im Asset Management

Ich finde die Tätigkeit im Fondsmanagement sehr spannend, da man täglich mit neuen Entwicklungen und Herausforderungen konfrontiert wird und am Puls der Wirtschaft ist. Angesichts der enormen Informationsflut, mit der man laufend konfrontiert ist, sollte ein Mitarbeiter in diesem Bereich in jedem Fall priorisieren können. In dieser Position sollte man Spaß am Lesen und Analysieren mitbringen, ein Gefühl für Zahlen haben und sich nicht scheuen, Entscheidungen zu treffen. Ferner sollte einem Einsteiger bewusst sein, dass die Qualität der eigenen Arbeit in nur wenigen anderen Bereichen so einfach quantitativ nachvollzogen werden kann wie im Asset Management. Eine gewisse Stressresistenz, insbesondere bei sehr volatilen Märkten, die eventuell gegen die eigene Positionierung laufen, ist sicherlich nicht von Nachteil.

Auch wenn man vielleicht meinen mag, ein BWL-Studium mit entsprechendem Schwerpunkt sei der „Königsweg" zum Einstieg ins Asset Management, würde ich rückblickend eher raten, bei entsprechender Eignung ein Studium der (Finanz-)Mathematik, Statistik oder Wirtschaftsinformatik zu wählen. Absolventen aus diesen Fachrichtungen findet man relativ häufig in dieser Branche.

Markus König

Analyst Investment Banking Department
Credit Suisse

Ein Praktikum als Sprungbrett ins Investment Banking

Als ich im Herbst 2006 mein Praktikum im Investment Banking begann, war ich noch relativ unsicher, was ich später einmal machen wollte. Kommilitonen hatten mich auf die Idee gebracht, in diesem Bereich ein Praktikum zu absolvieren, und ich wollte mir ein eigenes Bild von der Branche machen. Schnell stellte ich fest, dass mir die Arbeit viel Spaß macht.

Herausforderung, strategische Bedeutung für Unternehmen und internationale Teams
Insbesondere hat mich gereizt, eine herausfordernde Arbeit in einem internationalen Umfeld anzutreten. Das Investment Banking Department meines jetzigen Arbeitgebers ist sehr international besetzt; die Mehrheit meiner Kollegen stammt aus Europa. Die Meisten sind Absolventen der Top-Wirtschaftsuniversität ihres Landes und haben größtenteils während des Studiums Auslandserfahrung gesammelt. Meine Arbeit ist sehr abwechslungsreich, da wir in jedem Projekt eine andere Problemstellung bearbeiten. Außerdem ist die strategische Bedeutung der Projekte in der Regel sehr hoch, wodurch man mit Unternehmensvertretern aus den obersten beiden Führungsebenen interagiert. Schließlich war mein Interesse für Corporate Finance ein weiterer wichtiger Grund.

Ich habe mich für den Job bei Credit Suisse in Zürich entschieden, da ich die Vorteile eines kleinen Teams zu schätzen gelernt habe: Ich arbeite enger mit den Senior Bankern zusammen und bekomme mehr Verantwortung sowie übergreifende Aufgaben übertragen. Das ist oft mit etwas mehr Stress verbunden, jedoch wird dies durch meine Lernkurve und ein engeres Verhältnis zu den Vorgesetzten belohnt. Da wir in der Schweiz Unternehmen aus einem vielfältigen Industriespektrum betreuen, lernt man bei fast jedem Kunden eine neue Industrie kennen. Darüber hinaus kannte ich durch mein Praktikum schon die zukünftigen Kollegen und wusste, worauf ich mich einlasse.

Vielfältige Aufgaben und kein typischer Tagesablauf
Wenn mich Bekannte nach meinem typischen Tagesablauf fragen, muss ich ihnen immer sagen, dass es so etwas nicht gibt. Jeder Tag ist anders! Das erfordert aber natürlich auch ein gewisses Maß an Flexibilität. Man kann die Arbeit ganz grob in zwei Kategorien unterteilen: Erstellung von Pitchbooks (d. h. die Erstellung umfangreicher Marketingunterlagen

für Kundenmeetings zur Projektakquistion) und Live Deals/Execution (d. h. die Umsetzung eines Projektes in enger Zusammenarbeit mit dem Kunden). Dabei ist man als Analyst in alle Projektaufgaben involviert - von der Erstellung von Marketingunterlagen, Analysen und Präsentationen bis hin zum Projektmanagement.

Vorbereitung ist wichtig

Sicherlich war mein Praktikum bei einer anderen Bank im Bereich Corporate Clients eine gute Vorbereitung auf meinen Start im Corporate Finance. Hier habe ich Grundkenntnisse erworben, die ich später gut gebrauchen konnte. Weitere wichtige Faktoren waren, dass ich während meines Studiums viel Auslandserfahrung gesammelt und mir relevantes Fachwissen angeeignet habe.

Mehrstufiger Auswahlprozess

Je nachdem, wo sich ein Kandidat bewirbt (Zürich, Frankfurt am Main, London), werden zuerst Interviews im Regionalbüro geführt (in meinem Fall vier einstündige Interviews). Falls diese positiv verlaufen, wird der Kandidat zu einem Auswahltag nach London eingeladen. Weitere Interviews, kombinatorische/mathematische Tests, Gruppenpräsentationen sowie die Bearbeitung von Fallstudien sind Gegenstand des Auswahltags.

In meinem konkreten Fall hatte ich als Praktikant schon die erste Stufe des Auswahlprozesses hinter mich gebracht und musste daher lediglich die Hürde in London nehmen. Da der Auswahltag in meine Praktikumszeit fiel, hatte ich praktisch keine Zeit zur Vorbereitung. Bewerbern empfehle ich, die einschlägigen Bewerber-Guides intensiv zu studieren, die Interviewsituation mit Kommilitonen zu proben und mit Bewerbern zu sprechen, die den Bewerbungsprozess bei der entsprechenden Bank durchlaufen haben.

Für einen Job im Corporate Finance sollte ein Bewerber Belastbarkeit, Flexibilität, hohe intrinsische Motivation und natürlich Interesse an Corporate Finance mitbringen. Wichtig ist, dass der Bewerber in gewisser Weise eine persönliche Storyline im Lebenslauf aufbaut. Nur so kann er glaubwürdig vermitteln, dass er das Interesse und die Motivation für eine mindestens zweijährige Tätigkeit mitbringt. Dafür ist es sehr hilfreich, schon während des Studiums ein Praktikum im Corporate Finance zu absolvieren.

Job first

Zu den Vorteilen zählen vielseitige Arbeitsaufgaben mit unterschiedlichen Anforderungen, interessante Arbeitsinhalte mit strategisch hoher Bedeutung für die Kunden, eine extrem steile Lernkurve, der Erwerb von Expertenwissen sowie eine gute Entlohnung. Allerdings gibt es auch Kehrseiten. Allen voran macht es die sehr hohe Stundenzahl schwierig, unter der Woche andere Interessen zu verfolgen. Der Job stellt eine sehr hohe physische und psychische Belastung dar. Oft gilt die Devise „Job first", was eine hohe Flexibilität in Bezug auf Urlaub, Wochenendplanung sowie private Verabredungen erfordert. Durch das zyklische Geschäft sind die Arbeitsplätze im Investment Banking zudem nicht so sicher wie in anderen Bereichen. So wurden im Zuge der Finanzkrise einige meiner Kollegen entlassen. Trotz allem würde ich mich heute wieder für einen Job im Investment Banking entscheiden.

Klaus Maurer

Executive
Silverfleet Capital

Private Equity: Trotz Finanzkrise ein höchst interessanter Job

Frühe Begeisterung für M&As

Schon während meiner Studienzeit reifte in mir die Überlegung, in den Bereich der Unternehmenstransaktionen einzusteigen. Die Geschichten über die Zusammenschlüsse großer Unternehmen wie beispielsweise Mannesmann und Vodafone oder Daimler und Chrysler waren faszinierend und interessant zugleich. Ich stellte mir vor, inwiefern ich einen Mehrwert und eine Beratung bei solchen Transaktionen leisten könnte. Durch mehrere Praktika bei einigen M&A-Häusern verfestigte sich dieser Enschluss zusehends. Noch dazu sind Jobs in diesen Bereichen überdurchschnittlich entlohnt. Allerdings verliert die monetäre Entlohnung aufgrund teilweise sehr langer Arbeitszeiten schnell an Reiz. Einziges Hindernis damals: Die schleppende wirtschafliche Entwicklung, einhergehend mit einem niedergeschlagenen M&A-Markt im Jahre 2004. Was blieb mir also übrig, um meinen Traum vom Investment Banking zu realisieren? Ich schrieb noch mehr Bewerbungen, und eines Tages kam in der Tat die Zusage einer Privatbank, bei der ich im Bereich Leveraged Finance anfangen konnte.

Zwar hätte ich mich damals lieber in einer M&A-Abteilung einer großen angelsächsischen Investmentbank gesehen, jedoch bin ich im Nachhinein froh, dass ich meine berufliche Laufbahn im Leveraged Finance beginnen konnte. Dadurch lernte ich nämlich das Geschäftsmodell Private Equity kennen, das mir damals nur am Rande bekannt war und worin ich mittlerweile meinen wirklichen Traumjob gefunden habe.

Nach einer weiteren Station im Leveraged Finance bei Société Générale in Frankfurt am Main kam ich zu Terra Firma Capital Partners, einem der größten europäischen Private Equity Player, dessen Gründer und CEO Guy Hands sicherlich eine der schillersten Persönlichkeiten der europäischen Private-Equity-Szene ist. Im Anschluss konnte ich vor einigen Monaten meine Wunschposition als Executive bei Silverfleet Capital in München antreten. Silverfleet Capital ist ein Private-Equity-Unternehmen, das auf mittelständische Unternehmen in Europa fokussiert ist. Aufgrund der schlanken Struktur genieße ich in meiner Rolle sehr viele Freiheiten bei der Durchführung der Transaktionen. Mein Aufgabenbereich erstreckt sich über den kompletten Lebenszyklus einer Private-Equity-Transaktion (vom Erwerb über die Begleitung von Portfoliounternehmen bis hin zur Betreuung und Durchführung von Verkäufen nach einigen Jahren).

Tägliche Aufgaben und Herausforderungen

Im Rahmen einer möglichen Akquisition zählen die folgenden Bereiche zu meinen Aufgaben: die Due Diligence des Unternehmens (also die Unternehmensprüfung), die Zusammenarbeit mit externen Beratern und möglichen Banken zur Fremdfinanzierung, die Entwicklung einer Equity Story, die Vorbereitung interner Entscheidungsprozesse, das klassische Cashflow Modelling, Vertragsverhandlungen sowie die Koordination aller involvierten Parteien.

Das Spannende am Bereich Private Equity ist die Tatsache, dass meine Aufgabe mit dem Erwerb einer Gesellschaft nicht endet, sondern eigentlich erst beginnt. Dann müssen die vorher ausgearbeiteten Businesspläne in die Tat umgesetzt werden. In der Regel erfolgt das durch Strategiemeetings mit dem Management und durch monatliche Board Meetings, indem z. B. größere Investitionsentscheidungen und eine strategische Neuausrichtung des Unternehmens sowie die Erschließung neuer Märkte und Produkte diskutiert werden. Im Laufe meiner Tätigkeit habe ich gelernt, dass der operative und strategische Einfluss auf Unternehmen im Bereich M&A und Leveraged Finance nur sehr bedingt gegeben ist.

Lange Arbeitszeiten gehören zum Job

Zu den Schattenseiten einer Tätigkeit im Private Equity oder Investment Banking gehören sicherlich die mitunter sehr langen Arbeitszeiten. Diese lassen nur wenig Zeit für ein geregeltes Privatleben. So ist es keine Seltenheit, bei einer laufenden Transaktion auch mal nachts und am Wochenende zu arbeiten. Leider ist die persönliche Anwesenheit im Büro (Face Time), auch wenn die eigentliche Arbeit erledigt ist, immer noch geläufig. Gerade Berufseinsteiger klagen oftmals darüber, das Büro auch dann nicht verlassen zu können, wenn es nichts mehr zu tun gibt, nur um nicht negativ aufzufallen. Ich persönlich bin sehr skeptisch, ob sich dies jemals ändern wird. Insbesondere bei angelsächsischen Häusern scheint das Motto „Das haben wir früher auch gemacht" vorzuherrschen. Hinzu kommt zuweilen eine gehäufte Reisetätigkeit, was je nach persönlicher Präferenz als Vor- oder Nachteil gewertet werden kann.

Hohe Anforderungen

Eine Tätigkeit im Bereich Private Equity erfordert neben einem gesunden Menschenverstand auch eine rasche Auffassungsgabe und die Fähigkeit, sich schnell in neue Branchen und Sachverhalte einzuarbeiten. Oftmals ist es nötig, die Entscheidung, ob ein potenzieller Unternehmenserwerb weiterverfolgt wird oder nicht, in wenigen Stunden zu treffen. Darüber hinaus sind die häufig angeführten Eigenschaften Zahlenverständnis, analytisches Denken und Stressresistenz auch hier erforderlich. Wichtig ist ebenfalls Teamfähigkeit – werden Transaktionen doch immer im Team bearbeitet. Ein Einzelkämpfer würde aufgrund der vielfältigen Fragestellungen und zu analysierenden Themen schnell an seine Grenzen stossen.

Zuletzt noch ein guter Rat: Ich bin davon überzeugt, dass man in diesem Job durch seine persönlichen Fähigkeiten und Stärken auch ohne einen Abschluss an einer Elite- oder privaten Universität überzeugen kann.

Daniel Meffert

Oil Options Trader
Société Générale

Ein Tag im Oil Trading – kein Gewinn ohne Risiko

Bereits mein erster Kontakt mit dem Leben auf dem Trading Floor als Praktikant hat mich fasziniert. Während es für manche unvorstellbar ist, in einem lärmenden Handelssaal mit 400 Menschen zu arbeiten, war mir schnell klar, dass ich definitiv in einer solchen dynamischen Atmosphäre arbeiten wollte. Ob Aktien-, Renten- oder Rohstoffmärkte – sie alle waren ständig in Bewegung, nichts und niemand stand still. Die Gewissheit, im Marktgeschehen direkt involviert zu sein, aktiv Einfluss zu nehmen und mitzugestalten war für mich der größte Anreiz, ins Investment Banking einzusteigen.

Tagesablauf im Oil Options Trading

Ich bin Händler im Bereich Rohstoffderivate. Innerhalb dieser Gruppe ist mein Team für das Trading von Energiederivaten (insbesondere für Optionen auf Rohöl- und Ölprodukte) zuständig. Unsere Kunden sind Unternehmen, deren Ertragslage vom Ölpreis beeinflusst wird und die damit einem Ölpreisrisiko ausgesetzt sind, für das wir Absicherungsgeschäfte anbieten. Als Market Maker ist es meine Aufgabe, unseren Kunden Ankaufs- und Verkaufspreise für diese Hedging-Produkte zu stellen. In der Regel habe ich mit drei Kundengruppen zu tun: Ölproduzenten, Ölkonsumenten (wie Airlines, Reedereien, Unternehmen aus der Energieerzeugung, Pharmazie etc.) sowie Spekulanten.

Ein typischer Arbeitstag beginnt gegen 9 Uhr. Ich verschaffe mir einen Überblick über das Marktgeschehen der letzten Nacht in den USA und Asien. Dazu gehören nicht nur die typischen Ereignisse im Finanzmarkt wie Aktienmarktentwicklung, Zentralbankentscheidungen oder Konjunkturprognosen, sondern auch geopolitische News aus dem physischen Ölmarkt wie OPEC-Entscheidungen über Förderquoten, Pipelineblockaden, Raffinerieschliessungen, Hurrikans etc. Gegen 9 Uhr erwacht der europäische Markt. Ich beginne damit, Preisanfragen von Kunden zu bearbeiten und schließe die ersten Deals ab (z. B. möchte eine europäische Airline Teile ihres Treibstoffbedarfs für das Jahr 2011 absichern). Nach solchen Deals ist es meine Entscheidung als Händler, ob die aus den Kundengeschäften entstandenen Risiken im meinem Portfolio verbleiben oder ob ich mich meinerseits im Interbankenmarkt absichere. Dabei muss ich ständig das aktuelle Ölpreisniveau, Preisdifferenzen zwischen Rohöl und Ölprodukten und als Optionshändler besonders die Volatilität im Auge behalten. Jederzeit können News den Markt beeinflussen, z. B. berichtet ein Nachrichtendienst, dass anlässlich eines OPEC-Meetings entschieden wurde, die Fördermenge deutlich zu kürzen. Innerhalb weniger Sekunden schießt der Ölpreis um zwei US-Dollar pro Barrel nach oben. Wer in solch einem Moment short Öl ist, erleidet natürlich einen herben Verlust.

Gegen 15 Uhr europäischer Zeit startet der Handel in den USA, was den Markt mit deutlich mehr Liquidität versorgt. Ich bin dabei, einen Preis für eine Hedging-Strategie für einen Produzenten zu ermitteln, der eine Preisanfrage an mehrere Banken gesendet hat und den Deal an die Bank mit dem besten Angebot vergibt. Um 20.30 Uhr europäischer Zeit schließt auch der amerikanische Markt. Ich buche meine letzten Trades, schicke einen Tagesbericht (Deals des Tages, Höhe des Gewinns/Verlustes) an mein Management und verlasse das Büro gegen 20.45 Uhr.

Der Reiz des Tradings

Der große Reiz dieses Jobs liegt darin, dass jeder Tag anders abläuft. Man steht oft unter Strom und ist voll gefordert, sodass die Zeit an einem stressigen Tag wie im Flug vergeht. Die tägliche Herausforderung besteht darin, in einem kompetitiven Markt aggressive Preise zu stellen, Deals mit namhaften Kunden zu gewinnen, dabei ein kalkuliertes Risiko einzugehen und am Ende des Tages einen angemessenen Gewinn für die Bank zu erwirtschaften. Der Abwechslungsreichtum, die Dynamik des Marktes sowie die geforderte Konzentration beim Pricing komplexer Finanzprodukte lassen keine Langeweile aufkommen.

Kehrseiten des Berufs

Typisch fürs Investment Banking sind bekanntermaßen die relativ langen Arbeitszeiten. Zehn bis zwölf Stunden pro Tag sind für mich die Regel. Dies ist im Vergleich zu anderen Bereichen im Banking relativ wenig. Der Vorteil im Trading sind die durch Börsenöffnungszeiten bedingten geregelten Arbeitszeiten. Nacht- oder Wochenendschichten sind damit ausgeschlossen. Während der Handelszeiten ist es allerdings eine sehr intensive Tätigkeit. In der Regel wird unter sehr hohem Zeit- und Erwartungsdruck gearbeitet, was durch die überdurchschnittliche Bezahlung allerdings kompensiert wird.

Erforderliche persönliche Qualifikationen

Kandidaten fürs Trading sollten Spaß am Tempo sowie an ständigen Veränderungen haben. Trader müssen belastbar sein und auch unter Zeitdruck präzise und verlässlich arbeiten. Jeder Fehler kann unter Umständen sehr viel Geld kosten. In einem dynamischen Umfeld sind zudem schnelles Denken und entscheidungsfreudiges Handeln gefragt. Nicht zu empfehlen ist dieser Beruf für Menschen, die Angst haben, Fehler zu machen und den Sprung ins kalte Wasser meiden. Wichtig ist auch die Fähigkeit, abends abzuschalten und mögliche Probleme aus dem Büro nicht nach Hause zu tragen. Auch wenn man an einem Tag Geld verloren hat, sollte man trotzdem ruhig schlafen können. Andernfalls wird man langfristig in diesem Beruf nicht glücklich. Daher kann ich potenziellen Interessenten nur raten, während des Studiums zumindest ein Praktikum im Investment Banking zu absolvieren und darüber hinaus so viel Informationen wie möglich über das jeweilige Berufsfeld zu sammeln, sei es durch Mentoren, Fachliteratur, Karriereseiten im Internet oder ganz allgemein durch Menschen, die auf der Karriereleiter schon etwas weiter oben sind.

Unternehmensporträts

198 Allianz Global Investors AG
202 J.P. Morgan
206 KPMG AG Wirtschaftsprüfungsgesellschaft
210 Union Investment

5. Unternehmensporträts

Für manchen steht nach der Lektüre dieses Buchs vielleicht schon fest, dass er einmal ins Investment Banking oder Asset Management hineinschnuppern möchte. Doch welches Unternehmen passt am besten zu meinen Fähigkeiten und Vorstellungen? Welche Einstiegsmöglichkeiten bieten die einzelnen Unternehmen und wo habe ich optimale Karrierechancen?

Im diesem Kapitel stellen sich vier Unternehmen mit ihren Angeboten vor. Dabei offenbaren sie nicht nur einen Einblick in die Unternehmenskultur, sondern geben auch darüber Auskunft, welche Qualifikationen sie sich von ihren Mitarbeitern wünschen. Außerdem finden Sie hier alle Einstiegs- und Weiterbildungsprogramme sowie Fristen und Informationen zum Bewerbungsverfahren auf einen Blick. Denn wer bereits im Vorfeld weiß, was ihn erwartet, kann sich auch besser vorbereiten - ein klarer Vorteil gegenüber den Mitbewerbern.

Die Unternehmensporträts auf den folgenden Seiten bieten eine erste Orientierung. Bei weiteren Fragen finden Sie vertiefende Informationen auf den Websites der einzelnen Firmen. Ihre Fragen lassen sich dort nicht klären? Dann wenden Sie sich doch persönlich an das Unternehmen: In den Porträts finden Sie die Kontaktdaten aller Ansprechpartner.

Hinweis: Um die Lesbarkeit zu verbessern, verzichten die meisten Unternehmen auf geschlechtsspezifische Personenbezeichnungen. Alle Angaben beziehen sich jedoch immer auf Frauen und Männer gleichermaßen.

Allianz
Global Investors

KONTAKT

Allianz Global Investors AG
Seidlstraße 24–24a
80335 München
www.allianzglobalinvestors.com

Sandra Scherr (München)
Monika Schmidt (Frankfurt am Main)
Human Resources
Tel. (089) 1220-7897, (069) 263-13269
Fax (089) 1220-7912
sandra.scherr@allianzgi.com
monika.schmidt@allianzgi.de

Allianz Global Investors (AllianzGI), die Vermögensverwaltungstochter der Allianz SE, verwaltet für ihre Kunden weltweit ein Vermögen von über 990 Milliarden Euro*. Die Investment Manager von AllianzGI – AAAm, cominvest, NFJ Investment Group, Nicholas-Applegate, Oppenheimer Capital, PIMCO und RCM – verfügen über ihre eigene charakteristische Philosophie sowie Unternehmenskultur und bieten Anlegern eine umfassende, sich ständig weiterentwickelnde Palette von Investmentstilen und -produkten an. Unsere weltweit tätigen 5.000 Mitarbeiter*, darunter mehr als 1.070 Investmentprofis, sind bestrebt, unsere Kunden bei der Erreichung ihrer Ziele zu unterstützen. Hierzu verbinden sie ihre globale Erfahrung und die Kenntnisse lokaler Märkte mit innovativen Lösungen und erstklassigem Service. AllianzGI wurde vom Wirtschaftsmagazin *Capital* 2008 zum dritten Mal in Folge mit der Höchstnote von „fünf Sternen" ausgezeichnet und zählt damit zu den besten Fondsgesellschaften Deutschlands. Eine Vielzahl von Auszeichnungen für unsere Fonds zeugt von einer nachhaltig hohen Produktqualität.

* Stand: 31. März 2009.

FAKTEN

Tätigkeitsschwerpunkte: Asset Management (in Publikumsfonds und institutionellen Vermögensverwaltungsmandaten und Spezialfonds) sowie Financial Advisory; alle damit zusammenhängenden Tätigkeiten wie z. B. Portfoliomanagement, Wertpapierhandel, Administration

Standorte: in Deutschland München und Frankfurt am Main; weltweit u. a. New York, Newport Beach, Hongkong, Taipei, Paris, Mailand, London

Anzahl Mitarbeiter weltweit: > 5.000

Davon in Deutschland: ca. 1.400

Welches sind Ihre Kerngeschäftsfelder? In der Allianz Global Investors Gruppe bündeln sich Marken wie der Anleiheexperte PIMCO, der Aktienfondsmanager RCM oder risklab, die innovative Lösungskonzepte für das Asset Management entwickeln und umsetzen. Dadurch generieren wir weltweites Know-how sowohl im Portfoliomanagement als auch im Research-Bereich und kombinieren diese Stärken und Ressourcen mit den Reichweiten unserer Vertriebskanäle in den lokalen Märkten rund um den Globus. Als unsere Hauptaufgabe sehen wir es an, das Vermögen unserer Kunden optimal zu vermehren und zu schützen.

Wie beschreiben Sie Ihre Unternehmenskultur? Unsere Unternehmenskultur ist geprägt durch unser junges, dynamisches Team mit internationaler Ausrichtung. Als global ausgerichtetes Unternehmen sind wir seit vielen Jahren in den unterschiedlichsten Märkten auf allen Kontinenten vertreten. Deshalb ist unsere Unternehmenskultur durch das Diversity Management geprägt, was bedeutet, dass Toleranz, Respekt und gegenseitiges Vertrauen im Team das Handeln leiten und die Grundlage unseres Erfolgs darstellen.

Bieten Sie die Möglichkeit für einen Berufseinstieg im Ausland? Da wir ein global agierendes Unternehmen sind, bieten wir unseren Mitarbeitern die Möglichkeit, von Beginn an in einem internationalen Umfeld zu arbeiten. So bietet sich unseren Teammitgliedern auch die Chance, z. B. für ein sogenanntes Job Assignment ins Ausland zu gehen. Die Einsatzdauer variiert dabei je nach Aufgabenbereich. Es gibt jedoch auch die Möglichkeit, gleich im Ausland einzusteigen. Hierzu wenden sich Interessenten direkt an die entsprechende Dependance bzw. Tochtergesellschaft, da diese die Mitarbeiter eigenständig rekrutieren. Informationen über einen Einstieg bei der Allianz Global Investors im Ausland finden sich über das internationale Karriereportal www.allianzglobalinvestors.com/career und auf den Internetseiten der jeweiligen Dependancen/Tochtergesellschaften.

Wie wird der Einsatz belohnt? Das Vergütungssystem der Allianz Global Investors besteht aus den Komponenten Grundgehalt und variabler Anteil. Wir bauen auf leistungs- und ergebnisorientierte Gehaltsbestandteile. Als dritte Komponente bieten wir die betriebliche Altersvorsorge. Die Modelle zur Altersvorsorge sind neben der gesetzlichen Rentenversicherung die zweite Säule der Versorgung im Alter.

Welche Möglichkeiten zur Weiterqualifizierung bieten Sie? Mit Ihrem Einstieg bei uns sichern Sie sich ein breit gefächertes Programm für Ihre kontinuierliche fachliche und persönliche Qualifizierung. Wir investieren in Sie, damit Sie alle beruflichen Herausforderungen jetzt und in Zukunft meistern können. Als Mitarbeiter von Allianz Global Investors profitieren Sie nicht nur von unserem umfangreichen Seminar- und Weiterbildungsprogramm, sondern auch von den Förderungsmöglichkeiten und -programmen, die unser Mutterkonzern Allianz SE anbietet. Sie nutzen dadurch die Expertise und das Netzwerk eines der größten Versicherungs- und Asset-Management-Konzerne weltweit. Unsere einzelnen Fachbereiche schulen ihre Mitarbeiter außerdem anforderungsspezifisch, d. h. entsprechend ihrer Bedürfnisse.

Welche Studienrichtungen suchen Sie? Wir suchen in erster Linie Absolventen der Studiengänge Betriebswirtschaftslehre, Volkswirtschaftslehre und Mathematik mit einem Abschluss als Bachelor, Master oder einem vergleichbaren Abschluss. Für ausgewählte Positionen bieten wir auch Absolventen anderer Fachrichtungen die Chance, bei uns einzusteigen.

Nach welchen Kriterien werden Bewerber ausgewählt? Bei Hochschul- oder Fachhochschulabsolventen legen wir großen Wert auf gute bis sehr gute Noten und ein zügig abgeschlossenes Studium. Branchenrelevante Praktika oder ein Studium im Ausland sind Pluspunkte im Lebenslauf, eine abgeschlossene Berufsausbildung ist ebenfalls von Vorteil. Wichtig ist uns aber vor allem, dass Ihre Einstellung und Ihre Persönlichkeit zu uns passen: Sie arbeiten selbstständig, sind teamorientiert und wollen Verantwortung übernehmen. Sie bringen die richtigen Voraussetzungen mit, wenn Sie neugierig, engagiert und lernfähig sind und wissen, dass Erfolg nur im Team möglich ist. Aufgrund der internationalen Ausrichtung in allen Unternehmensbereichen sind sehr gute Englischkenntnisse erforderlich. Weitere Fremdsprachen sind uns willkommen.

Gibt es für Hochschulabsolventen feste Einstellungstermine? Wir stellen Mitarbeiter grundsätzlich zu jedem Zeitpunkt des Jahres ein.

Wie läuft das Bewerbungsverfahren in Ihrem Unternehmen ab? Sie können sich bei uns online über unser Portal bewerben. Wichtig ist, dass Ihre Bewerbung vollständig und ausführlich ist. Nur so können wir uns ein umfassendes Bild von Ihnen machen.

Wie sieht das Vorstellungsgespräch genau aus? Wir bevorzugen das „klassische" Einstellungsgespräch. Interessante Bewerber laden wir zu Interviews am jeweiligen Standort mit Personalbetreuer und Vertretern der Fachbereiche ein. Wir treffen unsere Entscheidung für oder gegen eine Einstellung auf Basis Ihres Werdegangs und des strukturierten Interviews.

Im Bewerbungsgespräch geht es darum, Folgendes herauszufinden: Wie gut wären Sie in der Lage, die Aufgaben zu lösen, die die offene Stelle mit sich bringt? Wie gut passen Sie ins Team und in das Unternehmen? Wie ernst ist es Ihnen mit Ihrer Bewerbung? Vor allem den letzten Punkt können Sie durch eine sorgfältige Vorbereitung glaubhaft machen. Erschrecken Sie nicht, wenn Ihnen eine „Was wäre wenn?"-Frage gestellt wird. Oder wenn Sie vielleicht sogar eine Aufgabe aus Ihrem Fachgebiet oder ein kleines Fallbeispiel gestellt bekommen. Natürlich sollten Sie auch darauf eingestellt sein, dass wir zu allen Selbsteinschätzungen nach konkreten Beispielen aus Ihrem Leben fragen könnten, die Ihre Darstellung illustrieren.

Ein gutes Bewerbungsgespräch krönen Sie damit, dass Sie bereits bei dieser Gelegenheit Ihre Zielorientierung deutlich machen. Am Ende des Gesprächs sollten Sie also nicht versäumen, die nächsten Schritte zu klären.

Move forward with us
Entwickeln Sie sich in einem internationalen Umfeld. Mit einem verwalteten Vermögen von über 990 Milliarden Euro und mehr als 5.000 Mitarbeitern sind wir einer der Top 5 Asset Manager weltweit. Zur Weiterentwicklung unserer Mitarbeiter bieten wir umfangreiche Trainingsprogramme: Vertiefen Sie Ihr Investment Know-how an der AllianzGI Academy. Arbeiten Sie als High Potential in unserem Global Development Program an strategischen Projekten.
Interesse?
Sie sind Hochschulabsolvent mit erstklassigen Zeugnissen und Leistungsnachweisen? Sie haben sehr gute Englischkenntnisse und zeichnen sich durch Einsatzbereitschaft, Selbständigkeit und Teamfähigkeit aus?
Dann freuen wir uns auf Ihre vollständigen Bewerbungsunterlagen.
www.allianzglobalinvestors.com
Allianz
Global Investors

J.P.Morgan

KONTAKT

J.P. Morgan
Junghofstraße 14
60311 Frankfurt
www.jpmorgan.com/careers

Corinna Haas
Graduate Recruiting
Tel. (069) 7124-1500
Fax (069) 7124-2283
corinna.haas@jpmorgan.com

JPMorgan Chase & Co. ist ein weltweit führendes Finanzdienstleistungsunternehmen mit Niederlassungen in mehr als 60 Ländern, das Vermögenswerte in Höhe von 2,1 Billionen US-Dollar verwaltet. Das Institut ist führend im Investment Banking, in der Vermögensverwaltung, im Private Banking, im Beteiligungsgeschäft, bei Depot- und Transaktions-Serviceleistungen sowie in den USA bei Finanzdienstleistungen für Konsumenten.

JPMorgan Chase ist im Dow Jones Industrial Average Index vertreten, hat seinen Sitz in New York und betreut Millionen von Privatkunden in den USA sowie die weltweit bedeutendsten Unternehmen, institutionellen Anleger und den öffentlichen Sektor. JPMorgan Chase operiert unter der globalen Marke J.P. Morgan sowie regional in den USA unter den Marken Chase und WaMu.

FAKTEN

Tätigkeitsschwerpunkte: Investment Banking, Sales, Trading & Research, Asset Management, Private Banking, Treasury Services, Retail Banking (nur USA)

Standorte: Büros in über 60 Ländern; u. a. in New York, London, Frankfurt am Main, Hongkong, Tokio, Sydney

Anzahl Mitarbeiter weltweit: 200.000

Davon in Deutschland: 450

Geplante Neueinstellungen 2010:
200–300 Hochschulabsolventen und 300–400 Praktikanten für alle Geschäftsbereiche in EMEA

Was bieten Sie Studenten/Absolventen? J.P. Morgan bietet das ganze Jahr über Praktika in London und Frankfurt am Main im Investment Banking an. Das Jahr wird dabei in vier Programme unterteilt, die jeweils drei Monate dauern: Winter, Spring, Summer und Autumn. Im Bereich Sales, Trading & Research sind neben dem klassischen Summer Internship auch Off-Cycle Internships möglich. Ein Praktikum bietet den Studenten nicht nur eine Orientierungsmöglichkeit für die spätere Berufswahl, sondern dient uns auch als Grundlage für die Auswahl der Absolventen für unsere Analystenprogramme, die meist im Herbst jeden Jahres mit einem siebenwöchigen Training in New York beginnen. Auch danach legen wir großen Wert auf ständige Weiterqualifikation im Rahmen unseres Inhouse-Trainings. Leistungsstarke Mitarbeiter werden ihr ganzes Berufsleben lang bei J.P. Morgan gezielt gefördert. Wer geeignet ist, kann schnell Verantwortung übernehmen und wird schon frühzeitig mit Kunden zu tun haben. Studenten im ersten Studienjahr bietet J.P. Morgan die Spring Week, die Industry Impressions sowie Launching Leaders und Winning Women an. Wir sind ausdrücklich auch an Bewerbungen von Frauen interessiert, deren Anteil in Führungspositionen wir erhöhen wollen.

Welche internationalen Einsatzmöglichkeiten bieten Sie? Deutschsprachige Praktikanten und Absolventen beginnen ihre Karriere bei J.P. Morgan in der Regel in London, wobei der Recruiting-Prozess größtenteils von Frankfurt am Main aus gesteuert wird. Durch die weltweite Präsenz sind Einsätze im außereuropäischen Ausland bei passender Qualifikation und Bedarf vor Ort möglich.

Welchen Abschluss sollten Bewerber haben? Für einen Einstieg als Praktikant ebenso wie als Absolvent bei J.P. Morgan steht weniger der Abschluss als vielmehr die tatsächliche Qualifikation im Vordergrund. Daher stellen wir Bachelor- und Master-Absolventen auf demselben Niveau ein, auch die Tätigkeiten und Aufstiegschancen sind die gleichen. Allerdings stellen wir fest, dass die persönliche Reife und fachliche Kompetenz vieler Bachelor-Studenten oft noch nicht unseren Erwartungen entsprechen. Die meisten Bachelor- und Master-Studiengänge bieten nur für einen kurzen Zeitraum im Sommer die Möglichkeit zum Sammeln praktischer Erfahrungen. Dies kann durch ein Zwischenjahr für Praktika vor dem Master ausgeglichen werden. Auch ein Urlaubssemester im straffen Bachelor-Programm kann einen Vorteil bringen, wenn man bereits als Bachelor-Student längerfristig in die Arbeitswelt eintauchen möchte.

Welche sind Ihre Einstellungskriterien? Wir achten auf sehr gute schulische und universitäre Leistungen. Bevorzugt werden Wirtschaftwissenschaftler mit Finanzschwerpunkt. Außeruniversitäres Engagement ist ebenso wichtig wie relevante praktische Erfahrung. Auslandserfahrung, Teamfähigkeit und Zielstrebigkeit sind weitere Kriterien, auf die wir großen Wert legen. Der Darlegung der Motivation für einen Berufseintritt in die Finanzwelt gerade bei J.P. Morgan sowie der Begründung der Auswahl eines Wunschbereichs kommt bei der Auswahl der Kandidaten eine große Rolle zu. Fließende Englischkenntnisse sowie ein ausgeprägtes Gefühl für Zahlen werden vorausgesetzt. Im Interview sollte man zeigen können, dass man sich nicht nur mit aktuellen Entwicklungen am Finanzmarkt auskennt. Spezifisches Fachwissen ist von Vorteil.

Wie läuft das Bewerbungsverfahren in Ihrem Unternehmen ab? Wir nehmen nur Online-Bewerbungen unter www.jpmorgan.com/careers entgegen. Füllen Sie das Formular und den Motivationsteil bitte vollständig auf Englisch aus. Ein übersichtlicher und informativer Lebenslauf sollte u. a. einen Überblick über Abitur- und Studiennoten enthalten. Interessant sind auch kurze Tätigkeitsbeschreibungen oder erlernte Kompetenzen während praktischer Erfahrungen. Relevante Zeugnisse können ebenfalls in elektronischer Form beigefügt werden. Ihre Bewerbung wird dann vom zuständigen Recruiter bearbeitet. (Telefon-)Interviews führen Junior und Senior Banker aus den Fachabteilungen mit Ihnen. Für den Einstieg als Analyst nach dem Hochschulabschluss muss ein Assessment-Center mit Erfolg gemeistert werden.

Welche Deadlines gibt es für Bewerbungen? Ab September können sich Interessenten online über unsere Plattform www.jpmorgan.com/careers für das Jahr 2010 bewerben. Dabei gilt es folgende Deadlines zu beachten:

- Graduates: 8. November 2009
- IB Winter: 1. November 2009
- IB Spring: 26. Februar 2010
- Summer: 13. Dezember 2009
- IB Autumn: 6. Juni 2010

Auf Praktikanten- und Analystenpositionen, die sich erst kurzfristig ergeben, kann man sich ebenfalls über die Website bewerben.

KPMG

KONTAKT

KPMG AG Wirtschaftsprüfungsgesellschaft
Klingelhöferstraße 18
10785 Berlin
www.kpmg.de/careers

Recruiting-Team
Tel. (0800) 5764-562
recruiting@kpmg.com

Als Verbund rechtlich selbstständiger, nationaler Mitgliedsfirmen ist KPMG International mit ca. 137.000 Mitarbeitern in 145 Ländern eines der größten Wirtschaftsprüfungs- und Beratungsunternehmen weltweit. Durch den Zusammenschluss der deutschen, schweizerischen, britischen und - seit 1. Oktober 2008 - spanischen KPMG-Ländergesellschaften ist mit KPMG Europe LLP das größte Wirtschaftsprüfungs- und Beratungsunternehmen Europas entstanden. Dieses Jahr werden die Ländergesellschaften Belgiens und der Niederlande hinzukommen.

Auch in Deutschland gehört KPMG zu den führenden Unternehmen in diesem Geschäftsfeld und ist mit über 8.000 Mitarbeitern an über 20 Standorten präsent. Unsere Leistungen sind in die Geschäftsbereiche Audit, Tax und Advisory gegliedert. Im Mittelpunkt von Audit steht die Prüfung von Konzern- und Jahresabschlüssen. Tax steht für die steuerberatende Tätigkeit von KPMG. Der Bereich Advisory bündelt unser hohes fachliches Know-how zu betriebswirtschaftlichen, regulatorischen und transaktionsorientierten Themen.

FAKTEN

Tätigkeitsschwerpunkte: Wirtschaftsprüfung, Beratung

Standorte in Deutschland: Augsburg, Bad Homburg, Berlin, Bielefeld, Bremen, Dortmund, Dresden, Düsseldorf, Essen, Frankfurt am Main, Freiburg, Halle, Hamburg, Hannover, Jena, Köln, Leipzig, Mainz, Mannheim, München, Nürnberg, Regensburg, Saarbrücken, Stuttgart

Anzahl Mitarbeiter weltweit:	**ca. 137.000**
Davon in Deutschland:	**ca. 8.000**
Geplante Neueinstellungen 2010:	**>1.000**

Was bieten Sie Studenten/Absolventen? Hervorragende Karriereperspektiven, internationale Einsatzmöglichkeiten, kontinuierliche Aus- und Weiterbildung, eine wertebasierte Unternehmenskultur und die Chance, mit einigen der innovativsten und erfolgreichsten Unternehmen zusammenzuarbeiten: Es gibt viele Gründe, warum sich Menschen dazu entscheiden, bei KPMG zu arbeiten. Der Geschäftsbereich Advisory bietet ambitionierten Absolventen und erfahrenen Branchenprofis, die unsere Kunden auf höchstem Niveau beraten wollen, hervorragende Karrieremöglichkeiten. Sie arbeiten in interdisziplinären Teams und unterstützen unsere Mandanten je nach Ihrem Schwerpunkt dabei, gesetzliche Anforderungen zu erfüllen, Risiken zu managen und Chancen zu erkennen.

Kann man bei Ihnen auch schon während des Studiums Erfahrungen sammeln? Selbstverständlich. Bei KPMG vertreten wir die Ansicht, dass Karrieren nicht erst nach dem Abschluss beginnen, sondern lange davor, nämlich als Praktikant oder Werkstudent. Ein Praktikum ist eine hervorragende Gelegenheit, um Theorie in die Praxis umzusetzen und die eigenen Interessen und Stärken zu entdecken. Als Praktikant bei KPMG können Sie Erfahrungen in unseren Geschäftsbereichen Audit, Tax und Advisory sammeln. Sie bauen durch die Mitarbeit in unseren Teams frühzeitig Kontakte auf und unterstützen eines unserer Projektteams von Anfang an als festes Teammitglied.

Wen genau suchen Sie? Wir suchen die besten und talentiertesten Mitarbeiter. Vor allem aber suchen wir herausragende Persönlichkeiten. Menschen, die sich mit Leidenschaft, Teamgeist und Freude immer wieder von Neuem auf die Wünsche unserer Mandanten und die Herausforderungen des Marktes einstellen. Neben einem exzellent abgeschlossenen Diplom- oder Master-Studium der Rechts- oder Wirtschaftswissenschaften erwarten wir im Bereich Advisory überdurchschnittliche analytische Kompetenzen sowie ein hohes Interesse an unternehmerischen Zusammenhängen. Sinnvoll ist es, über erste Praktika bereits die Vorlieben und Stärken für eine Karriere in der Beratung entdeckt zu haben. Es sollte einem leichtfallen, komplexe Sachverhalte zu verstehen, Zusammenhänge zu erkennen und die Analysen in ergebnisorientierte Lösungsansätze zu überführen. Soft Skills wie Kommunikationsstärke, Offenheit und Teamfähigkeit runden neben guten Englischkenntnissen das Profil ab.

Welche Möglichkeiten zur Weiterqualifizierung bieten Sie? Menschen und Organisationen müssen immer mehr und schneller dazulernen, um auf Dauer erfolgreich zu bleiben. Wir erwarten deshalb von unseren Mitarbeitern, dass sie sich nicht mit dem einmal Erreichten zufriedengeben, sondern sich ständig verbessern wollen. Unsere Entwicklungsprogramme umfassen den gesamten Karriereweg vom „Start-Tag" für unsere neuen Mitarbeiter bis hin zu einem Förderprogramm für besonders talentierte Führungskräfte. Ganz gleich, ob Sie Neueinsteiger, Manager oder erfahrener Partner sind: Durch unsere Trainings- und Entwicklungsmaßnahmen fördern wir Sie auf jeder Stufe Ihrer Karriere. Neben der fachlichen Fortbildung fördern wir auch Ihre nichtfachlichen Fähigkeiten. Dazu gehören Enabling-Skills-Trainings ebenso wie unsere Leadership- und Business-Development-Programme, die wir im Einklang mit der Geschäftsstrategie von KPMG entwickelt haben. Neben diesen Trainingsprogrammen haben Mitarbeiter bei KPMG auch weitere Möglichkeiten, sich beruflich und persönlich weiterzuentwickeln. Dazu zählen zielgerichtetes Coaching ebenso wie die mögliche Entsendung in andere Arbeitsbereiche oder ins Ausland sowie Milestone Events als Anerkennung wichtiger Karriereschritte. Zusätzlich bieten wir ausgewählten Kandidaten maßgeschneiderte Master-Studiengänge an, etwa den Abschluss Executive Master of Finance and Accounting. Ergänzt werden die Angebote durch international konzipierte Trainingsbausteine.

Was sind Ihre Alleinstellungsmerkmale? Beste Entwicklungschancen, exzellente Aus- und Weiterbildungsmöglichkeiten und die frühzeitige Übernahme von eigenverantwortlichen Aufgaben machen KPMG für viele Absolventen zum Employer of Choice. Die Zusammenarbeit in internationalen Teams, die Möglichkeit, ganz verschiedene Branchen kennenzulernen sowie unsere hervorragende Mandantenstruktur nennen viele Neueinsteiger als weitere Gründe, zu KPMG zu kommen. Sie erhalten bei KPMG Training-on-the-Job. Beim Mandanten und beim Kennenlernen der Berufswelt werden sie durch erfahrene Mitarbeiter in den einzelnen Projekten begleitet. Wir sind auch sehr offen für Wirtschaftsinformatiker und -mathematiker sowie das Ingenieurwesen.

Wie werden die Karrieren bei Ihnen intern gefördert? KPMG ist eine Organisation, deren Erfolg wesentlich auf ihren engagierten Mitarbeitern basiert. Wir übertragen früh Verantwortung und haben aus diesem Grund das „Managing for Excellence"-Programm eingeführt. Ganz bewusst werden aus den einzelnen Geschäftsbereichen Senior Manager und Partner für die persönliche Betreuung der Mitarbeiter freigestellt. Diese Mitarbeiter werden von Teilen ihrer fachlichen Aufgaben entbunden und erhalten ein Zeitkontingent von circa einem Drittel ihrer Arbeitszeit, um sich intensiv um die Umsetzung der Karriereentwicklung von Mitarbeitern zu kümmern. In dieser zweijährigen Aufgabe wird diese Tätigkeit auch in den Zielvereinbarungen der etablierten Mitarbeiter festgeschrieben. Hierdurch soll mehr Offenheit und Transparenz erreicht werden. Der fachliche Vorgesetzte regelt die anfallenden Arbeiten aus dem Projekt, während die sogenannten People Management Leader die persönliche Entwicklung des Mitarbeiters begleiten und auch beratend zur Seite stehen. Wir investieren hier sehr viel. Das verdeutlicht, wie wichtig KPMG die Mitarbeiterbindung ist, um insbesondere in Bezug auf die Fluktuationsrate und die sehr guten Mitarbeiter gezielt schnelle und breite Karrieren zu ermöglichen.

Union Investment

KONTAKT

Union Investment
Wiesenhüttenstraße 10
60329 Frankfurt am Main
www.union-investment.de

Bereich Konzern-Personal
Tel. (069) 2567-0
Fax (069) 2567-2275
karriere@union-investment.de

Union Investment hat sich in der über 50-jährigen Geschichte zum Asset-Management-Kompetenzzentrum im genossenschaftlichen FinanzVerbund entwickelt. Heute ist Union Investment mit rund 140 Milliarden Euro Assets under Management per April 2009 und 2.250 Mitarbeitern einer der größten deutschen Asset Manager für private und institutionelle Anleger. Die Entwicklung des Unternehmens wurde nicht zuletzt durch eine Verdreifachung der Mitarbeiteranzahl innerhalb der letzten zehn Jahre geprägt.

Auch auf den internationalen Finanzmärkten ist Union Investment zwischenzeitlich mit Tochtergesellschaften und Niederlassungen sowie durch strategische Kooperationen mit institutionellen Partnern stark vertreten. Das hohe Niveau der gesamten Leistungsstärke wird durch regelmäßige Auszeichnungen von unabhängigen Finanzexperten bestätigt.

FAKTEN

Tätigkeitsschwerpunkte: Asset Management (u. a. Portfoliomanagement, Produktmanagement, Vertrieb, Immobilien)

Standorte: Frankfurt am Main, Hamburg, Luxemburg, Polen, Hongkong

Anzahl Mitarbeiter weltweit: 2.250

Davon in Deutschland: 1.900

Worin unterscheiden Sie sich von Ihren Wettbewerbern? Argumente, die die Attraktivität von Union Investment als Arbeitgeber untermauern, gibt es zahlreiche. So erhalten wir beispielsweise regelmäßig Auszeichnungen für die Leistungsfähigkeit unseres Portfoliomanagements oder unsere Produktqualität. Im Jahr 2008 erhielt Union Investment zum siebten Mal in Folge „fünf Sterne" der Zeitschrift *Capital* und belegte dabei erstmalig den ersten Platz der Gesamtwertung; zudem war Union Investment im Feri-Ranking die beste deutsche Asset-Management-Gesellschaft. Im Geschäft mit der fondsbasierten Altersvorsorge sind wir mit unserer UniProfiRente unverändert Marktführer und auch unter den größten deutschen Vermögensverwaltern für institutionelle Kunden behauptete Union Investment 2008 mit klaren und beständigen Anlagestrategien Rang zwei. Besonders stolz sind wir darüber hinaus auf unser erfolgreiches und mehrfach prämiertes Personalmanagement-Konzept sowie das außergewöhnliche Commitment unserer Mitarbeiter zu ihrem Arbeitgeber. Letzeres bringt das „Klimabarometer", die regelmäßig stattfindende Mitarbeiterbefragung, zum Ausdruck: Die gemessenen Werte liegen deutlich über der Benchmark anderer Unternehmen der Branche.

Was bieten Sie Studenten/Absolventen? Union Investment bietet neben Direkteinstiegsmöglichkeiten in den verschiedenen Bereichen Trainee-Programme für die wichtigsten Wachstumsfelder an. Nach erfolgreichem Auswahlprozess erwartet den Bewerber in mehrfacher Hinsicht eine interessante Perspektive. Unser an Absolventen gerichtetes zwölfmonatiges Trainee-Programm wird in vier unterschiedlichen Ausrichtungen angeboten - Portfoliomanagement, Marketing/Vertrieb, Immobilien, Stabs- und Steuerungseinheiten. Es beinhaltet neben Fach-, Persönlichkeits- und Methodentrainings auch jeweils einen auf die Ausrichtung abgestimmten Abteilungsdurchlauf sowie eine enge Begleitung durch den Programmverantwortlichen des Personalbereichs. Studierende können uns bereits während ihres Studiums im Rahmen eines Praktikums oder einer Werkstudententätigkeit kennenlernen.

Warum sollten Studenten/Absolventen gerade bei Ihnen einsteigen? Die Bandbreite der Arbeitsinhalte und Aufgaben in einer Kapitalanlagegesellschaft sind vielen Hochschulabsolventen nicht bekannt. Vielen ist gar nicht bewusst, dass es bei Union Investment nicht nur Einstiegsmöglichkeiten im Portfoliomanagement gibt, sondern auch in der Produktentwicklung, im Marketing, Vertrieb, Risikocontrolling und vielen anderen Bereichen. Es gibt wenige Branchen, die wirtschaftsaffinen Absolventen ähnlich interessante und herausfordernde Perspektiven bieten: Beeinflussung von Anlageentscheidungen im Millionen- oder Milliardenbereich, Teilnahme an Gesprächen mit Unternehmenslenkern, kreatives Arbeiten im Rahmen der Entwicklung innovativer Fondskonstruktionen und begleitender Vertriebskampagnen, bis hin zur Mitarbeit bei der Erschließung von Marktzugängen im In- und Ausland. Auf solche anspruchsvollen Aufgaben bereitet Union Investment Absolventen frühzeitig und sukzessive im Rahmen des Einstiegsprogramms vor.

Welche Karrieremöglichkeiten bieten Sie? Hat der Bewerber sein Einstiegsprogramm erfolgreich durchlaufen, erwarten ihn im Anschluss sehr gute Perspektiven und vielfältige Chancen als angehender Spezialist bzw. als Führungsnachwuchskraft. In der jeweiligen Startposition, z. B. als Junior-Portfoliomanager oder Junior-Produktmanager, können die ehemaligen Trainees ihr Know-how und ihre Leistungsstärke direkt unter Beweis stellen. Unterstützt werden sie durch moderne, bedarfsgerechte Personalentwicklungskonzepte und eine aktive Förderung der persönlichen Weiterentwicklung. Beispielsweise werden berufsbegleitende Studiengänge zum Chartered Financial Analyst (CFA) oder MBA-Programme angeboten. Gekoppelt mit einer marktgerechten Vergütung mit leistungsabhängigen Komponenten und attraktiven Sozial- und Nebenleistungen ist Union Investment eine interessante Alternative zu Bank- und Beratungsinstituten.

Welche sind Ihre Einstellungskriterien? Union Investment stellt überdurchschnittliche Anforderungen an Bewerber. Neben exzellenten Fachkenntnissen und einer fundierten Hochschulausbildung erwarten wir von Absolventen auch eine gefestigte, aufgeschlossene und vielseitig interessierte Persönlichkeit. Bei der Rekrutierung hat sich in diesem Zusammenhang die Philosophie etabliert, dass jedoch sehr gute Fachkenntnisse allein einen Bewerber noch lange nicht zu einem erfolgreichen Mitarbeiter machen, der sein Leistungspotenzial optimal entfalten kann. Denn zusätzlich zu der fachlichen Qualifikation sind in gleicher Weise persönliche Anforderungen entscheidend, die ein Bewerber z. B. in puncto Teamfähigkeit oder Kommunikationsstärke erfüllen sollte. Daher berücksichtigt Union Investment im Rahmen des Einstellungsprozesses zudem, inwiefern Bewerber den Anforderungen entsprechen, die sich aus dem Unternehmensleitbild, der -kultur und aus den Führungsleitlinien ergeben, wie z. B. Leistungsorientierung und Fairness.

Was erwarten Sie von Bewerbern in fachlicher/persönlicher Hinsicht? Bei der Auswahl interessanter Bewerbungen ist für uns das Gesamtbild entscheidend. Als Basis dient ein überdurchschnittlich und zügig abgeschlossenes Hochschulstudium, das durch praktische Erfahrungen im Kapitalmarktumfeld – etwa durch einschlägige Praktika oder privates Engagement in Börsenvereinen – ergänzt wird. Zudem spielen bei der Bewerberauswahl auch soziale Kompetenzen eine wichtige Rolle. So muss beispielsweise ein hohes Verantwortungsbewusstsein im Umgang mit Kundengeldern ebenso ausgeprägt sein wie der Mut, auch im Umfeld von unsicheren und widersprüchlichen Märkten kalkulierte Risiken einzugehen. Qualitäten, die gerade in Krisenzeiten zu wirtschaftlicher Stabilität und Kundennutzen beitragen.

Wie läuft das Bewerbungsverfahren in Ihrem Unternehmen ab? Im Bereich der Hochschulabsolventen fungiert als Auswahlinstrument in der Regel ein eineinhalbtägiges Assessment-Center, das in unterschiedlichen Übungen realitätsnahe Arbeitssituationen simuliert. Wesentliches Ziel des Verfahrens ist die Möglichkeit eines intensiven Abgleichs der Erwartungen und Motive des Bewerbers mit denen des Unternehmens. So gewähren Präsentationen zum Inhalt und Ablauf des Trainee-Programms sowie zum späteren Arbeitsgebiet umfassende Einblicke in den Arbeitsalltag. Ferner können auf dieser Grundlage fachliche Detailfragen oder sonstige relevante Themen wie z. B. Karriereperspektiven oder Unternehmenskultur erörtert werden. Daneben kommt auch der persönliche Austausch mit Unternehmensvertretern und aktuellen Trainees nicht zu kurz, der den Bewerbern die notwendigen und realistischen Informationen zur Arbeitgeberwahl bietet. Am Ende des Assessment-Centers erhalten die Bewerber in individuellen Abschlussgesprächen Rückmeldungen zu persönlichen Stärken und Verbesserungsmöglichkeiten und erleben so die Feedback-Kultur von Union Investment.

Glossar

Aktives Fondsmanagement: versucht, die entsprechende *Bechmark* zu „schlagen", also in der Wertentwicklung zu überbieten. Dazu tätigt es strategisch orientierte Käufe und Verkäufe.

Alpha: Kennziffer, die beschreibt, um wie viel sich der jährliche Ertrag eines *Investmentfonds* über/unter der zugrunde liegenden *Benchmark* befindet

Asset Allocation: Auswahl der Vermögenswerte, in die ein *Investmentfonds* investiert. Erfolgt nach den Grundsätzen der Portfoliotheorie (Zielrendite wird mit minimal möglichem Risiko erreicht oder Zielrisiko wird mit maximal möglicher Rendite erreicht)

Asset Backed Securities (ABS): festverzinsliche, handelbare Wertpapiere, denen als Sicherheit bestimmte nicht liquide Finanzaktiva eines Unternehmens hinterlegt sind. Deren Cashflow wird an die Anleihegläubiger ausgeschüttet.

Assets under Management (AuM): Anlagevolumen. Geldbetrag, den ein Fonds für seine Investitionstätigkeiten zur Verfügung hat. Große Fonds verfügen über AuM von mehreren Milliarden Euro.

Asset-Management-Industrie: i. w. S. Industrie, die sich mit der Mehrung des Vermögens Dritter befasst. Dazu gehören *Asset Manager*, Versicherungen sowie Vermögensverwalter. I. e. S. Gesellschaften, die mit dem Produkt *Investmentfonds* das Vermögen Dritter mehren

Asset Manager: auch Investmentgesellschaften, Kapitalanlagegesellschaften (KAG). Unternehmen, die auf die Kapitalanlage von Fremdgeldern spezialisiert sind. Die Anlageform ist der *Investmentfonds*, der sich auf Anlageklassen und Märkte spezialisiert.

Benchmark: Vergleichsindex bzw. Vergleichsmaßstab. Im *aktiven Fondsmanagement* gilt es, die jeweilige Benchmark zu „schlagen", also in der Wertentwicklung zu übertreffen. Im *passiven Fondsmanagement* geht es darum, die Entwicklung des Vergleichsindex so genau wie möglich nachzuvollziehen.

Beta: Kennzahl, die die Abhängigkeit der Kursentwicklung eines Vermögenswertes oder eines *Portfolios* von der Gesamtmarktentwicklung beschreibt

Boutique: kleine, unabhängige Investmentbank

Call-Option: Kaufoption. Siehe *Option*

CFA: Chartered Financial Analyst. Titel, der vom CFA Institute vergeben wird. Kann erst nach vier Jahren Berufserfahrung und drei bestandenen Examina erlangt werden. Wichtige

Zusatzqualifikation für Finanzanalysten und Portfoliomanager. Titelträger sind verpflichtet, im Interesse der Investoren einen strengen Ethikkodex einzuhalten.

Chinese Wall: Informationsbarriere, die z. B. innerhalb einer Investmentbank den Informationsfluss zwischen den Teams unterschiedlicher Bereiche unterbindet. So wird z. B. Insiderhandel vermieden.

Clearing: zentrale Verrechnung von gegenseitigen Verbindlichkeiten zwischen handelnden Instituten. Nur Differenzbeträge (Salden) werden abgebucht oder gutgeschrieben, was den Handelsaufwand beträchtlich reduziert.

Compliance: Einhaltung von Gesetzen und Richtlinien, aber auch freiwilligen Kodizes in Unternehmen

DCM: Debt Capital Markets

Derivate: Finanzmarktinstrumente, deren Preis von einem oder mehreren zugrunde liegenden Marktgegenständen (Basiswerte, *Underlyings*) abhängig ist. Basiswerte können sein: Aktien, Anleihen, marktbezogene Referenzgrößen (Zinssätze, Indizes), andere Handelsgeschäfte wie Rohstoff- oder Devisengeschäfte etc. Zu den Derivaten zählen z. B. Swaps, *Optionen* und Futures.

Due Diligence: detaillierte Untersuchung, Prüfung und Bewertung eines möglichen Beteiligungsunternehmens. Dient als Grundlage für die Investmententscheidung

ECM: Equity Capital Markets

Exchange Traded Funds (ETFs): meist passiv gemanagte *Investmentfonds*, die einen zugrunde liegenden Index (meist Aktien- oder Rentenindizes, aber auch z. B. Rohstoffe) oder eine Wertpapierauswahl (Basket) abbilden. ETFs verursachen minimale Verwaltungskosten und können wie Aktien an Börsen gehandelt werden.

Fixed Income: festverzinsliche Wertpapiere

Geschlossene Fonds: Geschlossene Fonds sind während der Investitionsdauer nicht oder nur schwer veräußerbar. Nur während des Platzierungszeitraums kann in den Fonds investiert werden. Geschlossene Fonds sind häufig spezialisiert (z. B. auf Schiffe, Flugzeuge oder Medienprojekte). Private-Equity- und Venture-Capital-Gesellschaften gehören ebenfalls zu den geschlossenen Fonds. Diese sind normalerweise Kommanditgesellschaften und unterliegen nicht (wie Publikumsfonds) dem Anlegerschutz.

Griechen: partielle Ableitungen des Preises einer *Option* nach den verschiedenen Modellparametern

Hedge-Fonds: *Investmentfonds*, die nur wenig reguliert sind und beinahe ohne Restriktionen spekulieren können. Häufig zeichnen sich Hedge-Fonds durch kurze Engagements in *Derivaten* aus.

Hedging: Absicherung eines *Portfolios* gegen Kurs-Risiken. Meist werden dafür Futures, Swaps oder *Optionen* genutzt.

Investmentfonds: Anlagevehikel. Ein Fonds ist als Sondervermögen von den Verbindlichkeiten des *Asset Managers* getrennt und bietet somit einen Kapitalschutz für Anlagegelder. Die Anlage der Gelder kann, je nach Ausrichtung des Fonds, in Aktien, Renten, Immobilien etc. erfolgen.

Investmentkauffrau/-mann: dreijährige Ausbildung speziell bei *Asset Managern,* die grundlegende Kenntnisse über das Fondsgeschäft vermittelt

IPO: Initial Public Offering. (Erster) Börsengang eines Unternehmens

LBO: Leveraged Buy-Out. Unternehmensübernahme, die überwiegend durch Fremdkapital finanziert wird (Bankkredite, Emission von Anleihen etc.). Eigenkapital wird nur in geringem Umfang verwendet.

Mid Caps: Mittelgroße, börsennotierte Unternehmen bzw. deren Aktien

Multiple-Verfahren: Multiplikator-Verfahren. Marktbewertung eines Unternehmens ergibt sich auf Basis vergleichbarer börsennotierter Unternehmen (Comparable-Trading-Multiples-Verfahren) oder vergleichbarer Transaktionen (Comparable-Transaction-Multiples-Verfahren)

Mutual Funds: *offene Investmentfonds*

Offener Investmentfonds: Fonds, dessen Anteile jederzeit gekauft und verkauft werden können. Die KAG nimmt dabei je nach Bedarf Anteile zurück oder gibt neue Anteile aus.

Option: verbrieftes Recht, gegen Zahlung einer Optionsprämie eine bestimmte Menge von Vermögensgegenständen (Basiswerten) zu einem vorab festgelegten Preis (Strike) und zu einem festgelegten zukünftigen Zeitpunkt (europäische Option) bzw. innerhalb eines bestimmten Zeitraumes (amerikanische Option) zu kaufen (Kaufoption, *Call-Option*) oder zu verkaufen (Verkaufsoption, *Put-Option*)

Passives Fondsmanagement: versucht, mit einem Fonds die Entwicklung eines Vergleichsindex (*Benchmark*) möglichst exakt nachzuvollziehen. Die Zusammensetzung wird nur geändert, wenn sich der zugrunde liegende Index ändert.

Peer Group: Gruppe von Unternehmen, die hinsichtlich Branche, Größe und Tätigkeit mit einem zu untersuchenden Unternehmen vergleichbar ist

Portfolio: Gesamtheit der von einem Anleger oder Fonds gehaltenen Anlageinstrumente (z. B. Aktien, Rentenwerte, Immobilien, Barmittel)

Private-Equity-Fonds: spezialisieren sich auf den Kauf und Verkauf von nicht an Börsen gelisteten Unternehmen

Publikumsfonds: sind an Börsen gelistet. Jeder Investor (privat oder institutionell) kann Anteile während der Geschäftszeiten zum aktuellen Zeitwert kaufen oder verkaufen. Unterliegt zum Schutz der Anleger aufwändigen Regulierungen. In der Regel aktiv gemanagt

Put-Option: Verkaufsoption. Siehe *Option*

Rentenfonds: investieren auf den nationalen und internationalen Märkten für fest- und variabel verzinste Wertpapiere mit einer Laufzeit von über einem Jahr

ROI (Return on Investment): Kapitalrendite. Kennzahl, die das Verhältnis von Gewinn zum Gesamtkapital darstellt

Sharpe Ratio: betrachtet die Rendite einer Geldanlage in Abhängigkeit vom Risiko. Zur Ermittlung der Sharpe Ratio wird die risikolos erzielbare Rendite von der tatsächlich erzielten Rendite abgezogen. Das Ergebnis wird durch das eingegangene Risiko geteilt. Eine Sharpe Ratio größer 1 zeigt dabei eine effiziente Anlage an. Je größer die Zahl, desto besser

Small Caps: Kleine, börsennotierte Unternehmen bzw. deren Aktien

Spezialfonds: spezielle Fondskategorie, die für institutionelle Investoren mit großen Anlagevolumina ausgelegt ist und weniger reguliert wird als *Publikumsfonds*. Privatinvestoren können keine Anteile von Spezialfonds erwerben.

Strike-Preis: siehe *Option*

Trading: kurzfristige Käufe und Verkäufe von Wertpapieren. Ziel ist es, durch inzwischen erfolgte Kursveränderungen Gewinne zu erzielen.

Trading Floor: Handelsraum

Underlying: Basiswert einer *Option*

Die Definitionen in diesem Glossar stammen aus dem vorliegenden Buch sowie von den Websites www.anleger-lexikon.de und www.fonds-im-vergleich.de/glossar.

Perspektiven für Juristen

Aktuelle Ausgabe: Perspektiven für Juristen 2012
ISBN: 978-3-941144-16-3
Zielgruppe: Studierende, Doktoranden und Referendare der Rechtswissenschaft
Inhalt: Das Buch bietet einen Überblick über Karrierewege für Juristen in Justiz, Wirtschaft und (internationalen) Institutionen. Neben Expertentipps zu Bewerbung und Einstieg ermöglichen zahlreiche Erfahrungsberichte einen Einblick in interessante Berufsbilder. Namhafte Kanzleien und Unternehmen stellen sich als Arbeitgeber vor.
Nächster Erscheinungstermin: Oktober 2012

Perspektive Investment Banking & Asset Management

Aktuelle Ausgabe: Perspektive Investment Banking & Asset Management
ISBN: 978-3-941144-20-0
Zielgruppe: Wirtschaftswissenschaftler
Inhalt: Das Buch bietet umfassende Informationen zu Berufsbildern, Bewerbung und Karrierechancen im Investment Banking und im Asset Management. Stipendiaten und Alumni von e-fellows.net berichten von ihren Erfahrungen und geben Tipps für die erfolgreiche Bewerbung. Player aus beiden Branchen stellen ihre Praktikums- und Einstiegsprogramme vor.

Perspektive Unternehmensberatung

Aktuelle Ausgabe:
Perspektive Unternehmensberatung 2012
ISBN: 978-3-941144-17-0
Zielgruppe: Studierende aller Fachrichtungen
Inhalt: Das Expertenbuch zum Einstieg liefert Antworten auf wichtige Fragen rund um den Beruf des Unternehmensberaters. Wie gestaltet sich die Work-Life-Balance, welche Arten von Unternehmensberatungen gibt es und vor allem: Wie absolviert man Bewerbungsgespräche erfolgreich? Studenten und Consultants berichten von ihren Erfahrungen, und Beratungen stellen sich als Arbeitgeber vor.
Nächster Erscheinungstermin: Oktober 2012

Perspektive Patentanwalt

Aktuelle Ausgabe: Perspektive Patentanwalt 2011
ISBN: 978-3-941144-19-4
Zielgruppe: Natur- und Ingenieurwissenschaftler
Inhalt: Was verbirgt sich hinter dem Beruf des Patentanwalts? Wer kann überhaupt Patentanwalt werden, und wie läuft die Ausbildung ab? Das Buch liefert Antworten auf diese Fragen. (Werdende) Patentanwälte berichten von ihren Erfahrungen, und Patentanwaltskanzleien zeigen auf, welche Perspektiven sie Naturwissenschaftlern und Ingenieuren bieten.
Nächster Erscheinungstermin: März 2012

Der LL.M.

Aktuelle Ausgabe: Der LL.M. 2011
ISBN: 978-3-941144-13-2
Zielgruppe: Studierende, Doktoranden und Referendare der Rechtswissenschaft
Inhalt: Ist der LL.M. die richtige Wahl? Oder doch lieber eine Promotion? Dieses Buch hilft bei der Entscheidung und bei der Suche nach dem geeigneten LL.M.-Programm. Persönliche Erfahrungsberichte und Praxistipps für die Bewerbung an Unis und für Stipendien helfen dem Leser bei der Planung des Studiums. Namhafte Hochschulen und große Kanzleien stellen ihre Angebote für Juristen vor.
Nächster Erscheinungstermin: März 2012

Startschuss Abi

Aktuelle Ausgabe: Startschuss Abi 2011/2012
ISBN: 978-3-941144-18-7
Zielgruppe: Oberstufenschüler und Abiturienten
Inhalt: Das Buch bietet Informationen zur Wahl des richtigen Studienfachs und der passenden Hochschule ebenso wie zu Studienfinanzierung, Praktika und Auslandsaufenthalten. Hochschulen, Unternehmen und Stipendiaten von e-fellows.net stellen wirtschaftswissenschaftliche und technische Studiengänge vor und informieren über Anforderungen, Bewerbungsprozedere und Studienaufbau.
Nächster Erscheinungstermin: Oktober 2012